Sven Sander

Ich kam, ich sah, ich wirke!

Mehr Charisma für mehr Erfolg

Bibliografische Information der Deutschen Nationalbibliothek

Die Deutsche Nationalbibliothek verzeichnet diese Publikation in der Deutschen Nationalbibliografie, detaillierte bibliografische Daten sind im Internet über http://dnb.dnb.de abrufbar.

Impressum
Autor: Sven Sander
STB-Verlag
Reinekestr. 22, 27472 Cuxhaven
Tel. 0049 4721 663 932; Fax. 0049 4721 664 811

2. Auflage
ISBN: Nr. 978-3-00-044856-0

„Erst wenn du weißt, was du tust, kannst du tun, was du willst!"

Sven Sander

Inhalt

Vorwort

„Persönlichkeiten werden nicht durch schöne Reden geformt,
sondern durch Arbeit und eigene Leistung."

Albert Einstein (1879-1955)

Wer die Hauptrolle in einem Blockbuster-Film spielt, dessen Name ist häufig auch denen bekannt, die diesen Film nie gesehen haben. Bei den „Nebendarstellern" wird es dann schon schwieriger, auch wenn am Schluss des Films die Namen aufgeführt werden. Dieser Abspann beginnt für gewöhnlich mit den Namen der Hauptdarsteller. Es folgen die Namen der Schauspieler mit einer Nebenrolle, aber auch nur die „wichtigsten". Die, die namentlich nicht erwähnt werden, verbergen sich hinter dem Kürzel u. v. a. Es steht für *und viele andere*. Das sind nicht nur die weniger bekannten Schauspieler, sondern auch die Statisten.

Hauptdarsteller sind charakterstarke Persönlichkeiten. Sie glänzen durch Aussehen, Disziplin, zielorientiertes Handeln und Dynamik. Sie sind die Macher, die etwas in Bewegung bringen. Handeln, nicht warten, nach dieser Devise leben sie, während die Nebendarsteller genau das Gegenteil leben. Sie warten lieber ab und lassen die Dinge auf sich zukommen. Während sich der Hauptdarsteller durch eine zielorientierte Verhaltensweise auszeichnet, verhalten sich Nebendarsteller häufig wie Blätter im Wind, weshalb sie auch Rollen annehmen, die nicht ihrem Charakter entsprechen. Doch Not kennt kein Gebot, und so wird gespielt, damit Geld in die Haushaltskasse fließt. Weil sie spielen, was sie nicht wirklich sind, verschenken sie Wirkung. In diesen Rollen sind sie häufig alles andere als authentisch, weshalb sie bis zum Sankt-Nimmerleins-Tag auf ihren Durchbruch warten. Die Statisten, ohne die kein Film auskommt, passen in kein Klischee. Sie sind häufig Tagträumer, die nicht begreifen, warum etwas passiert. Sie folgen den Anweisungen der Regie und beobachten die Entwicklungen am „Set".

Hauptdarsteller oder Statist, das ist hier die Frage, die heute immer mehr an Bedeutung gewinnt. Sie haben mit Sicherheit erkannt, dass die Welt des Films auf unsere Realität übertragbar ist. Auch hier gibt es charakterstarke Persönlichkeiten, also Hauptdarsteller, die den Ton angeben und die vor allem ihre eigene Marschrichtung festlegen. Ob Dieter Bohlen, Gerhard Schröder, Franz Beckenbauer, Stefan Raab, Steve Jobs, Bill Gates etc. pp. – alle sind die Hauptdarsteller in ihrem eigenen und in unserem Film. Denn wir orientieren uns an ihnen, natürlich unbewusst. Es war Steve Jobs, der das Smartphone und den Tablet-PC in die Haushalte brachte. Seine innovativen Ideen, gepaart mit dem Mut des Tüchtigen, haben sein Unternehmen zum wertvollsten in der Welt gemacht, weil wir seine Produkte nutzen. Ohne ihn sähe die Welt heute anders aus. Sie hätte auch ein anderes Gesicht, hätte es nicht Mahatma Gandhi, Mutter Theresa oder „Lady Di" gegeben. Sie alle zogen uns in ihren Bann, weil sie sich für eine bessere Welt einsetzten.

Und so steht die Frage im Raum, was all diese Menschen, die Hauptdarsteller, so sehr von den Nebendarstellern und Statisten unterscheidet. Während immer mehr Menschen unter einem Burn-out leiden, an Depressionen erkranken, weil sie ihren Stress nicht länger aushalten, gehen die Hauptdarsteller „beschwingt" durchs Leben. Probleme, Sorgen und Stress, so scheint es, sind für sie Fremdwörter und perlen an ihnen ab, als trügen sie eine teflonbeschichtete Außenhaut. Es muss kein Blockbuster sein, aber seien Sie der Hauptdarsteller in Ihrem Film, in Ihrem Leben. Noch besser: Schreiben Sie Ihr eigenes Drehbuch. Führen Sie Regie und sorgen Sie für Ihr persönliches Happy End!

Die Vermögen von Franz Beckenbauer, Oliver Kahn, Ralf Schumacher oder Richard Branson kenne ich nicht. Und doch bin ich mir sicher, dass sie alle von den Zinserträgen ihres bisherigen Einkommens leben könnten. Sie könnten mit eigenen Flugzeugen die Welt bereisen, auf einer Yacht alle Ozeane dieser Welt befahren und gleichzeitig jeden Abend eine Party starten. Keiner von ihnen müsste mehr arbeiten, und doch tun sie es. Sie sind durch das, was sie heute immer noch tun, reich, sehr reich geworden. Das gelang ihnen nur, weil sie ihre Tätigkeit nicht als Arbeit empfanden. Selten taten sie Dienst nach Vorschrift im Rahmen festgelegter Arbeitszeiten. Für sie gibt es keine Zeit, weil sie Arbeit, Freizeit und Hobby nicht trennen. Sie lebten und leben bis heute das, was so wenige Menschen tun: Sie führen ein selbstbestimmtes Leben. Sie tun das, was sie für richtig halten, und nicht das, was andere ihnen diktieren. Weil sie sich nie einer Fremdbestimmung unterwarfen oder sich dieser nach und nach entzogen, sind sie zu dem geworden, wofür wir sie heute bewundern: Persönlichkeiten mit einem hohen Wirkungsgrad.

Wie sehr wir fremdbestimmt sind, und damit selten als Persönlichkeit wirken, wird in alltäglichen Situationen deutlich. Wann haben Sie zuletzt mit einem lieben Menschen telefoniert? Sie warten auf seinen Anruf, nehmen aber selbst den Hörer nicht in die Hand? So müssen Sie sich die Frage stellen, wer hier wen beeinflusst? Sie werden sehr schnell erkennen, dass Sie es sind, der hier fremdbestimmt wird.

Die Kassiererin im Supermarkt würdigt Sie keines Blickes, und über ihre Lippen kommt kein Wort? Wenn es Sie stört, dann sind Sie fremdbestimmt. Statt auf ein Lächeln oder ein gutes Wort von ihr zu warten, können Sie diese Zeit verkürzen, indem Sie sich nicht weiterhin fremdbestimmen lassen und ihr einen guten Tag wünschen – natürlich in Verbindung mit einem Lächeln auf den Lippen, und das kommt selbstverständlich von Herzen. *„Es muss von Herzen kommen, was auf Herzen wirken soll"*, schrieb Goethe.

Selbst- statt Fremdbestimmung, das ist das Geheimnis erfolgreicher Persönlichkeiten, für die deshalb Stress ein Fremdwort ist. Selbstbestimmung umgibt sie wie ein schützender Panzer. Deshalb fällt es ihnen viel leichter, NEIN zu sagen. Sie sind sich ihrer Kraft bewusst und leben mit der festen Überzeugung, zu jeder Zeit immer das Richtige zu tun. Weil sie NEIN sagen, setzen sie selbst die Prioritäten und nicht ihr Terminkalender. Sie überlegen, was wäre, wenn sie dieses oder jenes täten. Sie wägen ab und fällen erst dann ihre Entscheidung. Natürlich machen sie auch Fehler. Dazu stehen sie und übernehmen dafür die persönliche Verantwortung! Erfolgreiche Persönlichkeiten stolpern genauso wie alle anderen auch, doch stehen sie immer einmal mehr auf, als sie hinfallen.

Wie ist es bei Ihnen?

Übernimmt ein anderer Ihre Entscheidung und Sie können nur noch reagieren? So wie die Nebendarsteller oder Statisten?

Wer selbstbestimmt ist, trägt die Kleidung, weil er sie tragen will. Er fährt diese Automarke, weil er es will, und nicht, weil sein Umfeld es so verlangt. Er telefoniert mit einem No-Name-Smartphone und verzichtet damit auf einen klingenden Markennamen oder er nutzt stets das teuerste TREND-Modell. In beiden Fällen ist er sich seiner Handlungen und seiner Selbst bewusst und steht dazu.

Er weiß, was er will. Diese selbstbestimmten Persönlichkeiten sind klar für oder gegen etwas, sie sind sie selbst. Sie handeln von innen nach außen und nie umgekehrt, denn:

> *Unsere Einstellung bestimmt unser Verhalten, und unser Verhalten bestimmt das Verhalten der anderen! Sind wir uns dessen bewusst, dann sind wir aus der Fremdbestimmung heraus und WIRKEN. Wirken mehr! Wirken anders als andere!*

Genau darum geht es in diesem Buch (meinem ersten). Sie werden lernen, wie Sie Ihre Wirkung steigern können für ein einfacheres, entspannteres, vor allem aber bewussteres Leben. Ebenfalls ganz im Sinne Goethes:

> *„Das WAS bedenke, mehr bedenke das WIE!"*

Die weiblichen Leser mögen mir nachsehen, dass ich in diesem Ratgeber aus Gründen der besseren Lesbarkeit ausschließlich männliche Substantivformen verwandt habe. Ansonsten hat dies keine Bedeutung.

In diesem Sinne wünsche ich Ihnen fortan einen hohen Wirkungsgrad.

Herzliche Grüße von der Elbmündung
Ihr Sven Sander

Dorfzauberer oder Copperfield?

„*Nutze die Talente, die du hast. Die Wälder wären sehr
still, wenn nur die begabtesten Vögel sängen.*"

Henry van Dyke (1852-1933)

Es gibt Menschen, die investieren viel Zeit und Geld, um sich eine
Verpackung anzuschauen. Es scheint kaum vorstellbar, dass selbst
aus dem Ausland Menschen den langen Weg nach Berlin antraten,
nur um sich etwas Eingepacktes anzuschauen. Sie taten es, weil sie
sehen wollten, wie das Künstlerpaar Christo und Jean-Claude den
Berliner Reichstag verhüllte, also einpackte.

Eine ganze Industrie lebt von der Produktion bunter Papiere, die wir wie selbstverständlich nutzen, um darin z. B. ein Geschenk einzuwickeln. Dabei müsste dem Beschenkten die Geste des Schenkens weit mehr bedeuten als die Verpackung, die ohnehin nach wenigen Sekunden in den Papierkorb wandert. Und doch brauchen wir dieses Papier, um die Spannung beim Beschenkten und den Zuschauern zu erhöhen.

Als der amtierende Bundeskanzler Gerhard Schröder sein Konzept zur Halbierung der Arbeitslosenzahlen in Deutschland der Öffentlichkeit vorstellte, wählte er nicht etwa den Bundestag oder eine Kongresshalle für seine Präsentation. Schröder samt Gefolge trat im geschichtsträchtigen *Französischen Dom* in Berlin-Mitte am Gendarmenmarkt auf. Hier ließ 1785 der preußische König Friedrich II. einen funktionslosen Turm anbauen, ausschließlich zugunsten der Prachtentfaltung und der städtebaulichen Wirkung. Um eine ähnlich dominante Wirkung ging es Herrn Schröder bei dieser Präsentation. Mit seinem „Arbeitsmarktkonzept" wollte er Geschichte schreiben. Was ihm zweifelsohne auch gelang. Allerdings weniger im Sinne des Erfinders, wie Hartz-IV-Empfänger landauf, landab bestätigen.

Ganz im Sinne des Zeitgeistes wurde an diesem Tag das „Magnum opus" dieser seiner Reformen nicht in einem mehrbändigen Druckwerk präsentiert, sondern auf einer CD! Die unterschwellige Botschaft war eindeutig: „Seht her, wir gehen mit der Zeit." Zudem kann eine CD mehrere Hundert Bücher speichern, ist einfach zu bedienen, leicht zu transportieren, entspricht dem Geist der Zeit, und jedermann ist in der Lage, sie auf einem Computer ablaufen zu lassen.

Kanzler Schröder bzw. der von ihm beauftragte Peter Hartz schrieben mit dieser „Agenda 2010" Geschichte. Der Botschaft entsprechend musste es also ein geschichtsträchtiger Ort für die Präsentation sein. Nichts Ungewöhnliches also. Wenn Athleten sich bei den Olympischen Spielen messen, dann tun sie das nicht etwa in irgendwelchen Hinterhöfen oder auf stillgelegten Fabrikgeländen. Für sie werden neue Stadien gebaut, die an Prunk und Pracht mit jedem neuen Austragungsort schöner, größer, aber auch deutlich teurer werden. So soll z. B. die Ukraine über eine Milliarde Euro für den Bau der Stadien ausgegeben haben, damit die Fußball-Europameisterschaft 2012 einen würdigen Austragungsort vorfand. Dabei interessieren sich weder Fans noch Fernsehzuschauer für diese Äußerlichkeiten. Sie wollen ihre Spieler siegen sehen.

Die Liste meiner Beispiele kann endlos fortgesetzt werden, und doch zeigen allein diese wenigen Beispiele, worauf es ankommt: Die

Verpackung als wichtiger Parameter der Wirkung! Mit der richtigen Inszenierung können dadurch selbst alltägliche Dinge extrem aufgewertet werden. Wie würden uns Pralinen schmecken, wenn man sie uns in Zeitungspapier eingewickelt schenken würde? Wahrscheinlich schlechter, wenn wir sie überhaupt anrühren würden, als in einer aufwendig gestalteten Pralinenschachtel. Hier zeigt sich, wie sehr wir fremdbestimmt sind. Gleicher Inhalt, gleicher Geschmack, gleiche Ausführung, und doch würden wir Pralinen eher der Geschenkverpackung entnehmen als einer einfachen Tüte oder Zeitungspapier.

Wer möchte, dass er selbst in guter Erinnerung bleibt, muss „wirken", am besten anders als der Durchschnitt. Wann immer Menschen etwas tun, hat dies eine (Aus)Wirkung, im positiven wie negativen Sinne. Letzteres erlebte z. B. der bis 2009 amtierende US-Präsident George W. Bush. Auf einer Pressekonferenz 2008 im irakischen Bagdad schleuderte ein aufgebrachter Zuhörer seinen Schuh auf Bush, der aber nicht getroffen wurde. In der arabischen Welt ist diese Handlung die symbolische Geste für Verachtung. Das hat George W. Bush nicht gewusst, weshalb er spontan ins Mikrofon sprach: „*Es handelt sich um ein Produkt der Größe zehn.*" Diese flapsige Feststellung brachte ihm noch mehr Kritikpunkte ein.

Diese Tat eines verzweifelten Kriegsgegners im fernen Bagdad ist uns bis heute in guter Erinnerung geblieben, weil sie durch alle Medien gereicht wurde. Ein einfacher, noch dazu benutzter Schuh für ein paar Dollar erreichte eine stärkere Wahrnehmung als millionenschwere Werbekampagnen, auch wenn der Anlass dafür alles andere als heiter war. Inzwischen haben andere Kulturkreise diese Form des Protestes übernommen. Längst werfen oder zeigen nicht nur die Araber dreckige Schuhe, um ihrem Protest Ausdruck zu verleihen, sondern auch Deutsche. Anfang 2012 postierte sich eine Meute von Demonstranten vor dem Berliner Schloss Bellevue, dem Dienstsitz des deutschen Bundespräsidenten. Sie forderten seinen Rücktritt, weil sie aus den Medien erfahren hatten, dass er es mit der Wahrheit nicht immer so genau genommen haben könnte. Als Zeichen ihrer Abneigung gegenüber dem Bundespräsidenten Christian Wulff hoben die Demonstranten an Stöcken festgebundene Schuhe in die Luft.

Auch hier zeigt sich eindrucksvoll, wie Wirkung entsteht. Es waren nur ein paar Hundert Demonstranten, die allenfalls als Randnotiz am nächsten Tag in den Medien in Erscheinung getreten wären. Durch die an Stöcken befestigten Schuhe ging nun ein anderes Bild um die Welt. Kein Medium, in dem es nicht zu sehen war.

Kleine Ursache – große Wirkung, lehrt eine Redensart, die sich hier wie auch andernorts immer wieder in Szene setzt. Nicht nur, weil die Umstände so außergewöhnlich sind, sondern weil wir es auch erwarten. Unbewusst haben wir zu den Alltagsgeschehen Bilder in uns abgespeichert, die wir zur Norm erhoben haben. Weicht ein Bild von der Norm ab, sind wir verunsichert. Manchmal reicht nur ein Wort, um für größtmögliche Irritation zu sorgen.

Als die USA Anfang Mai 2011 vermeldeten, den meistgesuchten Terroristen Osama Bin Laden gefasst und getötet zu haben, ging ein

Seufzer der Erleichterung um die Welt. Die Bundeskanzlerin und Mitglied einer christlichen Partei (CDU), Dr. Angela Merkel, die nicht im Verdacht steht, übermütige Freude zu empfinden, vergaß in diesem Moment ihre gute Kinderstube. Vor laufenden Kameras sagte sie:

„Ich bin heute erst einmal hier, um zu sagen: Ich freue mich darüber, dass es gelungen ist, Bin Laden zu töten."

„Freuen" und *„töten"*, ein Gegensatz, der größer nicht sein könnte. Doch die eigentliche Dramatik liegt darin, dass es Worte aus dem Mund einer Kanzlerin sind, die einer christlichen Partei angehört. Es hagelte Proteste von allen Seiten: *„Das sind Rachegedanken, die man nicht hegen sollte. Das ist Mittelalter"*, sagte selbst der Vorsitzende des Bundestags-Rechtsausschusses. Frau Merkel hätte wissen müssen, dass es in Deutschland keinen Platz mehr gibt für alttestamentarische Ansichten. Aber gesagt ist gesagt. So wie ein Pfeil, der einmal abgeschossen wurde, nicht mehr zurückgeholt werden kann, so kann auch das gesprochene Wort nicht zurückgenommen werden. Hier zeigt sich, wie wichtig eine gute Gesprächsvorbereitung ist. Wie wichtig einzelne Sätze, Symbole oder selbst einzelne Wörter sind. Diese können die Wirkung des Gesamtpaketes beeinflussen.

Das eine Wort „Freude" führte dazu, dass diese Aussage zum Gegenstand zahlreicher Diskussionen wurde. Keine Presse, die darüber nicht berichtete. Dass die Welt von einem der gefährlichsten Terroristen der Neuzeit befreit wurde, war nicht mehr das Thema. Es drehte sich nun alles um Frau Merkel. „Kleine Ursache – große Wirkung", die zeigt, wie fremdbestimmt wir unser Leben führen. Im weiteren Verlauf dieses Buches werden Sie viele Alltagsbeispiele kennen lernen, die diese Feststellung vertiefen.

Wir wollen der Norm entsprechen und richten uns daran aus. Dabei hinterfragen wir nie die Authentizität des soeben Erlebten. Wir haben „Schubladen", in die wir alles hineinpressen, um die Realität mit unserer Vorstellung zu vergleichen. Entspricht die Realität nicht unseren Erwartungen, gerät unser „Denken" durcheinander. Und so greifen wir auf bestehende Klischees zurück, weil sie der „Norm" entsprechen. Danach hat z. B. ein reicher Mann reich gekleidet zu sein, weil ein Bettler eben arm gekleidet ist. Unser dominierender Verstand weiß das ganz genau zu unterscheiden, weshalb es ihm auch nie in den Sinn kommen könnte, dass auch ein reicher Mann sich arm kleiden kann. Genau das bewies ein von der US-amerikanischen Zeitung „Washington Post" ausgerichtetes Experiment aus dem Jahr 2007 in Washington DC. An diesem kalten Januarmorgen setzte sich ein Mann mit einer Geige in die Metro-Station. Er hatte sich vorgenommen, in der nächsten Stunde sechs Stücke von Bach zu spielen. In dieser Zeit würden rund 2.000 Menschen an ihm vorbeilaufen.

Der Mann begann zu spielen. Nach drei Minuten nahm der Erste Kenntnis von ihm. Für ein paar Sekunden blieb er stehen, lauschte den Tönen, um dann eiligst davonzuschreiten. Eine Frau kam vorbei, schmiss, ohne innezuhalten, einen Dollar in den Hut des Geigers. Sechs Minuten, nachdem der Geiger zu spielen begonnen hatte, nahm ein junger Mann sich die Zeit, ihm kurz zuzuhören. Er lehnte lässig an der Wand und machte sich dann auf den Weg zum Zug.

Vier Minuten später blieb ein dreijähriger Junge vor dem Geiger stehen. Die Mutter zog das Kind an sich, sie war in Eile. Der Junge bewegte sich nicht von der Stelle. Es folgten einige ermahnende Worte, sodass er sich schweren Herzens auf den Weg machte. Beobachter berichteten später, dass auffallend viele Kinder stehen blieben, um dem Geiger zuzuhören, doch wurden sie von den Erwachsenen zum Gehen „gezwungen". Der Geiger spielte ohne Unterbrechung. Nach 45 Minuten zog er Bilanz: Sechs Leute waren stehen geblieben, um für einige wenige Sekunden seinem Spiel zuzuhören. 20 Passanten hatten Geld in den Hut geworfen, ohne stehen zu bleiben. So waren insgesamt 32 Dollar zusammengekommen. Nach einer Stunde beendete der Geiger seine Darbietung. Er packte seine Sachen zusammen und zog von dannen. Niemand interessierte sich für seinen Abgang. Kein Applaus, keine anerkennenden Worte. Einfach nichts.

Wie hätte sich die Situation entwickelt, wenn die über 2.000 Passanten, die an diesem Morgen an dem Geiger vorbeiliefen, gewusst hätten, dass hier kein Geringerer spielte als Joshua Bell? Er ist einer der bekanntesten und begabtesten Geiger der Welt. Weltweit trat er mit nahezu allen bedeutenden Orchestern und Dirigenten unserer Zeit auf. Auf seiner 3,5 Millionen Euro teuren Geige spielt er die kompliziertesten Stücke, die je geschrieben wurden. Zwei Tage vor diesem Experiment trat Joshua Bell in Boston vor ausverkauftem Haus auf. Die Zuhörer zahlten für einen Sitzplatz mindestens 100 Dollar, um diesem einmaligen Virtuosen lauschen zu dürfen. Es gab Standing Ovations. Derselbe Mann trat zwei Tage später „umsonst", aber in einem Umfeld auf, in dem ihn niemand erwartete. Der Erfolg für ihn war gleich null.

Im übertragenen Sinne erging es ihm wie einem Dorfzauberer. Hier sogar mit dem identischen „Trick" (Auftritt). Ich liebe dieses, wenngleich auch etwas provokante Bild. Warum gibt es auf der einen Seite Dorfzauberer und auf der anderen Seite einen Magier David Copperfield? Ein Dorfzauberer weiß genau, wie ein David Copperfield „arbeitet". Er kennt jeden seiner Tricks. Er weiß, wie sie funktionieren, in technischer wie auch theoretischer Hinsicht. Doch genau darum geht es nicht! Der Trick selbst ist schnell erlernbar! Der Unterschied liegt in dem WIE! Die Art und Weise, wie dieser Trick durchgeführt wird, macht den Meister. Es kommt entscheidend darauf an, wie das Publikum eingebunden wird. Meister wie David Copperfield beziehen es wie selbstverständlich, ganz selbstbewusst und überzeugend, in ihre Show ein. Der Meister fragt sich, wie er sein Publikum erreicht, es anspricht, es beteiligt, um es so nachhaltig und dauerhaft zu begeistern. Die Bühnenshow nimmt zudem eine überragende Rolle ein. Auch hier wird nichts dem Zufall überlassen, sondern alles bis ins kleinste Detail geplant. Der Magier bzw. der Trick ist der „Inhalt", die Show seine Verpackung. Kein Supermarkt könnte wirtschaftlich überleben, ginge es rein um den Inhalt der Ware. Die Verpackung an sich ist der Aufreißer, der die Menschen fasziniert und zugreifen lässt. Zu diesem Produkt und nicht zu dem der Konkurrenz.

Die Teilnehmer meiner Rhetorik-Seminare kennen diese Frage von mir:

„Wie würde es der Copperfield machen?"

Für den Trick (Inhalt) ist jeder selbst verantwortlich. Da sind wir für gewöhnlich sattelfest, weil wir uns mit diesem Thema gut auskennen, vielleicht sogar Experten sind. Deshalb können wir auf jede Inhaltsfrage richtig antworten. Doch an der Frage, wie wir wirken, scheitern viele. Wir wissen nicht, wie wir unsere wichtigen Inhalte richtig transportieren, wie wir die Botschaften ins Unterbewusstsein unserer Zuhörer platzieren.

Von den „Copperfields" geht eine verführerische Wirkung aus, zu der sich viele magisch hingezogen fühlen. Ein Augenblinzeln reicht, und die Menschen folgen. Sie folgen ihren Vorträgen, ihren Monologen, ihren Dialogen, ihren Gesprächen mit Kollegen und Kunden. Kurzum: *„Meister befiehl, wir folgen."* Dafür sind sie sogar bereit, sehr tief in die Tasche zu greifen.

Wirken oder nicht wirken, das ist hier die Frage. Durch dieses Buch mache ich Sie zum Copperfield. Ihre Wirkung auf andere wird im wahrsten Sinne des Wortes zauberhaft sein. Und doch hat das, was Sie hier erfahren und lernen, nichts mit Magie zu tun. Es sind Wirkungsparameter und Regeln, die es zu beachten gilt. Das Ziel ist es, sich seiner Wirkungsparameter bewusst zu werden, diese intuitiv und gezielt einzusetzen und zu wirken. Je gewissenhafter Sie diese anwenden, desto größer ist Ihre Wirkung.

Es gibt kein RICHTIG oder FALSCH in der Kommunikation. Es geht immer um Wirkung. Wir können nicht ohne Wirkung sein! – Oder besser: WIR wirken immer!

1.

1.1 Welchen ersten Eindruck hinterlassen Sie?

„Ändert sich der Zustand der Seele, so ändert dies zugleich auch das Aussehen des Körpers und umgekehrt: Ändert sich das Aussehen des Körpers, so ändert dies zugleich auch den Zustand der Seele."

Aristoteles (384-322 v. Chr.)

Mit Deutsch als Muttersprache ist es gemeinhin kein Problem, sich klar und deutlich auszudrücken. Die dabei unbewusst angewendeten Regeln haben wir nie so erlernt wie bei einer Fremdsprache. Dennoch sind wir in der Lage, den richtigen Terminus zu verwenden, auch wenn wir ihn nicht bewusst erlernt haben. Intuitiv übernehmen wir von anderen, was richtig ist. Deshalb sind wir in der Lage, die richtigen Formulierungen der Zeit entsprechend zu wählen. Dabei ist die deutsche Sprache alles andere als leicht. *„Wir spielen Tennis"*, während wir *„Tennis gespielt haben"*. Dies zeigt die Komplexität der Grammatik, die es richtig anzuwenden gilt. Wir wissen, dass die Endung auf T (gespielT) lauten muss, wenn wir von der Vergangenheit erzählen. Die Endung EN (spielEN) verwenden wir im Hier und Jetzt. Wir wenden die Regeln dieser Sprache intuitiv an. Dennoch können, wenn überhaupt, nur einige wenige die jeweils dahinter stehenden deutschen Grammatikregeln nennen. Was nicht weiter tragisch ist, solange sie nicht Germanistik studieren wollen. Da auf der Welt mehr als sieben Milliarden Menschen leben und davon nur rund 100 Millionen Deutsch als Muttersprache haben, braucht es Regeln, damit Außenstehende eine Chance haben, mit uns in unserer Sprache zu kommunizieren. Das habe ich allerdings erst richtig verstanden, als ich Latein in der Schule hatte. Da konnte ich dann auch konjugieren und deklinieren. „Veni, vidi, vici" zum Beispiel!

Ähnlich verhält es sich mit unserer verbalen und nonverbalen „Selbstdarstellung". Auch hier gibt es Regeln, die helfen, über die Intuition hinaus bestimmte Wirkungen zu erzielen. Vieles machen wir intuitiv richtig, solange wir uns wohlfühlen, uns also in unserer sogenannten Komfortzone befinden. Bewegen wir uns außerhalb dieser Zone, dann weicht die Gemütlichkeit der Unsicherheit. In einem kritischen Gespräch, in einer Präsentation oder anderen Stresssituationen überwiegen fremdbestimmte und vor allem unbewusste Verhaltensmuster, die unsere Wirkung „untergraben". Durch diese noch nicht wahrgenommenen und unbewussten Signale wirken wir, selten aber in unserem Sinne. Je bewusster und erfolgreicher wir die Regeln ganzheitlicher Kommunikation anwenden, desto schneller erzielen wir die gewünschten Resultate. Das wird heute immer wichtiger.

„Und, wie war ich?", diese Frage allein schon zeigt, wie wichtig uns unsere Außenwirkung ist. Wir sind mächtig daran interessiert, auf andere positiv zu wirken. Wir wollen einen guten „Eindruck" hinterlassen. Wäre es anders, bräche der Textilmarkt mit seinen Milliardenumsätzen zusammen. Auch hätten die großen Modelabel keine Chance, Taschen, Haute Couture und Parfums für mehrere Tausend Euro an die Frau bzw. den Mann zu bringen.

Diese Form der Selbstdarstellung ist so alt wie die Menschheit. Bereits die Naturvölker achteten auf ihr Äußeres, zumindest in den Zeiten, als sie auf „Brautschau" gingen. In der Antike soll Cleopatra in Eselsmilch gebadet haben, um die Zartheit ihrer Haut zu erhalten. Aus geschichtlichen Überlieferungen ist bekannt, dass sie mit diesem Rezept reihenweise Männer um den Finger wickelte, darunter auch den römischen Kaiser Cäsar, zu der Zeit der mächtigste Mann der Welt. In dem Outfit einer schwer arbeitenden Frau, noch dazu ungepflegt, hätte ihr das kaum gelingen können.

Diese und viele andere Beispiele lassen sich auf eine Gemeinsamkeit reduzieren: Erfolg hat, wer wirkt! Kein Modeschöpfer könnte seine sündhaft teuren Kreationen an die Frau oder auch an den Mann bringen, wenn dahinter eine langweilige und weniger exzentrische Persönlichkeit stünde. Selbst wer sich seine Mode nicht leisten kann, weiß, wer Karl Lagerfeld ist. Ob privat, geschäftlich oder in Begleitung gekrönter Häupter, Karl Lagerfelds eigenes Outfit ist fast immer dasselbe: dunkle Sonnenbrille, extrem hochgeschnittener Hemdkragen, schwarzer Anzug und Lederhandschuhe, die selbst bei 30 Grad und mehr nicht ausgezogen werden. So war er nicht immer. Vielen ist er noch etwas fülliger in Erinnerung.

Mit einer von ihm entwickelten Diät, über die er auch ein Buch schrieb, gelang ihm die Wende. Mit seinen 70 Jahren ist er schlanker denn je. Wohin er auch geht, er wirkt allein durch seine Ausstrahlung. Selbst dann, wenn er noch nicht einmal ein Wort gesagt hat.

Ob bei Jung oder Alt, sein Name „zieht". Als die schwedische Modehauskette H&M im Rahmen einer Sonderaktion eine für jedermann bezahlbare „Karl Lagerfeld-Kollektion" ins Programm aufnahm, mussten Sicherheitskräfte Spalier stehen, um den Ansturm kaufwilliger Damen und Herren bewältigen zu können. Binnen weniger Minuten waren alle Häuser restlos ausverkauft.

Sein Kollege, Harald Glööckler, ließ sich eigens ein zweites „Ö" in seinen Namen schreiben. Auch sein Modelabel „Pompöös" wird mit zwei Ös geschrieben. Hinzu kommt sein exzentrisches Aussehen, das alles andere als gottgegeben ist. Der Modeschöpfer bezeichnet seinen Körper als teuerste Baustelle Deutschlands. *„Ich arbeite an meinem Körper wie an einer Skulptur. Mein Körper ist ein Gesamtkunstwerk"*, verriet er in einem Interview[1]. Demnach habe er bereits 100.000 Euro in diverse Schönheitsoperationen investiert. Von Botox-Behandlungen über tätowierte Augenbrauen bis hin zu Vollkeramikzähnen.

Nichts wird ausgelassen, um beim Publikum die bestmögliche Wirkung zu erzielen. Glööckler ist der jüngste unter den bekannten deutschen Modeschöpfern, aber mit Abstand der schillerndste, der es aus einfachsten Verhältnissen zum Multimillionär gebracht hat. Ein echter „Copperfield"!

Selbst in Märchen geht es um Wirkung. Ich gehe davon aus, dass Sie das Märchen vom Rotkäppchen gut kennen. Dieses Mädchen ist, zumindest in diesem Märchen, namenlos. Es ist nur die Rede „vom Mädchen mit der roten Kappe". Auch kennt niemand den Namen des gestiefelten Katers aus dem gleichnamigen Märchen. Er ist nur der „gestiefelte Kater". Trotz fehlender Namen haben wir von diesen Hauptfiguren eine klare Vorstellung. Diese Figuren haben Eindruck hinterlassen, also „einen Druck" im Sinne von „eingeprägt". Die eine trägt eine rote Kappe, der andere übergroße Stiefel. Diese Markenzeichen sind es, die sie zu etwas Außergewöhnlichem gemacht haben. Von ihrer Wirkung fühlten wir uns als Kinder angezogen. Im weitesten Sinne zeigt sich hier bereits das, worauf heute die komplette Werbung aufbaut: ein Markenname. Je bekannter eine Marke, desto wertvoller ist sie. Einer Studie von Millward Brown zufolge ist der Name *Apfel* rund 183 Milliarden US-Dollar wert. Natürlich handelt es sich hierbei nicht um irgendeinen Apfel, sondern um „Apple", den US-amerikanischen Computergiganten. Auf Platz 2 der wertvollsten Namen der Welt steht IBM mit 116 Milliarden US-Dollar, gefolgt von Google, McDonald's, Microsoft und Coca-Cola.

Ende der 1960er-Jahre z. B. zeigte uns eine Frau Klementine die wunderbare Wirkung des neuen Waschmittels „Ariel". Dabei trat auch sie immer im selben Outfit auf: weiße Latzhose, rot-weiß karierte Bluse und Käppi. Das Orangensaftgetränk „Capri" soll seinen Namen in Anlehnung an die italienischen Urlaubsträume der Deutschen erhalten haben, während Herr Hipp persönlich für seine Babykost steht und wirbt. Natürlich trägt er den für Bayern typischen Janker (Trachtenjacke). Liebgewonnen hatte ich als Kind den Hustinetten-Bär, der für das gleichnamige Husten-Lutschbonbon warb, während meine Eltern Frau Sommer kannten, die zur Krönung des Genusses mit einer guten Tasse Jacobs-Kaffee warb.

Das Leben ist Verkauf, privat wie geschäftlich. Wir sind immer, bewusst wie unbewusst, eine „Marke", eine bekannte oder weniger bekannte. Deshalb stehen wir täglich im Wettbewerb mit anderen. Ob als Angestellter, Abteilungsleiter, als Verkäufer, als Unternehmer oder auch als Privatperson in unserem Bekannten- und Freundeskreis. Hier wie dort haben wir einen Namen, sind eine Marke – oder noch nicht? Aussagen wie z. B. „der ist bekannt wie ein bunter Hund" oder „der hat sich einen Namen gemacht" verdeutlichen, was ich meine. Genauso die andere Seite: „Äh, wer ist das? Den kenne ich nicht." Klingt Ihr Name im übertragenen Sinne wie die Marke „Lagerfeld" oder „Hipp", haben Sie es geschafft! Wenn Kunden keine Taschentücher, sondern „Tempo" kaufen, haben die Damen und Herren aus der Marketingabteilung etwas richtig gemacht! Auf der anderen Seite sprechen wir von „No Name-Produkten", die in den unteren Regalen zu finden sind. Bei keinem Wirkungsparameter passt der Vergleich zwischen Produkt und Mensch besser als bei dem der Verpackung. Die Verpackung ist das Erste, was wir sehen. Der sogenannte „erste Eindruck!" Jeder muss sich jeden Tag aufs Neue „verkaufen". Je besser das gelingt, desto sicherer ist der Erfolg. Entscheidend ist dabei unsere Wirkung auf andere.

Die zentrale Frage lautet daher: „Wie wirke ich? Wie wirke ich auf andere?" Und zunächst: „Welchen ersten Eindruck hinterlasse ich?"

„Der Köder muss dem Fisch schmecken und nicht dem Angler", sagt eine Redensart. Wer vor einer Gruppe spricht, muss die Erwartungen der Zuschauer erfüllen und nicht seine eigenen. Kein Sprecher tritt an, um sich selbst ans Messer zu liefern. Insofern setze ich voraus, dass jeder seine Mission kennt. So wie ein Landwirt weiß, dass er auf einem trockenen Acker keinen Reis säen kann, so gilt es analog dazu zu klären, welchen „Boden" der Vortragende bearbeiten will. Themen wie Inhalte müssen zum Publikum passen. Nur dann kann er sich der vollen Aufmerksamkeit des Auditoriums sicher sein. Deshalb ist es wichtig, im Vorfeld ein klares Bild von seinen Zuhörern zu haben, damit eine optimale Interaktion mit ihnen möglich ist. Dadurch ist der Vortragende in der Lage, den richtigen Ton zu treffen, die besten Argumente zu liefern und die richtigen visuellen Hilfsmittel einzusetzen, die weit über „PowerPoint®" hinausgehen.

Bei allem ist Authentizität wichtig. Nur dann können wir unsere gesamte Wirkung entfalten, weil Sprache wie Körpersprache in Harmonie sind. Wer etwas anderes denkt, als er spricht, verfehlt seine Wirkung. Wir können unsere Sprache beeinflussen, die Körpersprache hingegen nicht in vollem Umfang. Die unbewusst ablaufenden Prozesse entziehen sich unserer Kontrolle. Ein Lügendetektor funktioniert, weil der menschliche Körper Reaktionen zeigt, die außerhalb seines Willens liegen. Wer lügt, erzeugt unbewusste Hautreaktionen, die von diesem Lügendetektor erkannt und gemessen werden. Lügner können so fast immer überführt werden. So zitiere ich meinen geschätzten Kollegen Samy Molcho sehr gerne: *„Die Zunge kann* *lügen, der Körper nie."* Zuschauer wie -hörer spüren, ob der Vortragende authentisch ist. Ist er es nicht, schlagen alle Bemühungen fehl, das Publikum in seinen Bann zu ziehen. Genauso ist es bei einem Verkäufer, der nicht hinter seinem Produkt steht, oder einem Politiker, der nicht hinter einer Fraktionsentscheidung steht. Da hilft auch das beste Coaching nicht. Unser Gegenüber spürt, ob wir zu dem stehen, was wir sagen.

Zudem kommt es entscheidend auf die „Verpackung" an, also wie sich der Vortragende in Szene setzt. Dabei spielt es keine Rolle, ob Sie vor einem Publikum sprechen, Ihren Chef um eine Gehaltserhöhung bitten oder ein Team motivieren wollen bzw. müssen. Wichtig ist das „Gesamtpaket", also der Inhalt in Verbindung mit der Körpersprache und all ihren Wirkungsparametern.

Wenn ich Sie bitte, an die erste deutsche Kanzlerin der Bundesrepublik Deutschland zu denken, Frau Dr. Angela Merkel, welches Bild haben Sie von ihr? Sehen Sie vor Ihrem geistigen Auge eine lebensbejahende, vor Euphorie und Zuversicht strotzende Persönlichkeit? Sehen Sie eine Grande Dame, die auch durch ihre modischen Accessoires auffällt? Wahrscheinlich nicht. Sie ist ein sehr gutes Beispiel für ein positives Gesamtpaket. Da sie, passend zu ihrer Verantwortung und Rolle, nicht zu viel Energie auf die Verpackung und übertriebenes Tütü legt, hat sie diese enorme Akzeptanz und starke (Macht-)Position. International noch viel stärker als national, wo jedes kleine Härchen in der Suppe gesucht wird. Zudem ist sie authentisch! Auch hier sind entscheidende Wirkungsparameter von Bedeutung und Voraussetzung für den Erfolg. Wenn Sie sich ein Bild von ihr aus den 1990er-Jahren anschauen, wissen Sie, was ich meine.

Wir tragen unsere inneren Überzeugungen durch die Sprache unseres Körpers nach außen. Sie ist somit auch eine äußere Darstellung unserer inneren Befindlichkeit. Wer sich selbst für einen „Trottel" hält, kann nach außen nicht den Siegertypen geben. Wir können für einige Minuten „lieb' Kind" sein, wenn es die Situation erfordert, nie aber dauerhaft, denn:

Man kann nicht ohne Wirkung sein!

© Barbara Klemm

Als Joschka Fischer in den 1980er-Jahren zum ersten grünen Umweltminister des Landes Hessen ernannt wurde, schwor er seinen Amtseid in weißen Turnschuhen. Bis zu diesem Tag traten deutsche Minister im Anzug in gedeckter Farbe sowie dunklen Schuhen ihren Dienst an. Herr Fischer, der für einen ganz anderen politischen Stil stand, blieb seinem Kleidungsstil treu. Mit seiner eloquenten Art wurde er sogar Außenminister der Bundesrepublik Deutschland. Es waren nur ein paar weiße Turnschuhe eines amerikanischen Herstellers, die ihn mit diesem Bild unsterblich machten. Kein Werbebudget hätte ausgereicht, um eine solche Wirkung zu erzielen.

Ähnlich verhält es sich mit Mark Zuckerberg. Auch er schreibt mit seinem Schuhwerk Geschichte. Der jüngste Milliardär aller Zeiten ist Gründer von Facebook, dem größten sozialen Netzwerk der Welt mit mehr als einer Milliarde Mitgliedern. Wäre Facebook ein Staat, er wäre der drittgrößte auf diesem Planeten. Der unkonventionelle Zuckerberg eifert seinem großen Idol, dem Apple-Gründer Steve Jobs, nicht nur in Sachen Kreativität nach, sondern auch bei der Kleidung. Dieser trat immer im selben Outfit auf: weiße Turnschuhe, hellblaue Jeans, schwarzer Pullover und auf der Nase die Brille „Lunor Classic Rund" eines deutschen Herstellers, die dadurch zum Verkaufsschlager wurde. Mark Zuckerbergs Markenzeichen sind hingegen Pullover mit weitem Ausschnitt oder aber mit Kapuze sowie Badelatschen aus dem Hause Adidas. In diese blau-weiß gestreiften Kunststoffschuhe schlüpft er natürlich barfuß. Dieses Outfit trägt er selbst dann, wenn er vor In-

© David Terrar

vestoren, Bankern und Aktionären für sein Unternehmen wirbt. Von der Presse und von öffentlicher Bühnenpräsenz ganz zu schweigen.

Hunderttausende von Menschen fliegen gern mit einem Billigflieger einer irischen Fluggesellschaft nicht nur in den Urlaub, sondern auch zu Geschäftsterminen. Manchmal kostet ein einfaches Ticket weniger als 10 Euro. Dafür müssen die Passagiere einige Entbehrungen in Kauf nehmen. Überdies wird jeder Serviceaufwand gesondert in Rechnung gestellt. Überschreitet z. B. das Handgepäck eine bestimmte Größe oder ein festgelegtes Gewicht, wird dafür eine weitere Gebühr erhoben. Reisende, die mit dieser Gesellschaft fliegen, nehmen diese Bedingungen gern in Kauf, weil sie kaum billiger von A nach B kommen. Das Unternehmen steht genauso unter Kostendruck wie andere Fluggesellschaften. Mag sein, dass sie aus diesem Grund keine noch so ungewöhnliche Idee des Geldverdienens auslassen. Daher war es dann auch keine Überraschung, als das Unternehmen verlauten ließ, Passagiere für die Benutzung der Toiletten an Bord ihrer Flugzeuge zur Kasse zu bitten. Ein Aufschrei der Entrüstung entlud sich im Blätter- und Medienwald. Wie wir heute wissen, wurde diese Gebühr nicht erhoben. Reich wären sie damit ohnehin nicht geworden. Es sind doch gerade einmal eine Handvoll Passagiere, die während eines einstündigen Fluges, wenn überhaupt, diese Räumlichkeiten aufsuchen. Und dennoch hat das Unternehmen Millionen Euro gespart. Es brauchte nur eine einzige Presseerklärung, um in allen Medien erwähnt zu werden. Das wäre selbst mit einem Millionenetat nicht möglich gewesen. So aber kam die Gesellschaft mit ihrem geplanten Vorhaben kostenlos in alle Medien.

Natürlich musste sie damit rechnen, dass über sie der Stab gebrochen würde. Dieses Risiko konnte sie eingehen, weil sie sich sicher war, dass die Leute weiterhin günstig reisen wollten. Am Ende setzte sie ihrem „Marketing-Gag" die Krone auf, als sie ihr Ansinnen zurücknahm. Die Reisenden nahmen es wohlwollend zur Kenntnis. Das Unternehmen ließ sie in dem Glauben, dass sie es waren, die durch ihren öffentlichen Protest für ein Einlenken des Unternehmens gesorgt hatten. Somit gab es nur Gewinner – das war Wirkung in Reinkultur, und diejenigen, die dazu beigetragen hatten, waren sich dessen noch nicht einmal bewusst.

Alle Beispiele zeigen deutlich, dass vermeintliche Kleinigkeiten eine erhebliche Außenwirkung erzeugen. Und wie es noch deutlicher wird, ist eine der stärksten Methoden bzw. Regeln von Werbung, Eigenwerbung oder generell von Wirkung:

ANDERS ALS ANDERE SEIN

Was unterscheidet Sie von den anderen? Wie können Sie sich von den anderen abheben?

Wie können Sie sich von den anderen unterscheiden? Wenn Sie Erfolg wollen, müssen Sie auffallen. Natürlich nicht unbedingt in Badelatschen, die wohl weniger ausschlaggebend waren für den Erfolg von Mark Zuckerberg, dem Gründer und geschäftsführenden Vorstand (CEO) von Facebook. Ihre Kleidung muss auch nicht von Karl Lagerfeld oder Harald Glööckler sein. Sie ist aber unumstritten ein Wirkungsparameter, der oft unterschätzt wird. Bei meinen persönlichen Coachings ist Kleidung immer wieder ein sehr wichtiges Thema. Es ist erstaunlich, wie wenig oft auf das Äußere geachtet wird. Daran zu arbeiten, ist extrem wichtig.

In der Typologie und Persönlichkeitsanalyse werden die grundlegenden Charaktereigenschaften analysiert, gegenübergestellt und bestimmte Verhaltensmuster und Einstellungen deutlich gemacht. Diese Kategorisierung von Menschen in Verbindung mit ihren Eigenschaften und Einstellungen ist eine hervorragende Unterstützung für eine Standortbestimmung und das Erreichen eines realistischen Selbstbildes. Die bekanntesten Modelle sind unter anderem der Myers-Briggs-Typindikator, kurz MBTI[1], und die DISG-Methode[2]. Erste benannt nach Katharine Cook Briggs (1875 – 1968) und ihrer Tochter Isabel Meyers (1897 – 1980). Ihr Modell baut u. a. auf der Typologie des Schweizer Psychologen C. G. Jung auf. DISG hingegen ist ein Akronym, das sich aus den Anfangsbuchstaben der Begriffe *„dominant, initiativ, stetig und gewissenhaft"* ergibt.

Der Professor für Betriebswirtschaftslehre, Dr. Wagner, von der Fachhochschule Speyer macht deutlich, dass DISG kein Test ist, bei dem man etwas richtig oder falsch machen kann[2]. Der Nutzen liegt darin, dass über die Selbsterkenntnis das bessere Verständnis für den anderen und dadurch auch eine reibungslose Zusammenarbeit in Unternehmen gewährleistet wird.

Beim DISG werden die beiden Dimensionen „Aufgaben-/Sachorientierung" und „Beziehungs-/Menschenorientierung" mit den Dimensionen extrovertiert und introvertiert in Beziehung gesetzt.

---

[1] Der Begriff MBTI ist eine Schutzmarke des amerikanischen Unternehmens CPP Inc.
[2] Die Rechte an dem Markennamen DISG liegen bei Inscape Publishing Inc.

Daraus lassen sich die vier Grundtypen des menschlichen Verhaltens ableiten:

Akronym	Typ	Beschreibung
D-Typ	Dominant	Extrovertiert und aufgabenorientiert
I-Typ	Initiativ	Extrovertiert und menschenorientiert
S-Typ	Stetig	Introvertiert und menschenorientiert
G-Typ	Gewissenhaft	Introvertiert und aufgabenorientiert

DISG-Modell:

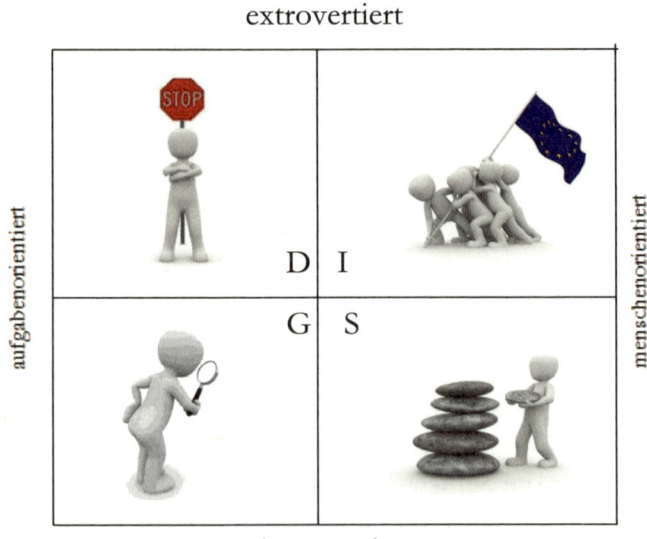

Beide Modelle beschreiben die wesentlichen Stärken, Schwächen sowie den bevorzugten Arbeitsstil einer Person. Das Wissen darum erleichtert den Umgang mit unterschiedlichen Charakteren. Es bietet somit eine rasche Orientierung und erlaubt, sich schnell auf unterschiedliche Menschen und ihr Verhalten einzustellen. Mit einem Fragebogen werden die Persönlichkeitsprofile erstellt. Das Ergebnis ergibt eine Beschreibung der Persönlichkeits- und Verhaltenseigenschaften einer Person. Doch reicht der Fragebogen allein nicht aus, um „sich besser kennen zu lernen". Deshalb empfehle ich jedem, der an seiner Persönlichkeit arbeiten möchte, über ein Seminar oder Coaching eine solche Persönlichkeitsanalyse durchzuführen, um das Ergebnis zu besprechen und gezielt nutzen zu können. Der Markt hält hier interessante Angebote bereit. Sprechen oder schreiben Sie mich hierzu gerne an. Nutzen Sie die vielfältigen Möglichkeiten. Zum einen, um, wie erwähnt, sich selbst besser einschätzen zu können. Zum anderen, um einen „besseren Blick" für die Vielfalt der Menschen zu bekommen. Aber dazu später mehr!

In Sachen Wirkung läuft vieles unbewusst ab. Wir entscheiden uns selten bewusst, gegen den Strom zu schwimmen, in das gleiche Horn zu stoßen wie alle, zu meckern wie alle und viele Dinge schwarz zu sehen. Auch gehen viele gerne als „graue Maus" in der Masse unter, die nicht umsonst als solche ihren Platz bei den Redewendungen gefunden hat.

Ändern Sie sich und Ihr Verhalten. Tragen Sie z. B. in Sachen Kleidung, soweit keine betrieblichen Vorschriften (Arbeitsschutz) zu beachten sind, was Ihnen gefällt. Entwickeln Sie Ihren eigenen Stil, um Ihre Wirkung zu erhöhen. Wenn Sie unsicher sind, welche Farben zu Ihnen passen, holen Sie sich Rat von Leuten, die Ihnen in diesem Punkt ein Vorbild sind, oder ziehen Sie einen Typ- und Stilberater hinzu. Schauen Sie in die Natur und entdecken Sie dort die Farbenvielfalt des Lebens. So schön, so einzigartig und so wundervoll anzuschauen. Glauben Sie, dass nur Pflanzen und Tiere so anmutig sein können? Ich nicht. Wer seinen Typ kennt und sich richtig kleidet, wirkt genauso wunderschön. Finden Sie Ihren Typ, Ihre Farben, Ihren Teint, und Sie wirken.

Fallen Sie auf und wirken Sie!

Das gilt nicht nur für Ihre Kleidung. Arbeiten Sie mehr oder besser effektiver als andere, loben Sie mehr als andere, und lächeln Sie mehr als andere.

*„Wenn Sie sich Ihrer Wirkung bewusst sind, können Sie
mehr Inhalte transportieren!"*

*„Sehr inkompetent, unsympathisch, langweilig, wenig intelligent und arrogant.
Dennoch selbstsicher und ziemlich attraktiv."* Das sagten Fernsehzuschauer, die für eine Studie[3] nur einige Sekunden einen Mann sahen, dem
sie diese Attribute zuschrieben: Oscar Lafontaine. Deutlich positiver
schnitt bei den Betrachtern der damalige Arbeitsminister Norbert
Blüm ab. Er wirkte kompetent und sympathisch auf die Zuschauer.
Sie sprachen von einem „fairen Eindruck". Es war der Duisburger
Psychologieprofessor Dr. Siegfried Frey, der gemeinsam mit amerikanischen und französischen Kollegen anhand von TV-Auftritten
sechs Jahre lang das nonverbale Verhalten von Politikern untersuchte. Das Ergebnis war erstaunlich: Für die Fernsehzuschauer reichten
drei bis zehn Sekunden Nachrichtenclips aus, um über die gezeigten
Politiker zu deutlichen Urteilen zu gelangen. Das Besondere daran
war die bemerkenswerte Übereinstimmung. Dazu sagt der Professor:

> *„Es handelt sich um reflexartige Deutungen. Ein Mecha-
> nismus, der die visuellen Eindrücke praktisch automatisch
> zu Urteilen umfunktioniert. Das kritische Großhirn wird
> dabei gar nicht erst gefragt, denn: Das Auge zweifelt nicht."*

Die Wissenschaftler zeigten 221 Probanden aus Deutschland und
Frankreich kurze Spots aus den Abendnachrichten vom März 1987,
bei denen der Ton ausgeblendet war. Somit urteilten die Zuschauer
nur nach dem, was sie sahen.

Ähnlich erging es den Zuhörern und Zuschauern von Vorträgen.
Auch sie beurteilten die Redner in erster Linie nach ihrem nonverbalen Verhalten. So wurden z. B. Teilnehmer zwei Stunden nach Be-
endigung eines Vortrages gebeten, Fragen zum Inhalt zu beantworten. Das Ergebnis war verblüffend. Nur sieben Prozent des Gesagten war den Befragten in Erinnerung geblieben, 93 Prozent des Gesprochenen waren „ausgelöscht".

Dieselben Teilnehmer mussten im zweiten Schritt nun Fragen zum „Gesehenen" beantworten. Wie war der Referent gekleidet? Welche Schuhe trug er? Wie stand er auf der Bühne? Welche Arbeitsmittel wurden eingesetzt? Wie waren seine Ausstrahlung, seine Mimik und seine Gestik? Auch hier ein verblüffendes Ergebnis. Von der Ausstrahlung, der Wirkung des Referenten waren den Befragten 30 Prozent in Erinnerung geblieben. Viermal mehr als vom Inhalt!

Ein überzeugendes Ergebnis, das nur ein Fazit zulässt:

„Es ist viel wichtiger, wie Sie etwas sagen, als was Sie sagen."

Natürlich müssen die Inhalte stimmen, das steht außer Frage. Das eine kann ohne das andere nicht funktionieren. Die Verpackung von „Darstellung" und „Inhalt" bestimmt den Erfolg.

Eine Erkenntnis, die in der Praxis nur selten angewendet wird. Fast immer achten Referenten in ihren Vorträgen auf Inhalte, Inhalte und nochmals Inhalte und weniger darauf, wie sie etwas vortragen. Beschleunigt wurde diese Entwicklung durch technische Veränderungen wie PowerPoint®. Das führt immer mehr dazu, dass Referenten die einzelnen PowerPoint-Seiten mit Inhalten buchstäblich zupflastern und sich in ihren Vorträgen nur noch darauf beschränken, das Geschriebene vorzulesen. Dieses „betreute Lesen" hat definitiv nichts mit positiver Wirkung zu tun. Auf Kongressen beobachte ich immer wieder, wie „Präsentatoren" oder „Vorleser", anders kann man sie wirklich nicht nennen, ihre Wirkung hinter einem Redner-Pult verschenken. Kein Zuschauer weiß in der darauffolgenden Kaffee- oder Mittagspause noch, wer Vortragender welcher Präsentation war. Kommt jedoch ein Redner, der selbstbewusst mitten auf der Bühne mit einer „Geschichte" das Publikum fesselt und dann noch geschickt „Kernbotschaften" unter die Bauchdecke seiner Zuhörer platziert, wird er in Erinnerung bleiben.

1.2 Mit den Augen eines Adlers

„Wenn einer eine Ansprache hält, müssen die anderen schweigen. Das ist eine Gelegenheit. Missbrauche sie."

Kurt Tucholsky (1890-1935)

Im letzten Kapitel erwähnte ich, dass wir unsere deutsche Muttersprache intuitiv einsetzen. Deshalb sind wir aber nicht automatisch in der Lage, die Regeln erfolgreicher Kommunikation anzuwenden. Das gilt auch für den „Einsatz" unserer Körpersprache. Das Wissen darum garantiert keinen Erfolg. Wer glaubt, ohne entsprechendes

Wissen die Signale anderer richtig deuten zu können, kann schnell in eine Sackgasse geraten. So vielschichtig wie die Dialekte, so vielschichtig ist die Körpersprache. Wer ohne Kenntnis der hier geltenden Regeln andere Körperhaltungen einnimmt, verschenkt Wirkung, die sich sogar bis ins Lächerliche steigern kann. Gesten können nachgeahmt werden. Passen sie nicht zum „inneren" Gefühlsleben des Redners, werden sie als affektiert gedeutet. Der Sender einer Nachricht erreicht somit den Empfänger nicht mehr. Das ist auch dann der Fall, wenn Wörter isoliert betrachtet werden. So wie das Wort „positiv" in einem Gespräch eine negative Diagnose des Arztes beschreibt, steht es in einem anderen Fall für ein gewünschtes gutes Testergebnis.

Ein Wort erhält nicht nur im Kontext einen Sinn, sondern auch durch die Körpersprache. So wird ein Patient, der die schlechte Diagnose noch nicht kennt, die der Arzt im Begriff ist zu übermitteln, allein schon anhand seiner Mimik das Ergebnis erahnen können. Wird hingegen ein positives Ergebnis in einem Wettkampf erwartet, trennt die Körpersprache Sieger wie Besiegte, lange bevor das Ergebnis feststeht.

Doch nicht immer ist die Körpersprache so klar zu deuten wie in den genannten Fällen. Eine Frau, die ihre Arme verschränkt, könnte damit Zurückhaltung einfordern. Es könnte auch sein, dass ihr nur kalt ist. Hier zeigt sich, dass Körpersprache nicht wie eine Vokabel einer fremden Sprache übersetzt werden kann. Wir haben es eher mit Interpretationen als mit Gesetzmäßigkeiten zu tun, die jeder für sich genommen anders deuten kann. Vor allem dürfen wir keine Schwarz-Weiß-Betrachtung vornehmen! Es kommt darauf an, in welcher Rolle und in welcher gewohnten oder ungewohnten Situation wir uns befinden. Hinzu kommt, dass wir nicht nur eine Haltung oder ein Körpersignal losgelöst von anderen Signalen bewerten dürfen. Erst die Beobachtung mehrerer Gesten oder Haltungen formt das Bild. Es gibt natürlich eindeutige Hinweise, die auch eindeutige Schlussfolgerungen zulassen, aber nie nur aufgrund einer einzigen

Geste oder Haltung. Deshalb ist es wichtig, die Wahrnehmung zu schärfen.

Im Grunde genommen verhält es sich wie bei der Kippfigur des österreichischen Philosophen Ludwig Wittgenstein (1889 – 1951). Schauen Sie sich die Ente bitte einmal genauer an, dann werden Sie etwas Bemerkenswertes feststellen:

Die quakende Ente:

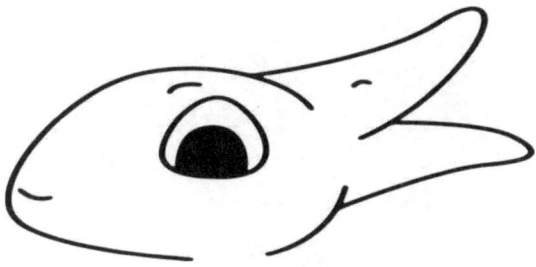

Während Sie eine Ente sehen, sehe ich einen nach links schauenden Hasen.

Unsere Wahrnehmung spielt uns häufig einen Streich. Nicht immer ist es so, wie es auf den ersten Blick scheint, weshalb es wichtig ist, seine Entscheidung nicht nur vom ersten Eindruck abhängig zu machen. Deshalb führt auch die Geste in Form einer Raute (siehe Bild) von Angela Merkel zu unterschiedlichen Ergebnissen. Selten wurde die körperliche Haltung einer Spitzenpolitikerin so kontrovers diskutiert. Selbst im Internet finden sich hierzu zahlreiche humoristische Anekdoten.

Frau Merkel ist auf Dutzenden, wenn nicht gar auf Hunderten von Bildern mit einer Raute zu sehen.

Für den „ungeübten" Deuter von Körpersprachen ist dies ein Zeichen der Verlegenheit. Sie weiß im übertragenen Sinne nicht, wohin mit ihren Händen. Der Humorist empfiehlt ihr in Anspielung auf immer die gleiche Bewegung, nie wieder Sekundenkleber zu verwenden. Für ihn sieht es so aus, als habe sie Finger wie Daumen zusammengeklebt.

Tiefenpsychologisch betrachtet steht ihre Haltung der sich berührenden Finger auch für „verwöhnte Göre". Sie ähnelt auch der Haltung, die oft als „kleiner Igel", eine unbewusste Abwehrhaltung, bezeichnet wird. Für das Magazin STERN (www.Stern.de) indes ist es die „Raute der Macht". Die Hände auf mittlerer Körperhöhe, die Fingerspitzen gegeneinander nach unten gelegt, während die beiden

Daumen nach oben zeigen. Experten deuten zusammengelegte Fingerspitzen als ein Zeichen der Besonnenheit. Getreu dem Motto *„vor dem Sprechen Gehirn einschalten"* kommt diesen Menschen kein unüberlegtes Wort über die Lippen. Viele körpersprachliche Parameter und Signale können wir sehr oft passend übersetzen, wie z. B. „Fingerspitzengefühl". Auch wenn ich weiter vorne von wenigen Ausreißern geschrieben habe, ist das eine von Frau Merkels Stärken. Ihre Raute ist somit nicht allein als eine Art Machtgeste zu deuten, wie vielfach geschrieben wird.

Was es am Ende auch sein mag, hier zeigt sich, wie Wirkung funktioniert. Bewusst oder unbewusst, Frau Merkel hat mit dieser Geste ihr Markenzeichen gesetzt. Sah man in der Vergangenheit eher ihre nach unten gezogenen Mundwinkel, so ist es heute immer mehr die Raute, die sie zum Gegenstand vieler Gespräche macht. Das Beispiel zeigt, wie wichtig die Beherrschung der Körpersprache ist. Das gilt besonders für Menschen des öffentlichen Interesses. Deshalb gilt:

> *Schauen Sie genauer hin, schärfen Sie Ihre Wahrnehmung!*

Die Hände, ihre Haltung und ihre Position sind für mich ein sehr schönes Beispiel, wie sehr Details den Unterschied ausmachen. Frau Merkel hat noch nicht die optimale Position und Haltung der Hände, aber sie kommt diesen schon sehr nahe. Aber dazu später mehr. Auf jeden Fall verschenkt sie hier einen „kleinen" Wirkungsgrad, weil man sich mehr mit ihrer Raute als mit den politischen Inhalten, die sie vertritt, beschäftigt. Diese Kritik sei mir an dieser Stelle erlaubt. Ansonsten halte ich mich damit gern zurück. Denn wie kein anderer Regierungschef verinnerlicht die schweigsame Frau eine der wichtigsten Rhetorikregeln:

> *„So wenig wie möglich, so viel wie nötig sagen",*

um auf diese Weise die eigenen Ziele umzusetzen. Mit großem Erfolg. Die Grande Dame der Politik hat seit 2005 nicht nur drei Bundestagswahlen gewonnen und mehrere Bundespräsidenten „überstanden", sie ist auch eine der wenigen PolitikerInnen, der es gelang, der schwersten Krise seit Ende des Zweiten Weltkrieges die Stirn zu bieten. Die Finanz-, Banken- und Wirtschaftskrise hat viele Länder an den Rand des Ruins gebracht. Während viele Staaten ums nackte Überleben kämpfen und eine Rezession nach der anderen durchleben, steht Deutschland mit Abstand am besten da.

Frau Merkel lässt immer andere die Nachrichten aus dem Kanzleramt verkünden. Es sind ihre Minister, Pressesprecher oder Staatssekretäre, die sie vor die Mikrofone treten lässt. Sie macht sich rar. Kein anderer Regierungschef auf der Welt ist so schweigsam wie die Kanzlerin. Sie spricht nur, wenn sie etwas Wichtiges zu sagen hat. Somit entzieht sie unnötigen Spekulationen die Grundlage. Sie vermeidet unsägliche Diskussionen, weshalb sie nie Gefahr läuft, für Fehlinterpretationen und Missverständnisse die Verantwortung übernehmen zu müssen. Zudem verpasst sie somit viele Gelegenheiten, mit Verlaub, etwas Dummes zu sagen (von wenigen Ausnahmen, wie im Falle Bin Ladens, einmal abgesehen).

Persönlichkeiten sind keine Dampfplauderer. Sie sagen wenig und wirken damit umso beeindruckender.

Der erste Eindruck spielt eine entscheidende Rolle. Nicht immer die ausschlaggebende, oder haben Sie Ihre große Liebe auf den sprichwörtlich ersten Blick kennen gelernt? Manchmal braucht es durchaus mehrere Anläufe. Mit anderen Worten: Wir müssen mitunter genauer hinschauen, bevor wir ein Urteil fällen. Das Beispiel von Joshua Bell hat deutlich gezeigt, wie schnell wir uns täuschen lassen. Und doch gibt es noch immer eindeutige Botschaften, denen wir erliegen, insbesondere wir Männer. Wir sehen buchstäblich rot, wenn wir einer Frau in roter Kleidung oder mit rotem Lippenstift begegnen.

Diese Farbe steht für sexy, weshalb ihr eine Signalwirkung zugesprochen wird, wie französische Forscher der Université de Bretagne Sud (UBS) bestätigen. In ihrer Studie kamen sie zu dem Ergebnis, dass Männer rot gekleideten Frauen sexuelle Absichten unterstellen.[4]

Die Wissenschaftler zeigten 120 männlichen Studenten eine halbe Minute lang ein Foto derselben jungen Frau. 30 Studenten bekamen ein Foto zu Gesicht, auf dem die Frau ein rotes T-Shirt trug. Jeweils weitere 30 Teilnehmer sahen auf dem Foto eine Aufnahme dieser Frau in einem weißen, grünen oder blauen Shirt. Dann mussten die Teilnehmer eine Bewertung abgeben. Anhand einer Skala sollten sie festlegen, wie attraktiv die Frau wirkte. Ferner sollten die Teilnehmer angeben, ob sie sexuelle Absichten der Frau zu erkennen glaubten. Das Ergebnis war eindeutig: Die junge Frau erreichte die höchsten Attraktivitätswerte, wenn sie ein rotes Shirt trug, gefolgt von Weiß, Blau und Grün. Bei der Frage nach sexuellen Absichten lag die Farbe Rot noch deutlicher vorne, abgeschlagen folgten Blau, Weiß und Grün, was nicht wirklich überrascht. Die Farbe Rot ist die Balzfarbe vieler Affen, die auch beim Menschen ihre Wirkung hat, egal ob als Lippenstift oder in der Kleidung. Dabei kommt es auf die Menge an. Eine Frau, die quasi ganz in Rot gekleidet ist, wirkt auf Männer wie eine rote Ampel. Die farbliche Kombination der Kleidungsstücke macht den Unterschied.

Trotz dieser Feststellung schränken die Wissenschaftler ihr Ergebnis ein. Sie fanden heraus, dass die Farbe Rot unter Frauen genau zum gegenteiligen Ergebnis führt. Frauen lassen ihre rot gekleideten Geschlechtsgenossinnen links liegen, weil sie Rot eher mit Unfreundlichkeit, geringer Liebenswürdigkeit und niedriger Intelligenz gleichsetzen.

Hier zeigt sich wieder einmal, dass wir immer wirken, selbst über die Kleidung. Diese Erkenntnis geht sogar so weit, dass z. B. die Schweizer UBS-Bank im Herbst 2010 einen strikten Dresscode für ihre Angestellten erließ. Die Mitarbeiter bekamen ein 40-seitiges Nachschlage- und Regelwerk ausgehändigt, wie sie sich zu kleiden haben. Als Begründung für diese Maßnahme führt die Bank die Finanzkrise an, durch die sie schwer gebeutelt wurde. Nun gilt es, den Ruf wiederherzustellen. Dazu heißt es in der Pressemitteilung der Bank[5]: *„Die Bekleidungsvorschriften helfen, um bei unseren Kunden einen professionellen und stilvollen Eindruck der Mitarbeiter zu hinterlassen."*

> *In vielen Berufen gibt es einen Dresscode. Diese „Uniformiertheit" soll den Menschen neutralisieren, die Sache in den Vordergrund stellen, nicht die Person.*

Wenn es nur die Kleidung allein wäre, die unser Urteil über einen Menschen beeinflusst, wären wir schlecht beraten. Gott sei Dank treffen wir viele unserer Entscheidungen nicht so oberflächlich. Wir sind durchaus in der Lage, aus vielen kleinen Teilen ein realistisches Gesamtbild zu erstellen. Wie Außenstehende Sie wahrnehmen, hängt entscheidend von Ihrem Umfeld ab, privat wie beruflich. So würden sich z. B. erfolgreiche Verkäufer nicht kleiden wie ihre Kunden. Ein Verkäufer für Friseurartikel im Outfit eines Friseurs ist schlichtweg nicht vorstellbar. Von einem Friseurmeister wird ein frischer, legerer und durchgestylter Auftritt erwartet. Von einem erfolgreichen Verkäufer wird erwartet, dass er sich kleidet wie ein Verkäufer. Je nach Branche mit den sprichwörtlichen Schlips und Kragen also.

Wir haben auch eine klare Vorstellung von einem Service-Mitarbeiter im technischen Bereich. Wir erwarten, dass er entsprechend unserer Vorstellung branchentypisch gekleidet ist. Wer als Mitarbeiter im feinen Anzug und Schlips antritt, um eine Waschmaschine zu reparieren, wirkt unglaubwürdig. Wir trauen ihm, natürlich unbewusst, nicht zu, dass er dazu in der Lage ist. Wir urteilen aufgrund unserer Vorstellung. Da mag der Techniker noch so viele Meistertitel in der Tasche haben. Durch sein Auftreten verschenkt er Wirkung. Was in einer Situation richtig ist, kann in der nächsten falsch sein.

So ist z. B. ein Finanzberater in einem solchen Outfit schlichtweg nicht vorstellbar:

Kaum ein Anleger würde diesem Menschen „vertrauen", obwohl gerade er ehrlicher sein könnte als manch gut gekleideter Banker. Aber sein äußeres Erscheinungsbild, und damit auch sein Verhalten, entsprechen nicht den gängigen Normen dieser Branche und auch nicht unserem Vorstellungsbild. Dagegen hätte der Berater in dem schwarzen Outfit als Türsteher in einer Diskothek genau die Wirkung, die von ihm in diesem Moment erwartet wird.

„Wie du kommst gegangen, so wirst du empfangen", lehrt eine Redensart, die sich hier wieder einmal bestätigt. Gute Kleidung allein reicht natürlich nicht aus, um beim Gegenüber „gut anzukommen", aber sie ist der erste Schritt dazu und ein wichtiger, denn

„95 Prozent der Informationen übertragen wir,
ohne ein Wort zu wechseln",

sagt der Kommunikationswissenschaftler James Borg.[6] Ähnlich wie bisher in diesem Buch verhält es sich mit der Wahrnehmung. Wir haben einige Personen aus dem öffentlichen Leben, wie Karl Lagerfeld, Harald Glööckler, Joschka Fischer, Angela Merkel, Mark Zuckerberg und Oscar Lafontaine, betrachtet, bewertet und beurteilt. Und doch wäre es von uns vermessen zu behaupten, sie alle wirklich zu kennen. Nur weil sie uns aus den Medien bekannt sind, kennen wir sie noch lange nicht. Wir wissen von ihnen nur das, was wir sehen. Ihre Welt dahinter bleibt uns verborgen.

Auch bei Menschen in unserem direkten Umfeld ergeht es uns ähnlich. Wir beobachten, wir bewerten, wir beurteilen, und teilweise verurteilen wir sie sogar. Hier bestätigt sich, dass wir mehr auf andere schauen als auf uns selbst. Natürlich dürfen und sollen wir sogar auf andere schauen. Kommunikation findet in unterschiedlichen Formen statt. Doch mindestens genauso wichtig ist es, auf uns selbst zu schauen.

Genau das ist meine Philosophie für meine Seminare, Coachings und Trainings. Mein Weg ist es, die persönliche Wirkung meiner Teilnehmer zu steigern. Sie trainieren ihre Selbstwahrnehmung bis hin zum realistischen Selbstbild. Anschließend steigern sie ihre persönliche Wirkung durch die Einstellung der Wirkungsparameter. Erst dann folgt die Steigerung ihrer Fremdwahrnehmung.

> *„Mit Adleraugen sehen wir die Fehler anderer,*
> *mit Maulwurfsaugen unsere eigenen",*

stellte der französische Theologe und Bischof von Genf, Franz von Sales (1567-1622), fest.

Wollen Sie jedoch nicht nur Ihre Wahrnehmung schärfen, sondern gleichzeitig Ihre persönliche Wirkung steigern, achten Sie sowohl bei sich als auch bei anderen mehr auf die Stärken als auf die Fehler. Es ist so einfach, die Fehler zu sehen, den Haken zu suchen, eine menschliche Schwäche zu erkennen, das sprichwörtliche Haar in der

Suppe zu finden. Doch was bringt es uns und der Beziehung zu diesen Menschen, wenn wir uns auf ihre vermeintlichen Schwächen konzentrieren? Eine durchaus interessante Frage. Wenn wir einmal genau betrachten, welche Dinge wir in solchen Situationen bewerten, beurteilen oder sogar verurteilen, dann sind es unbewusst Dinge oder Eigenschaften, bei denen wir besser abschneiden als unsere Mitmenschen, die wir gerade beobachten. Unbewusst läuft hier ein „Schutz"-Programm ab. Es lautet: „In dieser Hinsicht habe ICH recht, kann ICH es besser, muss ICH mich nicht ändern!" Die Gefahr besteht, dass Sie sich in dem Moment lässig zurücklehnen und nichts ändern. So bleiben Sie in der Komfortzone. Das ist bequem, doch wachsen Sie hier auch nicht. Sie bleiben auf dem Niveau, auf dem Sie sich in diese Zone hineinbegeben haben.

Schauen Sie dagegen auf die Stärken der anderen, beginnen Sie Ihre eigenen Schwächen wahrzunehmen und anzuerkennen. Damit beginnt Ihr persönliches Wachstum. Denn diese Stärken der anderen sind eher Eigenschaften, für die bei Ihnen noch Steigerungspotenzial besteht.

Oft höre ich in Gesprächen mit Vorgesetzten: „Das kann der nicht. Das schafft der nicht. Die Aufgaben kann ich dem Mitarbeiter unmöglich übertragen. Das muss ich selber machen!" Die Vorgesetzten tappen hier in die Falle des „Nicht-loslassen-Könnens", des „Nicht-delegieren-Könnens". Dieses Verhalten zeigt, dass Fremd- und Selbstwahrnehmung, wenn man sie bewusst vornimmt, schwer zu trennen sind. Denn jede positive Fremdwahrnehmung ist eine hervorragende Selbstreflexion und eine große Chance! Veränderungen beginnen immer bei uns selbst. Wenn Sie ähnliche Erfahrungen gemacht haben wie der hier beschriebene Vorgesetzte, dann fragen Sie sich in den Momenten der Entscheidung:

- Wie würde ich mich in dieser Situation verhalten?
- Was hat er verständlicherweise so oder so gemacht?
- Was war gut an seiner Reaktion?
- Welche positiven Auswirkungen hat oder hätte das für mich?

Ein anderer Theologe, der US-Amerikaner Reinhold Niebuhr (1882 – 1971), spricht mir ebenfalls aus dem Herzen mit seinem „kleinen Gebet": „*Gott, gib mir die Gelassenheit, Dinge hinzunehmen, die ich nicht ändern kann, den Mut, Dinge zu ändern, die ich ändern kann, und die Weisheit, das eine vom anderen zu unterscheiden.*"

Tatsächlich geht es in Sachen Wahrnehmung auch immer um Gelassenheit. In diesen digitalen Zeiten werden wir Menschen mit Informationen, Daten, Fakten, Bildern, Videos, Kurznachrichten etc. pp. buchstäblich überschüttet. Wir sind ständig „online" – also auf Empfang eingestellt. Das ist das eine Problem. Das andere ist die Fokussierung der Medien auf ein Thema, das häufig nur eingeschränkt dargestellt wird. Mit anderen Worten: Wir haben hier häufig nur die halbe Wahrheit und nicht selten sogar nur die Meinung eines einzelnen Journalisten und damit auch eine Bewertung, weil sein Bericht ein Teil von ihm ist.

Diese Situation ist vergleichbar mit einer Landkarte von Deutschland, die nur vier große Städte, verteilt auf vier Himmelsrichtungen, zeigt. Daraus nun die Struktur des Landes insgesamt abzuleiten, ist nicht möglich. Hier wäre Fantasie gefragt, weil man die Karte selbst skizzieren müsste. Diese Skizze entspringt den Vorstellungen eines Zeichners. Sie ist seine Sicht der Dinge. Dadurch wird diese Karte zwangsläufig stark abweichen von der „echten" Karte Deutschlands.

Deshalb ist es so wichtig, Informationen, die an uns herangetragen werden, in aller Gelassenheit aufzunehmen, ohne sie zu bewerten. Die Bewertung folgt, nachdem wir uns weitere Informationen beschafft haben. Vergleichbar also mit einem Bild, das uns vorgelegt wird. Wir zoomen es größer zu uns heran, um Details wahrnehmen zu können, die in einer kleinen Darstellung nicht zu erkennen wären. Erst dann können wir eine richtige Bewertung abgeben oder auch keine. Nicht immer ist es ratsam, auf Einlassungen, Vorhaltungen oder Beurteilungen zu reagieren. Auch hier gilt es, sich in Gelassenheit zu üben, um nicht Gefahr zu laufen, Einwände aus alten Denkschubladen hervorzuholen, um damit eine Diskussion zu entfachen, die alles nur noch schlimmer machen würde.

Die große Kunst der Gelassenheit liegt darin, dass wir nicht sofort auf irgendetwas reagieren, sondern länger zuhören, länger hinschauen, länger abwägen. Uns nicht mehr unter Druck setzen lassen, nur weil wir glauben, immer sofort auf alles und jedes eine Antwort haben zu müssen. Viel zu häufig rechtfertigen wir uns, weil wir meinen, es tun zu müssen. Wer sich in der Kunst der Gelassenheit übt, wird weniger fremdbestimmt und viel mehr selbstbestimmt agieren können. Und das zeigt Wirkung.

Werden Sie im übertragenen Sinne zu einem Mentalisten oder zu einem Profiler. Profiler erstellen ein detailliertes Profil des „Täters" bzw. des Tathergangs, ohne sich vorschnell auf den eventuellen Hauptverdächtigen einzuschwören. Die Aufgabe eines Kommissars ist es, den Täter zu stellen, und, um im Klischee mancher Krimis zu bleiben, den Fall so schnell wie möglich zu den Akten zu legen. Sein Blick am Tatort konzentriert sich auf das große Ganze und die offensichtlichen Fakten. „Was ist wie und wann passiert?" ist eine Frage, der er sofort nachgeht, um den Vorsprung des Täters zu verringern. Nach dem Motto: Der Fall ist klar! Ein Profiler hingegen arbeitet weniger schnell, eher gelassen. Der Kommissar achtet mehr auf das Grobe, hat sein Urteil gefällt, seine Wahrnehmung dadurch eingeschränkt oder sogar eingestellt. Dem Profiler hingegen geht es um Details. Er nimmt viel mehr Dinge, andere Dinge wahr, er kann aus kleinen Informationen, die für die meisten nicht von Bedeutung sind, ein viel komplexeres Bild erstellen und kommt nicht selten zu anderen, oft erstaunlichen Ergebnissen.

Das bezieht sich nicht nur auf die verbale Kommunikation zwischen zwei Menschen, sondern schon auf die Phase davor, während des ersten Eindruckes und der Zeit danach. Schauen Sie bei den Menschen ein zweites und drittes Mal hin! Für mich ist das eine der wertvollsten Erkenntnisse aus meinen Trainer- und Coaching-Ausbildungen.

„Wahrnehmen, ohne zu bewerten!"

Wenn Sie das können, sind Sie auf einem sehr guten Weg! Es ist nicht leicht, diesen Weg zu gehen, keine Frage. Unsere Erfahrungen erschweren Veränderungen. So haben wir z. B. eine Art persönliche Landkarte in unserem Kopf, an der wir uns orientieren. Diese Karte ist ein Unikat. Schließlich haben wir Menschen unsere eigenen Erfahrungen gemacht. Positive wie negative. Aufgrund dieser Erfahrungen und den häufig damit verbundenen Glaubenssätzen konstruieren wir unbewusst unsere ganz individuelle Landkarte, die unseren Blick auf die Welt darstellt. Es ist unsere Sicht, die mit der Realität keinesfalls übereinstimmen muss. Doch halten wir sie für die einzig wirkliche Realität. Davon gingen bereits in den 1970er-Jahren Richard Bandler, damals Mathematikstudent, später Psychologe, und der Linguist John Grinder aus. Sie sind die geistigen Väter des Neurolinguistischen Programmierens, kurz NLP. Die Bezeichnung drückt aus, dass Vorgänge im Gehirn (= Neuro) mithilfe der Sprache (= linguistisch) gesteuert werden und damit durch systematische Handlungsanweisungen veränderbar sind (= programmieren). Eine der Grundannahmen von NLP lässt sich wie folgt zusammenfassen:

„Die individuelle Landkarte eines jeden Menschen, gemeint ist hier die Welt der Sprache und Symbole, ist nicht das Gebiet, die reale Welt der Erfahrung desselben! Menschen treffen innerhalb ihres Gebietes die ihnen bestmögliche Wahl oder Entscheidung".

Wie oft nehmen wir etwas wahr, eine Reaktion, ein Wort, eine Verhaltensweise, und beziehen es sofort auf uns, bewerten es, be- oder verurteilen es? Und was jetzt passiert, ist das Fatale! Das Urteil steht und wird selten zurückgenommen. Wir sehen nur noch Dinge, die uns in unserem Urteil bestärken, suchen Menschen und Meinungen, die uns Recht geben, uns in unserer Meinung bestätigen. Das ist bequemer, als den eigenen Blickwinkel zu ändern oder sogar seine Meinung zu revidieren! Schauen Sie genauer hin, schauen Sie öfter hin, schauen Sie positiv hin! Und vor allem holen Sie Ihre Mitmenschen oder vielleicht auch Mitarbeiter aus den verstaubten Schubladen, in die Sie sie gepackt haben, wieder heraus! Machen Sie sich ein neues Bild! Ein Vorbild! Jeder Mensch hat Stärken, nutzen Sie diese!

Hierzu eine kleine Geschichte des chinesischen Philosophen Lao-Tse (6. Jh. v. Chr.): Ein Mann fand eines Tages seine Axt nicht mehr. Er suchte und suchte, aber sie blieb verschwunden. Er wurde ärgerlich und verdächtigte den Sohn seines Nachbarn, die Axt gestohlen zu haben. Er beobachtete diesen ganz genau. Und tatsächlich: Der Gang des Jungen war der Gang eines Axtdiebes. Die Worte, die er sprach, waren die Worte eines Axtdiebes. Sein ganzes Wesen und sein Verhalten waren die eines Axtdiebes. Am Abend fand der Mann die Axt unter einem großen Holzstapel. Am nächsten Morgen sah er den Sohn seines Nachbarn erneut. Sein Gang war nicht mehr der eines Axtdiebes. Seine Worte waren nicht mehr die eines Axtdiebes, und auch sein Verhalten hatte nichts mehr von einem Axtdieb.

1.3 Haltung bewahren

„Zuerst die innere Haltung. Dann die äußere Form. Es ist wie beim Malen, wo man die weißen Lichter zuletzt aufsetzt."

Konfuzius (551-479 v. Chr.)

Wann immer Menschen anderen etwas Wichtiges mitteilen, stehen sie. Wobei sie sich ihrer Wirkung berauben, wenn sie sich dabei hinter einem Pult „verstecken" oder sich lax an den Tisch lehnen, so wie der Herr im nebenstehenden Schaubild. Der aufrechte Gang, das aufrechte Stehen zeigen Aufrichtigkeit. Der Blickkontakt zum Publikum, die Hände offen, sich nicht am Rednerpult fest-klammern, keine hektischen Bewegungen und nicht nervös hin- und herlaufen, das alles ist wichtig, wenn es darum geht, Inhalte zu vermitteln, die sich dauerhaft in das Gedächtnis der Zuhörer einbrennen sollen. Die lässige Haltung des Herrn kann unter bestimmten Umständen eingenommen werden, wenn z. B. nach seinem beendeten Vortrag eine Diskussionsrunde stattfindet. Um den Teilnehmern die Angst zu nehmen, signalisiert diese Haltung: „Ich bin locker, seid ihr es auch."

Je „stabiler" Sie stehen, desto mehr Selbstvertrauen strahlen Sie aus. Wenn Sie sich selbst vertrauen, dann trauen Ihnen auch andere.

Frauen wissen um ihre Wirkung auf Männer. Bewusst oder unbewusst setzen sie, mit Verlaub, ihre Reize ein. Die hier dargestellte Botschaft der „schlanken" Beine verfehlt beim anderen Geschlecht ihre Wirkung nicht und ist in uralten Mustern verankert. Unbewusst wirbt die Frau um das andere Geschlecht. Das ist für bestimmte Lebenssituationen sicherlich förderlich. Dieses Unbewusste kann in einigen Fällen aber hinderlich sein. So beobachte ich häufig, dass Frauen, die wenig bis gar keine Erfahrung in der freien Rede haben, selbst dann ihre Beine übereinander kreuzen, wenn sie vor Publikum stehen. Für eine glaubwürdige Rede ist diese Position denkbar ungünstig.

Diese Position ist vielleicht bequem, ist aber alles andere als stabil und entsteht eher aus einer Unsicherheit, vor allem in Kombination mit den Händen hinter dem Rücken. Ein Stups von links oder rechts reicht aus, um die Dame aus dem Gleichgewicht zu bringen. Wer sich körperlich aus dem Gleichgewicht bringt, der bringt sich auch gedanklich darum, und schon ist er weg, „der rote Faden", der für jedes Gespräch oder jeden Vortrag so wichtig ist. Nur wer stabil steht, ist buchstäblich wie ein Fels in der Brandung, körperlich wie geistig.

Auch diese an sich bequeme Haltung der verschränkten Arme stößt beim Zuschauer und -hörer auf Widerstand. Die Arme wirken wie eine geschlossene Schranke und können signalisieren: Komme mir nicht zu nahe. Bis hierher und nicht weiter. Die Geste drückt überdies Ablehnung, Verwundbarkeit oder auch schlechte Laune aus. Vielschichtige, eher wirkungshemmende Interpretationen sind hier möglich!

Ähnlich kritisch ist diese typisch männliche Position. Auch hier handelt es sich um ein unbewusstes Werbeverhalten. Mit leichtem Beckenvorstand präsentieren wir unser Geschlechtsteil und deuten auch noch verstärkend mit unseren auch für Dominanz stehenden Daumen darauf. Das mag eventuell vor ein paar Tausend Jahren auf das andere Geschlecht anziehend gewirkt haben, heute mit Sicherheit nicht. Das lasse ich mir regelmäßig und mit Vergnügen von den weiblichen Teilnehmern im Seminar bestätigen. „Noch schlimmer wirkt es, wenn die Kerle so sitzen oder eher sogar in einem Stuhl oder Sessel liegen", wird schmunzelnd ergänzt.

Das heißt, liebe Männer, wie so oft: „Weniger ist mehr!" Wenn es also darum geht, im normalen Alltag Menschen zu erreichen, ihre Aufmerksamkeit zu bekommen und Botschaften „unters Volk" zu bringen, dann ist diese Position denkbar ungünstig. Sie signalisiert eher Ungeduld, Gemächlich- und Beliebigkeit.

Aber Vorsicht:

Es gibt hier keine schwarz-weiße Übersetzungsregel. Bleiben Sie skeptisch, wenn Ihnen jemand sagt, diese Haltung oder Position heißt das und das. Es sind Signale, die einen größeren Interpretationsspielraum zulassen. Die gleiche Pose kann in Kombination mit einer anderen Haltung, in einer anderen Umgebung zu einer völlig gegenteiligen Interpretation und Wirkung führen. Betrachten wir zum Beispiel die verschränkten Hände hinter dem Rücken. Mit aus- oder sogar zurückgestelltem Bein und nach unten geneigtem Kopf wirkt die Person eindeutig als Opfer. Die gleiche Armhaltung meist in Verbindung mit einem breiten, festen Stand sowie aufrechtem bis etwas nach oben gestrecktem Kopf wirkt absolut gegenteilig. Der sehr selbstbewusste und selbstsichere Zeitgenosse! Er ist sich so sicher, dass er seine Brust selbst vor potenziellen Angriffen nicht schützen will!

Oder nehmen wir nochmals die verschränkten Arme, denen oft zu Unrecht eine meist negative und abwehrende Wirkung nachgesagt wird. In der Rolle des Redners ist das sicherlich nicht einmal die zweitbeste Lösung. Wenn Sie jedoch in der Rolle des Zuhörers sind oder schon einmal Rückenbeschwerden hatten, werden Sie bestätigen, dass es einfach nur bequem ist, so zu stehen, zu sitzen oder zuzuhören. Wichtig ist, dass Sie sich dieser Haltung bewusst sind und sie Ihrer jeweiligen Rolle anpassen. Genau darum geht es!

Ich übersetze „Selbstbewusstsein" mit „sich seiner SELBST BEWUSST zu SEIN".

Bevor wir zu den wichtigsten Wirkungsparametern kommen, die wir bewusst einstellen können, ist es wichtig zu wissen, was wir einstellen müssen! Der Schlüssel zum Erfolg und zur Steigerung unserer persönlichen Wirkung liegt in der Selbstwahrnehmung, verbunden mit dem Ziel, ein realistisches Selbstbild zu erhalten!

„Erst wenn du weißt, was du tust, kannst du tun, was du willst."

Wenn wir die weiter vorne gestellte Frage „Wie wirke ich und wie wirke ich auf andere?" selbstsicher, bewusst, intuitiv, spontan und realistisch für die wichtigsten Rollen in unserem Leben beantworten können, sind wir auf dem Weg zu einer erfolgreichen Persönlichkeit.

Vor dem Seminar, während des Seminars oder in der Pause fotografiere ich meine Teilnehmer. Dann konfrontiere ich sie im weiteren Verlauf mit diesen Fotos und stelle ihnen die Frage: „Wisst ihr noch, wie ihr gestanden habt und in welchem Winkel zu eurem Gesprächspartner? Wo waren eure Hände? Gefällt euch eure Wirkung?" Die Reaktionen sind fast immer dieselben: Sie alle sind überrascht bis erschrocken über ihre Wirkung, aber auch erstaunt über ihr Potenzial. Das zeigt, dass wir uns unserer Wirkungsparameter und deren Einstellungen nicht bewusst sind. Das kennen Sie, wenn Sie sich zurückerinnern, als Sie das erste Mal Ihre Stimme auf dem Anrufbeantworter gehört haben. Ungewohnt, ja sogar fremd fühlte es sich an. Das ist ein schönes, weil eindrucksvolles Beispiel für die unterschiedliche Wahrnehmung – der Unterschied zwischen Selbstbild und Fremdbild!

Genauso befremdlich ist es für uns, unser (Spiegel-)Fremdbild zum Beispiel auf einem Foto oder besser in einer Videoaufzeichnung zu sehen.

Die Nase bringt es an den Tag

Erfahrungsgemäß neigen wir unbewusst dazu, negative Aussagen körpersprachlich zu verstärken. Dagegen können wir uns mitunter gar nicht wehren, insbesondere dann nicht, wenn wir lügen. Sicher ist Ihnen aufgefallen, dass sich Menschen, die sich just in dem Moment, in dem sie die Unwahrheit sagen, an die Nase fassen. Mit dieser Geste hat sich der ehemalige US-Präsident Bill Clinton ein „Lügen-Denkmal" gesetzt. Wiederholt fasste er sich an die eigene Nase, als er nach einer sexuellen Beziehung zu der Praktikantin Monica Lewinsky befragt wurde. Später gab er zu, dass er eine „unangemessene Beziehung" zu ihr unterhalten hatte, die er bis zu diesem Tag geleugnet hatte. Die Affäre hätte ihn fast sein Amt gekostet. US-Psychiater haben sein „Nasen-Verhalten" als Pinocchio-Effekt bezeichnet. Die Nase wird beim Lügen nicht länger, dafür röter. Lügen ist für den Körper purer Stress. Die Haut wird stärker durchblutet, Puls und Blutdruck steigen und der Schweiß fließt. Dadurch schwillt das Gewebe in der Nase an, was ein leichtes Stechen auslöst. Der Betroffene kann gar nicht anders, als sich nun an die Nase zu fassen.

Aufgepasst

Auch hier gilt: Nie schwarz-weiß übersetzen und unterstellen, jeder, der sich an die Nase fasst, ist ein Lügner. Es ist jedoch ein sehr wichtiges Signal, das Ihnen Aufschluss über die Regung Ihres Gegenübers gibt. Jede Handbewegung, die zum Kopf führt, hat schon eine Bedeutung. Je nach Umgebung oder Situation kann sie von Nervosität über Stress bis hin zur Lüge vieles bedeuten! Als ich mir mein Hochzeitsvideo anschaute, konnte ich ein ähnliches Verhalten an mir entdecken. Völlig unbewusst und unbemerkt habe ich mir kurz vor dem entscheidenden Jawort dreimal ans Ohrläppchen gefasst! Ja, und ich war nervös – und das ist auch gut so! Ähnlich beobachte ich in meinen Schlagfertigkeits-Seminaren die Reaktionen meiner Teilnehmer, wenn ich sie verbal attackiere und aus dem Konzept bringe. Sehr oft kommt eine Handbewegung zum Kopf: an die Nase, ein Streichen durch die Haare oder ein Streichen über den Mund.

Der Körper lügt nie. Seine Sprache ist die einzige, die wir Menschen nicht erlernen müssen, sie ist uns in gewisser Weise angeboren. Egal ob wir Hunger haben, uns wohlfühlen, Angst haben oder uns nach Zuneigung sehnen, durch die Sprache unseres Körpers drücken wir das aus, wonach die Seele verlangt. Babys beherrschen diese Sprache, die von allen verstanden wird, perfekt. Ob ein Deutscher nach China reist oder ein Neuseeländer nach Frankreich, sie alle verstehen diese Körpersprache. Dabei müssen sie nicht ein einziges Wort der jeweiligen Landessprache sprechen können.

Körpersprache ist die einzige Sprache, die weltweit verbindet. Wir haben sie nicht nur in die Wiege gelegt bekommen, sondern verlernen sie auch nie mehr. Das heißt nicht, dass wir uns an sie erinnern. Wenn wir sie nicht bewusst einsetzen und uns darin täglich üben, gerät sie ins „unkontrollierte" Unterbewusste. So fühlen und ahnen wir etwas bei der Wahrnehmung, sind aber nicht in der Lage, die Signale konkret in unser Kommunikationsverhalten einzubeziehen.
In den USA macht man sich diese Erkenntnis zunutze und lässt Menschen spezielle Schleusen passieren. Mit diesem Projekt will das US-amerikanische Heimatschutzministerium Gegner erkennen, die böse Absichten hegen. Das Programm mit dem Kürzel FAST analysiert unter anderem Gestik und Mimik von Menschen. Daraus sollen, so die Tester, Rückschlüsse auf bestimmte Vorhaben möglich sein. Auch wenn Experten noch zweifeln, so bestätigt die Psychologin Stephanie Ortigue von der Syracuse University: *„Es ist kompliziert, aber möglich".* Wer wirken will, muss bereit sein, andere Wege zu gehen. Er muss seine Komfortzone verlassen, von der Sie im nächsten Kapitel lesen.

1.4 Die Zone

„Ehre und Bequemlichkeit sind selten Schlafkameraden."

Sprichwort aus Großbritannien

Mit einer einmaligen Idee schufen die Albrecht-Brüder ein Imperium. Unter dem Namen Aldi eröffneten sie Deutschlands ersten Discounter. Statt der damals üblichen Rabattmarken und deren Einlösung am Jahresende gewährten die Brüder ihren Kunden einen sofortigen Rabatt, eben einen Discount (engl. für Rabatt). Ihr Ziel war der günstigste Preis von allen Anbietern. Um dieses Ziel zu erreichen, verzichteten sie auf die bis dahin übliche werbewirksame Präsentation der Waren. Überdies mussten die Kunden die Produkte selbst aus den Umkartons herausnehmen. Die Ladeneinrichtung war spartanisch, weniger auf schicke Optik und mehr auf Funktionalität ausgerichtet. Das Ambiente erinnerte eher an eine Lagerhalle als an einen Supermarkt. Dieses Konzept, so war sich die Konkurrenz sicher, konnte nicht funktionieren. Sie glaubten, ihre Kunden zu kennen, und die würden sich mitnichten zu „Erfüllungsgehilfen" einiger Anbieter machen lassen. Heute sind diese Kritiker verstummt. Wie wir wissen, wurden die Brüder durch dieses Konzept Multimilliardäre. Es ist, wie Mahatma Gandhi formulierte:

> *„Zuerst ignorieren sie dich, dann lachen sie über dich, dann bekämpfen sie dich, und dann gewinnst du."*

Es gibt sicher Dutzende, wenn nicht gar Hunderte erfolgreicher Beispiele von Unternehmen, die sich ähnlich verhielten wie die Aldi-Brüder. Sie alle eint, dass sie zuerst eine Entscheidung für sich selbst trafen, die sie später auf ihre Kunden übertrugen. Unternehmer wie Kunden waren bereit, ihre Komfortzone zu verlassen! Sie nahmen Abstand vom Alten und wagten sich auf neues Terrain. Was im Nachhinein wie selbstverständlich aussieht, war in der entscheidenden Phase ein fast unüberwindliches Problem.

Wenn Sie vom Sachbearbeiter zum Gruppen- oder Teamleiter befördert werden, dann mag es dafür verschiedene Gründe geben. Rhetorische sind für gewöhnlich weniger ausschlaggebend. Die aber brauchen Sie dringend, sobald Sie Ihre Antrittsrede halten. Wenn Sie noch nie zuvor vor einer Gruppe gesprochen haben, dann werden Sie bei Ihrem ersten Auftritt stark ins Schwitzen kommen. Es besteht sogar die Gefahr, dass Sie sich verhaspeln, den Text vergessen oder puterrot anlaufen. Diese Reaktion ist normal, weshalb fast jeder damit zu tun haben wird, der in eine ähnliche Situation kommt. Erst mit der Zeit setzt sich die Routine durch und Sie werden den Tag erleben, an dem Sie mit weniger bis gar keinem Lampenfieber vor vielen Menschen sprechen können. Allerdings nur, wenn Sie Ihre Komfortzone verlassen haben. Das gelingt Ihnen schneller, wenn Sie bewusst Ihre Komfortzone verlassen und nicht darauf warten, geschupst zu werden. Besuchen Sie zum Beispiel (m)ein Rhetorik- oder Schlagfertigkeits-Seminar, um mehr darüber zu erfahren.

So wie die Aldi-Brüder, die den Mut hatten, aus dieser Zone in die sogenannte Wachstumszone zu treten. Nur hier findet Wachstum statt. Dabei spielt es keine Rolle, ob Sie als Angestellter Karriere machen wollen, sich von Wettbewerbern abheben möchten oder sich mit dem Gedanken tragen, in die Politik zu gehen. Wachstum und damit Veränderung finden nur in der Wachstumszone statt. Je erfolgreicher Sie dabei sind, desto eher erreichen Sie die anderen, also Kunden, Mitarbeiter, Kollegen, Freunde und Bekannte, die „unbewusst" Ihren Weg mitgehen. Bis heute müssen Sie z. B. bei Aldi die Waren aus einem Umkarton nehmen. Es gibt keine Hintergrundmusik, keine Warenpräsentation nach Warenhausart und natürlich auch keine werbewirksamen Beleuchtungen. Kunden, die hier einkaufen, akzeptieren das. Aldi hat somit seine Kunden aufgefordert, auch ihre Komfortzone zu verlassen.

Wo immer wir heute hinschauen, überall begegnen wir großartigen Veränderungen, weil wir immer öfter aufgefordert werden, unsere Komfortzone zu verlassen. So erinnere ich mich sehr gern an meinen ersten gemeinsamen Familienurlaub mit meinen Eltern, der uns in den sonnigen Süden führte. Was heute so selbstverständlich ist, war damals ein Luxus: der Urlaubsflieger. Heute nutze ich das Flugzeug als normales Verkehrsmittel, um meine Seminartermine schneller wahrnehmen zu können. Brauchte es früher noch den Mitarbeiter am Schalter der Fluggesellschaft, um mir mein Ticket auszuhändigen, so checke ich heute mit dem Smartphone ein. Das wäre vor zehn Jahren noch undenkbar gewesen. Genauso wenig wie die Fahrkarte aus dem Ticket-Automaten. Wo früher Dutzende von Bahnmitarbeitern saßen, um Reisenden eine Fahrkarte zu verkaufen, herrscht heute gähnende Leere. Die Unternehmen haben es geschafft, ihre Reisenden aus der Komfortzone zu holen und sie bis zum Antritt der Reise zu ihren Erfüllungsgehilfen zu machen. Service findet dadurch immer weniger statt, dafür bleiben die Preise niedrig. Letzteres reicht als Motiv, um sich diesen Veränderungen als Reisender zu stellen.

Diese Zone nenne ich „passive Wachstumszone". Sie werden quasi „gezwungen", bestimmte Dinge anders zu machen. Dadurch lernen Sie, wenn auch mitunter unfreiwillig oder widerwillig. Stehen Sie zum Beispiel vor einem neuen Fahrkartenautomaten, müssen Sie sich hier mit den Verbindungen, den Zonen- oder Gruppentarifen auseinandersetzen. Je komplexer die Ausführungen, desto eher könnten Sie sich fragen, ob die 40 Euro für eine Schwarzfahrt nicht günstiger wären als Ihre Zeit, die Sie durch die Auswahl des für Sie günstigsten Tarifes aufwenden müssen. Sie entscheiden sich für den Fahrkartenautomaten und gegen das Schwarzfahren. Das ist gut so. Wenn Sie das nächste Mal vor einem Fahrkartenautomaten stehen, wird die Auswahl schon viel schneller vonstattengehen. Das fällt Ihnen in diesem Moment allerdings noch nicht auf. Je öfter Sie nun Fahrkarten ziehen und bezahlen, desto mehr geht Ihnen diese Tätigkeit ins Unbewusste über. Bald schon handeln Sie nur noch intuitiv.

Wenn Sie von sich aus Ihre Komfortzone verlassen und in die aktive Wachstumszone wechseln, ist der Lerneffekt meist noch größer, da Sie sich willig mit einer neuen Lösung auseinandergesetzt haben. Das hebt den Ehrgeiz und fördert die Motivation.

Ich finde es großartig, dass Sie dieses Buch lesen. Sie bringen damit die Bereitschaft mit, neue Wege zu gehen und eben nicht das zu tun, was fast alle tun: am Alten festhalten. Die Zeiten schreien geradezu nach Veränderungen, wobei es an Sicherheit fehlt. Selbst in Schlagern wird das häufig thematisiert, wie z. B. in dem Song der Gruppe Silbermond, die damit in den Top-Ten-Charts landete. In diesem Song „Irgendwas bleibt" heißt es:

> *„Sag mir, dass dieser Ort hier sicher ist und alles Gute steht hier still. Und dass das Wort, das du mir heute gibst, morgen noch genauso gilt. Diese Welt ist schnell und hat verlernt, beständig zu sein. Denn Versuchungen setzen ihre Frist. Doch bitte schwör, dass, wenn ich wiederkomme, alles noch beim Alten ist. Gib mir ein kleines bisschen Sicherheit in einer Welt, in der nichts sicher scheint. Gib mir in dieser schweren Zeit irgendwas, das bleibt."*

Sicherheit ist den Menschen heilig. Deshalb bewegen sie sich meistens – und viele ein Leben lang – nur in der sogenannten Komfortzone. Diese Zone umgibt sie wie ein Käfig. Hier fühlen sie sich wohl, geborgen und vor allen Dingen sicher. Sie glauben, hier die Lebensumstände zu kennen. Sie haben auf alle Fragen eine Antwort. Fragen nach dem Warum, Wozu, Wieso, Wo, Wann, Wie, Was etc. pp. können so einfach beantwortet werden. Was so paradiesisch klingt, hat einen gewaltigen Haken. Es findet kein persönliches Wachstum statt.

Es sind die Gewohnheiten und Programme, die unsere Komfortzone bestimmen. Unsere Komfortzone ist unsere Normalität. Das heißt aber nicht, dass wir uns damit auch wohlfühlen. Diese Sicherheit wird letztlich durch das bestimmt, was uns vertraut ist, eben durch das, was wir gewohnt sind. So wissen Arbeitnehmer, wie viel Geld sie im Monat verdienen. Damit haben sie eine verlässliche Größe, mit der sie rechnen können. Das schafft Sicherheit. Es sagt aber nichts darüber aus, ob dieses Geld reicht, alle Wünsche zu befriedigen. Mit einer anderen Arbeit oder mit einem Zusatzverdienst könnten eben diese Wünsche erfüllt werden. Dazu ist es allerdings erforderlich, die Komfortzone zu verlassen. Das schreibt sich leicht – ist aber ein harter Prozess. Nicht nur, weil Veränderungen häufig „schmerzhaft" sind, sondern auch, weil wir unsere Gewohnheiten häufig gar nicht kennen. Routiniert spielen wir tagtäglich unser „normales" Programm ab, ohne es je infrage zu stellen.

Dazu ein einfaches Beispiel. Wenn Sie Schnürschuhe tragen, welchen Schuh binden Sie routinemäßig als Erstes? Den linken oder den rechten? Welchen Senkel nehmen Sie zuerst in die Hand, den linken oder den rechten? Oder beide gleichzeitig? Wie binden Sie nun die Schleife? Von links oder rechts?

Sie sehen, wie schwer Ihnen die Antworten fallen. Wenn ich Sie nun bitte, Ihre Komfortzone zu verlassen, bedeutet das nichts anderes, als dass Sie die gewohnten Schritte beim Binden Ihrer Schuhe umgekehrt angehen. Sie beginnen nicht mit dem rechten, wie immer, sondern mit dem linken Schuh. Sie nehmen diesmal den rechten Schnürsenkel und nicht den linken als Erstes in die Hand. Sie werden schnell feststellen, wie schwierig das Ganze ist. Allein deshalb, weil es eine neue und damit ungewohnte, nicht normale Situation für Sie ist. Mit jedem Tag, an dem Sie das Neue anwenden, wird es leichter, bis zu dem Tag, an dem Sie gar nicht mehr darüber nachdenken müssen, wie Sie die Schuhe binden.

Veränderungen und Wachstum sind möglich, sobald wir bereit sind, die Komfortzone zu verlassen.

1.5 Ein Lächeln

„Lachen ist eine körperliche Übung von großem
Wert für die Gesundheit.“

Aristoteles (384-322 v. Chr.)

Wir leben heute in der Zivilisation und dürfen, von Ausnahmen abgesehen, sicher sein, dass ein erstes Aufeinandertreffen zweier Menschen nicht in einem Kampf endet. Das war bei den Urzeitmenschen anders. Lange bevor sich der Mensch über gesprochene Sprache verständigen konnte, nutzte er die Körpersprache, die damit eine der ältesten Sprachen der Welt ist.

Wenn sich zwei Menschen der damaligen Zeit erstmals trafen, beobachteten sie die Haltung, die Bewegung und das Gesicht des anderen sehr genau. Freund oder Feind, das war die überlebenswichtige Frage. Der erste Eindruck, den sie durch dieses Beobachten (Scannen) erhielten, bestimmte ihr weiteres Verhalten. Für das Überleben war es wichtig, dass der erste Eindruck richtig war. Eine Fehleinschätzung hätte aufgrund der Stammesfehden schwerwiegende Folgen gehabt. Da wurde mit harten Bandagen gekämpft, und nicht selten bezahlte man mit dem Leben.

Dieses Urverhalten, den anderen über die Körpersprache zu definieren, ist bis heute tief in uns verankert. Deshalb können wir in Bruchteilen von Sekunden über sympathisch und unsympathisch (Freund oder Feind) urteilen. Die rund 100 Milliarden Nervenzellen, die in unserem Gehirn aktiv sind, können in beeindruckenden 150 Millisekunden (im schlechtesten Fall bis zu 90 Sekunden) diese wichtige Entscheidung treffen und uns so vor „unaufrichtigen" Personen schützen. Damit stehen wir den Steinzeitmenschen in nichts nach. Wir ziehen heute zwar nicht mehr mit der Keule übers Land, dafür müssen täglich wichtige existenzielle Entscheidungen getroffen werden. Vielfach sind wir hier auf die Unterstützung anderer angewiesen (z. B. auf den Finanzberater bei Fragen zur Altersvorsorge oder auf den Kundendiensttechniker bei der Reparatur eines Gerätes). Kurzum: Wir müssen auch hier erkennen, ob diese Personen es ehrlich mit uns meinen oder eher ihren eigenen Vorteil suchen. Also achten wir auf „Kleinigkeiten".

Wer die Methode *„außen hui, innen pfui"* anwendet, wird selbst mit dem teuersten Outfit auf Dauer keinen Erfolg haben. Beides muss stimmen: innen wie außen. So muss das Ergebnis einer Emnid-Umfrage[7] gedeutet werden, die herausgefunden hat, dass die Attraktivität eines Menschen nicht die Figur, die Augen und die Kleidung ausmachen, sondern ein Lächeln. 68 Prozent der Deutschen entscheiden anhand des Lächelns, ob sie ihr Gegenüber anziehend finden oder nicht. Letztlich ist somit auch das Lächeln eine nonverbale Kommunikation.

Überdies ist Lachen die beste Medizin, sagt schon der Volksmund, was mehrfach wissenschaftlich bestätigt wurde. Bis zu 300 verschiedene Muskeln werden bei einem Lachvorgang aktiviert. Allein das Hochziehen der Mundwinkel wirkt sich positiv auf die Gesundheit aus. Schon auf eine einzige Lachminute folgt eine Körperentspannung von 45 Minuten. Beim Lachen werden sogar viele Muskeln bewegt, die sonst brach liegen und nie genutzt werden. Durch diese Prozesse fühlt sich der Mensch natürlich, unabhängig von der seelisch-geistigen Heiterkeit und auch körperlich entspannter. Und wer lacht, gilt als humorvoll. Exakt darum geht es beim anderen Geschlecht. Wer bisher der Meinung war, in erster Linie zähle das Aussehen eines Menschen, muss sich eines Besseren belehren lassen. Eine Forsa-Umfrage[8] ergab, dass körperliche Attraktivität nur ein Kriterium ist, jemanden schön zu finden. Viel wichtiger aber sind Humor und Intelligenz:

- 57 % Humor
- 49 % Intelligenz
- 38 % körperliche Attraktivität
- 35 % Selbstbewusstsein
- 30 % Bildung
- 25 % persönlicher Stil
- 14 % Stimme
- 10 % familiäre Herkunft
- 8 % Beruf

Der kürzeste Weg zwischen zwei
Menschen ist ein Lächeln!

Dabei geht es immer um Authentizität. Es bringt Sie keinen Schritt weiter, wenn Sie vom Naturell her eher humorlos sind. Sie können nun Hunderte von Witzen lesen, Sie werden selbst mit den besten Witzen bei anderen keine Lachanfälle auslösen. Sie selbst müssen innerlich lachen können, um richtig mitlachen zu können. *„Ein Licht,* *das von innen her leuchtet, kann niemand auslöschen"*, sagt eine kubanische Redensart, die im Wesentlichen von dem US-Psychologen Paul Ekmann[9] „bestätigt" wird:

> *„Ob sich jemand freut oder das Lachen vortäuscht, verraten die Augen… Während beim echten Lachen die Muskelpartien vom Mund bis zu den Augen angespannt werden, werden beim vorgetäuschten Lachen nur die Muskeln der Mundwinkel und Wangen aktiviert."*

Er muss es wissen. Schließlich hat er mehr als 10.000 Ausdrucksformen in jahrzehntelanger Forschung identifiziert und darüber eine Art Enzyklopädie der Menschenkenntnis (Facial Action Coding System, FACS) erstellt. Eine erstaunliche Zahl, wenn man bedenkt, dass wir „nur" 43 Gesichtsmuskeln haben. Die aber können in Sekundenbruchteilen sogenannte Mikroausdrücke entstehen lassen, die bewusst nicht zu kontrollieren sind. Mit anderen Worten: Die Mikroausdrücke verraten unsere wahren Emotionen, denn, wie schon erwähnt: Der Körper lügt nie. Doch das Besondere an ihm ist, dass alle Menschen diese Sprache verstehen, ohne je einen Sprachkurs belegt zu haben. Dazu sagte der Anthropologe Bill Andrews in einem Interview[10]:

> *„Das Basiswissen hat jeder Mensch, und zwar in den Genen … Wut, Trauer, Freude oder Enttäuschung werden weltweit in allen Kulturen verstanden, und zwar von China über Papua Neuguinea bis New York. Ganz egal, ob Inuit oder Japaner. In 0,2 Sekunden haben wir das Gefühl unseres Gegenübers decodiert."*

Allerdings geht Andrews davon aus, dass Menschen, deren Gesicht wir deuten, ihre Gefühle und Motive nicht verbergen. Forscher halten dagegen, dass wir Menschen mit dem Fortschreiten der Zivilisation durchaus in der Lage sind, mit „zwei Gesichtern" zu leben, weshalb eindeutige Aussagen weniger zuverlässig möglich sind. Als Beispiel nennen sie die Japaner, die ein öffentliches und ein privates

Gesicht haben sollen. Privat können Japaner und Europäer einander gut verstehen. Tritt diesem Gespräch nun aus Sicht des Japaners eine Respektsperson bei, erstarrt sein Gesicht zu einer Höflichkeitsmaske. Das ist für mich eine Ausnahmesituation. Ich bin davon überzeugt, dass Andrews Feststellungen bis heute gelten. Wie das Wort schon sagt, handelt es sich um eine „Maske", die sofort als solche erkannt wird. Damit lässt sich keine Wirkung erzielen, sondern sie dient dem „Verstecken". So muss die wahre Absicht bzw. die echte Meinung nicht gezeigt werden. Wer sich hinter einer Maske verbirgt, hinterlässt bei seinem Gegenüber in jedem Fall eine riesige Skepsis. Es ist weniger das Sichtbare als vielmehr unsere innere Einstellung, unsere Gefühle sowie unsere derzeitige Stimmung, die verantwortlich für das sind, was der andere bewusst oder unbewusst in unserer Körperhaltung, Stimme, Mimik, in unserem Lächeln und in unseren Augen wahrnimmt. Wer eine bestimmte Wirkung erzielen möchte, muss zu jeder Zeit sich seiner

SELBST BEWUSST SEIN.

Im Hier und Jetzt, in jeder Situation, in Ihrer derzeitigen Rolle, Umgebung, Ihrer Stimmung und Ihrer Einstellung der jeweiligen Situation gegenüber fragen Sie sich:

- Wie bin ich drauf?
- Was ist heute besonders positiv?
- Wie gut bin ich vorbereitet?
- Was mag ich an meinem Gegenüber?
- Welches Ziel, welchen Traum verfolge ich?

Sie fühlen sich nicht wohl und sind unruhig? Nun, denken Sie JETZT an etwas Positives. Sie können z. B. an einen für Sie ganz besonderen Menschen, Ihren geliebten Partner, Ihre Tochter oder Ihren Sohn denken. Spüren Sie, wie Sie es nicht verhindern können, dass sich ein Lächeln auf Ihr Gesicht schleicht? Darum geht es! Wenn Sie es in diesem Moment können, können Sie es auch grundsätzlich!

1.6 Ein realistisches Selbstbild

> *„Die erste Wirkung der Liebe besteht darin, uns eine*
> *große Ehrfurcht einzuflößen."*

Blaise Pascal (1623-1662)

Die Körpersprache ist die Sprache Ihres Unterbewusstseins und damit nur schwer steuerbar. Mundwinkel, Ausdruck der Augen, die Arm- und Beinhaltung verraten unsere Gedanken, Sorgen, Ängste, aber auch Hoffnungen. Wobei das Gesicht unsere Emotionen am stärksten zeigt. Besonders in „aufgewühlten" Momenten sind wir weniger in der Lage, uns „zu kontrollieren". Wir wirken, obwohl wir nicht wirken wollen. Wer gibt schon zu, wütend zu sein, wenn er gleichzeitig davon ausgehen muss, von anderen bewusst wahrgenommen zu werden? Wer kennt nicht die Situation, sich einen Vorteil durch eine Notlüge verschaffen zu wollen und dabei „ungewollt" hochrot anzulaufen?

Wenn Sie über ein Thema sprechen, in dem Sie „zu Hause" sind, werden Sie unbewusst das Richtige tun. Sie werden sich z. B. in der Rolle als Präsident des Sportvereins wohlfühlen, wenn Sie selbst diesen Sport mit Leib und Seele ausgeübt haben und dadurch über ausreichendes Wissen verfügen. Sie sitzen somit im übertragenen Sinne „fest im Sattel" und „bleiben standhaft", wenn Sie über Ihr Thema sprechen oder moderieren.

Ihr Verhalten ist ein anderes, wenn Sie in eine Rolle gedrängt werden, die ihnen nicht liegt, in der Sie sich unwohl fühlen. Dadurch spiegeln Sie unbewusst ein anderes Bild wider. Sie wirken unsicherer und gehen unbewusst verbal und vor allem nonverbal in die Defensive. Ein Beispiel: Ihnen wird eine Frage gestellt, die Sie nicht beantworten können. Nun treten Sie – unbewusst – einen Schritt zurück in Richtung schützende Wand. Sie suchen Halt, Sie wollen sich anlehnen, um, sinnbildlich, nicht nach hinten zu fallen. Die Sprache Ihres Körpers sendet dadurch ein verheerendes Signal aus: „Da will mich jemand an die Wand reden." Sie verschenken Wirkung und machen sich angreifbarer. Zuhörer, die auf Konfrontationskurs gehen, spüren: Da geht noch was. Den kann ich „knacken".

Wer sich nicht seiner SELBST BEWUSST ist, ist für Außenstehende leichter angreifbar. Davon wissen Millionen von Menschen ein Lied zu singen. Sie leiden unter einem zu geringen Selbstbewusstsein. Das allein ist im Alltag schon schwierig, zu einem echten Problem wird es, wenn diese Menschen sich einem Wettbewerb stellen müssen. Ob es um einen neuen Arbeitsplatz geht, eine Beförderung, die unter zwei Kandidaten ausgemacht wird, oder um die große Liebe, die sich für einen von beiden entscheiden muss.

Selbstbewusstsein liegt weder in den Genen noch ist es angeboren. Wir erwerben es im Laufe eines Lebens durch positive wie negative Feedbacks unserer Umwelt. Wie stark wir hier fremdbestimmt sind, zeigt ein „Fehlzeiten-Report", der vom Wissenschaftlichen Institut der AOK (WIdO) in Kooperation mit der Universität Bielefeld und der Beuth Hochschule für Technik Berlin erstellt wurde. Die Wissenschaftler führen hier aus, wie wichtig das Loben ist. Wer regelmäßig ein Lob erhält, entwickelt ein besseres Selbstwertgefühl und damit ein besseres Bewusstsein für sich. Die Forscher gehen sogar einen Schritt weiter und bestätigen, dass „Nörgel-Chefs" nicht nur nerven, sondern auch krank machen können.

Wenn Mitarbeiter gut informiert werden und ihre Leistung anerkannt wird, haben sie weniger gesundheitliche Beschwerden. Obwohl es so einfach wäre, jemandem anerkennend auf die Schultern zu klopfen, scheint diese Geste eher eine Ausnahme zu bleiben. Immerhin gaben 54,5 Prozent der Befragten an, selten bzw. niemals ein Lob für ihre Arbeit zu hören. Diese mangelnde Anerkennung führt nicht nur zu höheren Fehlzeiten, sondern auch zu einer hohen Fluktuation im Unternehmen[11].

Mehr als ein Drittel der in dieser Studie Befragten ist zudem nie oder nur manchmal motiviert. Sie würden lieber einen Strafzettel, eine Erkältung oder einen schmerzhaften Kater in Kauf nehmen, als sich auf ein schwieriges Gespräch mit ihrem Vorgesetzten einzulassen. Zwei Drittel führen das darauf zurück, dass sie bereits schlechte Erfahrungen mit dem Vorgesetzten gemacht haben, zum Beispiel, weil er ihr Selbstwertgefühl angegriffen hat.[12] Auch hier zeigt sich wieder sehr eindrucksvoll, wie fremdbestimmt Menschen sind.

Die Studie verglich die Arbeitsbelastung in sechzehn Ländern. Sie fand heraus, dass Beschäftigte Arbeit häufig mit nach Hause nehmen, um Liegengebliebenes aufzuarbeiten. Die Zahl der „Heimwerker" steigt zunehmend, weshalb das Forschungsergebnis nicht überrascht. Danach finden zwei Drittel der Deutschen, dass ihr Arbeitspensum hoch oder sogar zu hoch ist. In Zeiten der Globalisierung lässt sich das nur bedingt ändern, was nicht weiterhin tragisch ist. Das Gros der Befragten will arbeiten, nur eben stressfreier. Das ist möglich, wenn Führungskräfte mit ihren Kollegen häufiger und offener kommunizieren. Sie können viel eher auf unbefriedigende Entwicklungen Einfluss nehmen, ein Problem wahrnehmen und auffangen, ehe es sich verselbstständigt. Binden Chefs ihre Mitarbeiter in die Entscheidungsprozesse aktiv ein, schaffen sie eine „Wohlfühlatmosphäre", in der es sich viel angenehmer arbeiten lässt. Das ist in Zeiten von Fachkräftemangel nicht ganz unwichtig. Aufrichtigkeit, Anerkennung und Lob sind Balsam für die Seele – und damit unbezahlbar. Mitarbeiter, die sich in ihrem Unternehmen wohlfühlen, weil sie als Menschen mit all ihren guten wie schlechten Eigenschaften wahrgenommen werden, sind deutlich weniger wechselbereit als unzufriedene.

Mitunter reicht nur ein falsches Wort aus, um das Selbstwertgefühl herabzusetzen. Es ist ein Unterschied, ob jemand sagt: „Das kannst du nicht" oder „Das kannst du auch nicht". Das Wörtchen „auch" suggeriert in diesem Zusammenhang, dass der Betroffene ganz offensichtlich viele andere Dinge auch nicht kann. Selbst wenn diese Feststellung falsch ist, führt sie zu einer Herabsetzung des Selbstwertgefühls. Dadurch wird Wirkung verschenkt. Wie eingangs erwähnt, ist fehlendes Selbstbewusstsein kein Geburtsfehler, sondern das Ergebnis einer Entwicklung. Sie beginnt bereits in frühen Kindertagen, im Elternhaus und im Kindergarten. Sie lässt sich in der Schulzeit oder in der Ausbildung weiterverfolgen. Aussagen wie „Das kannst du nicht, dafür bist du noch zu klein", „Das schaffst du nie", „Du bist doch ein Junge (ein Mädchen), dafür hast du wirklich kein Talent", „Schuster, bleib bei deinen Leisten", oder „Dafür fehlt dir die Erfahrung" haben sich in unser Unterbewusstsein als Glaubenssätze eingenistet. Deshalb bleiben vielseitige Talente und Fähigkeiten von Kindern und Heranwachsenden auf der Strecke. Zudem werden sie nicht gefördert, weil es gerade nicht in unser starres

Schul-, Lern- oder Gesellschaftssystem passt. Hier spricht mir Prof. Dr. Gerald Hüther aus der Seele, u. a. mit seinem Buchtitel „Jedes Kind ist hochbegabt. Die angeborenen Talente unserer Kinder und was wir daraus machen …"

Man kann Glaubenssätze wandeln, nicht löschen, aber streichen, indem wir viel Neues über uns und unser Selbstbewusstsein dazulernen! Es ist nie zu spät, und lernen können wir bis ins höchste Alter! Der Muskel „Hirn" kann und muss ein Leben lang trainiert werden, sonst schrumpft auch er. Hier gilt wie beim Sport: Einmal in die Muckibude gehen oder einmal fünf Kilometer laufen reicht nicht aus, um seine Fitness zu ändern! Häufig müssen wir nur unsere Sicht der Dinge verändern. *„Einfachheit ist das Resultat von Reife"*, schrieb Friedrich Schiller. Die nun folgenden Anregungen für ein verbessertes Selbstbewusstsein sind schnell umsetzbar.

So gelangen Sie zu mehr Selbstbewusstsein

1. Akzeptieren Sie zunächst den Ist-Zustand. Machen Sie sich bewusst, dass das, was Sie bisher erlebt haben, ein Teil von Ihnen ist. Niemand ist perfekt, deshalb sind kleine Fehler und „Macken" normal. Nicht normal hingegen ist es, wenn Sie von sich mehr Schwächen als Stärken aufzählen. Menschen mit einem gesunden Selbstbewusstsein sind sich ihrer Stärken und Schwächen bewusst. Sie akzeptieren, dass es einen fehlerlosen Menschen nicht gibt. Natürlich legen diese Persönlichkeiten ihren Fokus auf ihre Stärken.

Machen Sie sich Ihre Stärken bewusst, indem Sie mindestens 25 positive Eigenschaften von sich aufschreiben. *„Was du schwarz auf weiß besitzt, kannst du getrost nach Hause tragen"*, heißt es so treffend in Goethes „Faust". Das, was wir aufschreiben, erreicht das Unbewusste effizienter als ein paar aufgesagte Wörter. Also nehmen Sie Papier und Stift und fangen Sie am besten sofort mit der Aufzählung an.

Wenn es Ihnen nicht auf Anhieb gelingt, 25 oder mehr Stärken aufzuschreiben, geben Sie nicht auf. Bleiben Sie dran und seien Sie großzügig mit sich selbst. Lassen Sie die Liste in Reichweite liegen und arbeiten Sie damit, bis Sie 30, 40 oder mehr Stärken notiert haben. Auf die Liste kommen ebenso Ihre Erfahrungen, Ihr Wissen sowie Eigenschaften und Fähigkeiten, die für Sie vielleicht selbstverständlich sind und die Sie nicht als Stärke wahrnehmen. Vielleicht sind Sie musikalisch, können sich Zahlen, Namen oder Gesichter gut merken, oder Sie können gut zeichnen, sind technisch begabt und basteln gern. Sind Sie ein guter Zuhörer oder Witzeerzähler? Schreiben Sie alles auf, was Ihnen zu Ihren Stärken einfällt. Schreiben, weniger denken. Sie werden staunen, wie viele Stärken Sie besitzen! Konzentrieren Sie sich auf Ihre Stärken und Sie wachsen!

2. Die zuvor zitierte Studie beschreibt, dass viele Arbeiter und Angestellte das Gefühl haben, von ihren Vorgesetzten niedergemacht zu werden. Dabei übersehen sie, dass auch sie selbst ihre größten Kritiker sind. Mit Worten der Verzweiflung befeuern sie somit ihr negatives Selbstbild: *„Das war ja klar, dass ich das nicht schaffe"; „Typisch, immer passiert mir so etwas"; „Natürlich hat der andere den Job bekommen – alles andere hätte mich auch überrascht …".* Wenn sich Ihr innerer Kritiker zu Wort meldet, um Sie wieder einmal niederzumachen, unterbrechen Sie diesen negativen Dialog sofort. Stellen Sie sich insgeheim die Frage, ob Sie diese Worte, die Sie soeben im Begriff sind, sich selbst ins Gesicht zu sagen, auch einem von Ihnen geschätzten Menschen genauso vorhalten würden. Wenn Sie hier mit einem klaren NEIN antworten, müssen Sie sich fragen, warum Sie für sich andere Maßstäbe anlegen. Es geht um Bewusstmachung. Machen Sie sich bewusst, dass Sie ein wertvoller Mensch sind, der für das Leben in dieser Gemeinschaft ungeheuer wichtig ist.

3. Immer wieder berichten mir Verkäufer über ihre größte Angst. Für sie ist das NEIN des Interessenten oder Kunden unerträglich. Es ist, so berichten sie mir, als ob ihnen ein Dolch in die Brust gerammt wird. Seelische Schmerzen können so grausam sein. Dabei ist es noch nicht einmal das verlorene Geschäft, das ihnen die Schweißperlen auf die Stirn treibt. Diese Verkäufer nehmen ein NEIN persönlich. Sie sind davon überzeugt, dass dieses NEIN weniger ihrem Angebot als vielmehr ihrer Person gilt. Sie fühlen sich herabgesetzt, gedemütigt und unwohl. Sie beschreiben diesen Schmerz gleich dem eines über beide Ohren Verliebten, der von seiner Herzflamme versetzt wird. Wer so etwas einmal erlebt hat, kann sich sehr gut in die Gefühlswelt dieser Verkäufer versetzen.

Der Alltag hält viele Beispiele bereit, wo wir bewusst oder unbewusst Kritik ernten. Dann ist es wichtig, diese Kritik leicht zu nehmen oder auch bewusst zu filtern. Natürlich müssen Sie die Kritik Ihres Chefs ernst nehmen, der Sie wegen Ihrer Unpünktlichkeit oder eines vermeintlichen Fehlers verwarnen muss. Wenn er hingegen Ihre schwarzen Schuhe kritisiert, sagt diese Kritik nichts über Sie aus, sondern über ihn. Kritik und auch die Art und Weise, wie Sie vorgebracht wird, sagt immer etwas über die Persönlichkeit des Kritikers aus – nicht über Sie. Wenn Ihr Chef Ihre schwarzen Schuhe kritisiert, zeigt dies lediglich seine Abneigung gegen schwarze Schuhe.

Hinzu kommt, dass jeder vermeintlichen Kritik oder Schwäche auch meist eine Stärke gegenübersteht. Sind jetzt unsere Stärken, zumindest in unserem „Selbstbewusstsein", präsent, können wir auch souveräner reagieren! Angenommen, es kommt erneut eine Ihnen bekannte Bemerkung oder Kritik, z. B. dass Sie nicht gerade der Schnellste seien, oder Sie werden gefragt, wie lange Ihr Gegenüber denn noch auf das Ergebnis warten müsse. Jetzt konzentrieren Sie sich auf Ihre Stärken und kontern: „Herr Schmidt, ich weiß, wie wichtig Ihnen dieser Bericht und ein fehlerfreies Ergebnis sind! Deshalb mache ich es besonders sorgfältig! In 20 Minuten haben Sie den gewünschten Bericht auf Herz und Nieren geprüft und absolut wasserdicht!"

Spüren Sie, wie Sie auch bei Kritik an Ihrer Person oder Ihren Eigenschaften – hier das Arbeitstempo – eine Ihrer Stärken nutzen können?

4. Es gibt Tage, da will einem nichts Rechtes gelingen. Dann scheinen die Kritiker nicht zu verstummen. Auch hier ist es wichtig, diese Kritik nicht persönlich zu nehmen. Jeder hat schon einmal einen schlechten Tag gehabt. Passen Sie an diesen Tagen besonders auf, dass die berechtigte oder unberechtigte Kritik ihr Selbstwertgefühl nicht angreift. Konzentrieren Sie sich stattdessen auf die Dinge, die Ihnen an diesem Tag oder auch vorher gut gelungen sind. Freuen Sie sich, dass genügend Kaffee im Haus war, die Wäsche schon gebügelt im Schrank hing und der Bus nicht zu spät kam. Natürlich sind das Banalitäten. Damit stehen Sie den Kritikern in nichts nach. Auch sie kritisieren häufig Banalitäten. Konzentrieren Sie sich auf die Erfolge, auf jedes noch so kleine Erfolgserlebnis. Erfolge steigern unser Selbstbewusstsein!

5. Menschen, die sich ihrer Stärken und Potenziale bewusst sind, belohnen sich hin und wieder mit kleineren Geschenken. Wichtig ist, diese Steigerung des Selbstbewusstseins und Selbstwertgefühls zu trainieren, regelmäßig den Muskel der Stärken zu fördern – täglich aufs Neue.

6. Erhöhen Sie die Aufmerksamkeit noch, indem Sie ein „Erfolgstagebuch" schreiben. Notieren Sie täglich mindestens drei Dinge, die Ihnen gut gelungen sind. Auch hier sind es oft Kleinigkeiten, die Sie vielleicht für selbstverständlich halten. Doch zusammengenommen stärken diese kleinen Erfolge Ihr Selbst-

bewusstsein! Wenn Sie einen Mitmenschen oder sogar Kunden zum Lachen gebracht, ein schwieriges Gespräch oder Telefonat zum gewünschten Ziel geführt oder auch tatsächlich einen Auftrag an Land gezogen haben, schreiben Sie es auf. Damit sagen Sie sich direkt oder indirekt dutzendfach über den Tag verteilt: *„Ich bin ein wertvoller, wunderbarer Mensch. Ich akzeptiere mich so, wie ich bin."* Die Häufigkeit ist wichtig. Schließlich sagen Menschen mit einem negativen Selbstbild von sich 100-mal und mehr am Tag, wie schlecht sie sind. Fangen Sie am besten gleich heute damit an und führen Sie Ihr persönliches Erfolgstagebuch.

7. Es gibt Arbeiten im Leben, die müssen gemacht werden, ob wir wollen oder nicht. Niemand spült gern das Geschirr mit der Hand, bügelt gern die Wäsche, erledigt die fällig gewordene Buchhaltung oder setzt sich über seine Steuererklärung. Es ist wichtig, diese Dinge zu erledigen und nie vor sich herzuschieben, während man gleichzeitig den Vorsatz fasst, es alsbald erledigen zu wollen. Goethe schrieb: *„Gut ist der Vorsatz, aber die Erfüllung ist schwer."* Diese „Prokrastination" richtet mehr Schaden als Nutzen an. Dieser wissenschaftliche Begriff steht für „Aufschieberitis". Dahinter verbirgt sich nicht nur das Auf-die-lange-Bank-Schieben von Projekten, sondern auch die fehlende Bereitschaft, überhaupt anzufangen. Die Deutsche Gesellschaft für Anthroposophische Psychotherapie (DtGAP) sieht die Ursache in der Angst vor Misserfolg! Aus diesem Grund wagen viele Menschen nicht, die Chancen, die sich ihnen häufig bieten, zu nutzen. Sie warten auf bessere Zeiten und somit häufig vergebens. Sie verhalten sich so, wie Albert Einstein einst formulierte: *„Die reinste Form des Wahnsinns ist es, alles beim Alten zu lassen und gleichzeitig zu hoffen, dass sich etwas ändert".*

Stellen Sie sich den Dingen, so unangenehm sie auch sind, und erledigen Sie die damit verbundenen Herausforderungen. Belohnen Sie sich danach mit Dingen, die Sie gern tun.

„Oh Mensch, lerne tanzen, sonst wissen die Engel im Himmel mit dir nichts anzufangen", empfahl Augustinus, der Bischof von Hippo (354 – 430).

„In der Konzentration zeigt sich der wahre Meister", wusste Goethe. Insofern braucht es keine langatmigen Erklärungen zur Verbesserung des Selbstbewusstseins. Ich bin mir sicher, wenn Sie diese sieben Punkte immer und immer wieder anwenden, kommt es schon bald zur richtigen (Aus)Wirkung.

Starten Sie jetzt mit Ihrem persönlichen Erfolgstagebuch – es kommt dabei nicht auf Schönheit, sondern nur auf das Praktische an. Ob Heft, Notizbuch oder Block – alles eignet sich dafür. Daher gilt: Nicht warten –starten.

1.7 Drei entscheiden

„Die Sprache braucht nicht immer Worte."

François Mitterrand (1916-1996)

Die Körpersprache ist die mit Abstand vielfältigste der Welt, die uns nur teilweise in die Wiege gelegt wurde. Sie ist zum einen genetisch veranlagt, zum anderen erlernt. Ein Lächeln als Ausdruck der Freude zu deuten, muss nicht erlernt werden. Wenn es um die Gestik in einem Vorstellungsgespräch geht, braucht es in Sachen Körpersprache das richtige Wissen, um sich von der Konkurrenz deutlich abzuheben. Ansonsten haben wir viel durch Nachahmung und Erziehung übernommen, ohne zu hinterfragen, ob wir hier ein Klischee bedienen oder authentisch sind.

Wenn Frauen weinen, hat die westliche Zivilisation damit weniger Probleme als mit weinenden Männern und Jungen. Obwohl das männliche Geschlecht in vergleichbaren Situationen ähnlich fühlt wie das weibliche, ist das Weinen bei „echten Kerlen" verpönt. Obwohl es mitunter befreiend sein kann, seinen Tränen freien Lauf zu lassen, gilt die „gute Kinderstube". „Indianer und Männer", so der Volksmund, „kennen keinen Schmerz". Hier zeigt sich, wie oft wir fremdbestimmt werden und unbewusst Regeln anwenden, um uns der Norm zu unterwerfen. Wir hoffen, anderen dadurch besser zu gefallen. Zudem ist auch die Angst groß, als „Weichei" abgestempelt zu werden. Hier zeigt sich die Vielschichtigkeit der Körpersprache, die sich im Wesentlichen aus folgenden Komponenten zusammensetzt:

- Körperhaltung
- Gestik
- Mimik
- Stimme
- Blickkontakt
- Hände
- Distanzzone

Bei alledem ist sie auch noch geschlechtsspezifisch. Es besteht ein Unterschied, ob Frau/Frau, Mann/Mann oder Frau/Mann miteinander kommunizieren. So ist es für die Gesellschaft „normal", wenn eine Frau die neue Bluse ihrer Freundin bewundert und dabei feststellt, dass die weiblichen Rundungen hier besonders gut zur Geltung kommen. Begegnen sich zwei befreundete Männer, würde wohl kaum einer der beiden die neue Hose seines Freundes bewundern und gleichzeitig hervorheben, dass das Männliche in Höhe des Reißverschlusses ganz besonders „stark" betont wird.

Treffen sich nach zwei Jahren Frau und Mann, fühlt er sich gekränkt und in seinem männlichen Stolz verletzt, wenn sie ihn nach seiner „alten Rostlaube" fragt: „Na, fährst du noch immer die alte Rostlaube? Die mit den großen Rostlöchern unterhalb der Windschutzscheibe, die jeden Einsatz einer Klimaanlage überflüssig macht?" Treffen sich hingegen zwei Männer, die sich ewig nicht gesehen haben, wird die Frage nach der Rostlaube als ein Stück „Lebenskultur" gesehen. Dieses Beispiel zeigt die Komplexität der Körpersprache, die sich deshalb nicht in eine Schablone pressen lässt, was ihre Interpretation so schwer macht. Nicht zuletzt auch deshalb, weil es nicht nur Unterschiede zwischen Männern und Frauen, Kindern und Erwachsenen gibt, sondern auch kulturelle. So empfinden z. B. amerikanische Männer die Sitzhaltung ihrer europäischen Geschlechtsgenossen als unmännlich. Amerikaner sitzen oft mit übereinandergelegten Beinen, wobei der Knöchel des einen Beins quer über dem Knie des anderen liegt. Diese Haltung gilt unter Europäern, wo Männer mit geschlossenen Oberschenkeln sitzen, als flegelhaft.

Körpersprache ist auch eine Sprache der Reife. Wer noch nie vor einer Gruppe gesprochen hat, wird eine völlig andere Haltung einnehmen als der routinierte Sprecher. Auch besteht ein Unterschied, ob ein Angestellter mit seinem Chef über eine Gehaltserhöhung spricht oder über ein Projekt, das zu seinem Aufgabenbereich gehört.

In der Körpersprache manifestieren sich Status, Erfahrungen und „Herkunft". Insofern kann die nachfolgende Aufzählung nur eine grobe Beschreibung sein. Nur wenn alle körpersprachlichen Signale ein stimmiges Bild im Auge des Betrachters abgeben, können falsche Schlüsse vermieden werden. Deshalb ist das Verstehen der Körpersprache so wichtig. Wer diese Sprache beherrscht, ist nicht nur in der Lage, sich und andere besser zu verstehen, sondern er wirkt auch als Persönlichkeit. Im anderen Fall verhält es sich so, wie die Gruppe „Ich + Ich" in ihrem Lied „Stark" besingt:

> *„Ich bin seit Wochen unterwegs und trinke zu viel Bier und Wein … Mein Spiegel schlag ich kurz und klein … Mein Leben ist ein Chaos, schau mal genauer hin. Ich bin tierisch eifersüchtig und ungerecht zu Frauen. Und wenn es ernst wird, bin ich noch immer abgehauen. Ich frage gerade dich: Macht das alles einen Sinn? Mein Leben ist ein Chaos, schau mal genauer hin. Und du glaubst, ich bin stark und ich kenn den Weg."*

Die in diesem Lied angesprochene Person hat ganz offensichtlich ein falsches Bild vom Sänger. Er trinkt, schlägt um sich und ist ungerecht zu Frauen. Aber nach außen wirkt er STARK. Vielleicht deshalb, weil er es gekonnt spielt, so wie Anfang 1970 der Schauspieler Myron L. Fox. Er gab vor, ein Experte auf medizinischem Gebiet zu sein. Tatsächlich hatte er von Medizin keinen blassen Schimmer, und doch hielt er einen Vortrag vor Teilnehmern des Weiterbildungsprogramms der University of Southern California School of Medicine. Von dem Veranstalter wurde Fox den Zuhörern im Auditorium als Autorität auf dem Gebiet der Anwendung von Mathematik auf menschliches Verhalten vorgestellt. Sein Vortrag *„Die Anwendung der mathematischen Spieltheorie in der Ausbildung von Ärzten"* gestaltete er so beeindruckend, dass keiner der Teilnehmer bemerkte, dass der Redner ein Schauspieler war, der keine Ahnung von dem hatte, was er sagte. Vor seinem Auftritt las Fox lediglich einen einzigen Fachartikel über Spieltheorie. Danach trug er sein Wissen mit erfundenen Wörtern, unklarem Gerede und widersprüchlichen Feststellungen dem interessierten Publikum vor.

Mit viel Humor und sinnlosen Verweisen auf andere Arbeiten meisterte er dieses Experiment, das von den Wissenschaftlern John E. Ware, Donald H. Naftulin und Frank A. Donnelly initiiert wurde. Sie wollten damit die Frage beantworten, ob es möglich sei, eine Gruppe von Experten mit einer brillanten Vortragstechnik so hinters Licht zu führen, dass sie den inhaltlichen Nonsens nicht bemerkten. Für die Initiatoren war es extrem wichtig, Fox so zu schulen, dass er in keinem Fall Sinnvolles sagte. Man war sich sicher, dass dieser Schwindel auffliegen würde. Immerhin saßen im Auditorium Zuhörer mit entsprechendem Fachwissen. Die Experten wurden überrascht. Der Schwindel flog nicht auf. Das Gegenteil war der Fall. Das Publikum hing nicht nur an den Lippen des Vortragenden, es stellte nach dem einstündigen Vortrag qualifizierte Fragen an ihn. Auch die beantwortete Fox inhaltlich unqualifiziert, aber mit einer solchen Überheblichkeit, dass selbst hier keiner der Anwesenden den Schwindel bemerkte. Auf dem Beurteilungsbogen gaben die Zuhörer später an, dass sie von dem Vortrag zum Denken angeregt wurden. Der überwiegende Teil fand zudem, Mister Fox habe das Material zum einen gut geordnet, zum anderen interessant mit ausreichenden Beispielen vermittelt.

Auch wenn dieses Experiment bereits mehr als 40 Jahre zurückliegt, so ist das Wissen daraus bis heute aktuell. Inzwischen werden z. B. Personalverantwortliche in Konzernen und großen mittelständischen Unternehmen nicht nur in ihrer Fachkompetenz, sondern auch in Sachen Körpersprache geschult.

1.7.1 Signale und Bedeutung der Körpersprache

Körperhaltung

Die Art und Weise, wie wir gehen, stehen und sitzen, sagt viel über uns aus. Die Körperhaltung ist das erste sichtbare Signal für andere. *„Lass die Schultern nicht hängen. Stell dich gerade hin"*, an solchen Ermahnungen mangelte es in der Kinderzeit nicht, und das aus gutem Grund. Eine aufrechte Haltung verbessert die Ausstrahlung und suggeriert dem Gegenüber: „Ich stehe zu mir. Ich stelle mich der Situation. Ich bin offen für das, was auf mich zukommt."

Gestik

Die Gestik umfasst die Körpersignale, die wir überwiegend über die Arme und Hände aussenden, bewusst wie unbewusst. Unbewusst verschränken wir die Arme, wenn wir uns unwohl fühlen und uns eventuell schützen wollen. Die Gestik unterstützt unsere Körperhaltung. Mit Gesten werden „Botschaften" in ihrer Wirkung verstärkt. Eine „geballte Faust", wenn wir von Stärke oder Kraft sprechen, „geöffnete Arme und Hände", wenn wir sagen, dass wir für Neues offen sind. Diese Geste der Offenheit erzielt eine höhere Glaubwürdigkeit.

Mimik

Mimik ist die Sprache des Gesichts Sie ist verantwortlich für die Fragen unseres Gegenübers. „Was ist los? Was ist passiert?" „Schmeckt es dir nicht?" oder „Wer hat dich denn geärgert?" Diese und andere Fragen ergeben sich für den anderen nur durch die Betrachtung unseres Gesichts und die beobachtete Mimik. Wut, Freude, Ekel, Angst, Gier, Trauer, das alles und noch viel mehr verleiht unserem Gesicht Ausdruck. Mimik ist Reden ohne Worte, Lächeln ist auch Mimik! Ich empfehle: Lach in den Tag und er lacht zurück! Oder mindestens genauso wahr: Ein Tag ohne Lächeln ist ein vergeudeter Tag!

Stimme

„Der Ton macht die Musik", lehrt eine Redensart. Tatsächlich hat kein Instrument der Körpersprache so eine Macht wie unsere Stimme. Der Situation angemessen, können wir mit ihr zu unserem Vorteil jonglieren. Sanft sprechen wir zu unserem Liebling, im militärischen Ton, wenn es darauf ankommt, eine Gruppe zu

mäßigen. In einem Vorstellungsgespräch sprechen wir sonor, während wir mit einer Fistelstimme sprechen, wenn wir uns ängstigen. Ähnlich deutlich wie bei der Mimik erkennen wir an der Stimme auch die „Stimmung" unseres Gesprächspartners.

Hände

Die Sprache der Hände zu deuten ist leicht, sofern wir uns im eigenen Kulturkreis bewegen. Wir strecken die Faust nach oben, wenn wir uns als Sieger fühlen. Je nach Situation kann diese Geste auch als Drohung verstanden werden. Ähnlich fühlen wir uns, wenn wir Zeige- und Mittelfinger zu einem „V" ausstrecken, dem sogenannten Victory-Zeichen (engl. „Sieg"). Der gehobene

Daumen ist das Signal der Zustimmung. Die Bedeutung des Mittelfingers brauche ich nicht zu erwähnen. Doch Vorsicht: andere Länder, andere Sitten. Wenn Sie in andere Länder fahren, können Hände und/oder die Zeichensprache im Gegensatz zur ganzheitlichen Körpersprache auch anders genutzt oder übersetzt werden. Hierzu ein paar Beispiele.

Dieses in Deutschland bekannte Victory-Zeichen steht in Frankreich und vielen anderen Ländern für Frieden, in Großbritannien für „zwei", während die Griechen damit ein „fahr zur Hölle" ausdrücken. Doch Achtung: Wer in England die Hand dabei verkehrt herum hält (also nach vorne), drückt damit aus, dass sich der andere die zwei Finger in den Allerwertesten stecken soll. Sorry, sehr vulgär, aber die Realität, ist mitunter gnadenlos.

Die Südeuropäer aus dem Mittelmeerraum sagen mit dieser „Hörnergeste", dass die Frau fremd geht (gehörnter Ehemann), wohingegen die Italiener darunter einen Schutz vor bösen Blicken sehen. In Südamerika schützt dieses Zeichen vor Unheil.

Die wohl mit Abstand bekannteste Geste, Daumen nach oben, steht in den meisten Ländern für Okay. Wobei es auf die Situation ankommt. Wer mit ausgestrecktem Daumen am Straßenrand steht, drückt damit nicht seine Zufriedenheit aus, sondern sucht eine Mitfahrmöglichkeit. Weder als Ausdruck der Zustimmung noch an der Straße sollte man diese Geste in Griechenland verwenden. Für die Griechen ist dieser Zeig eine Beschimpfung. In den vormals persischen Ländern weist diese Daumenhaltung darauf hin, sich den Finger in den Allerwertesten zu stecken. In der Türkei gilt diese Geste als Einladung zu homosexuellen Praktiken.

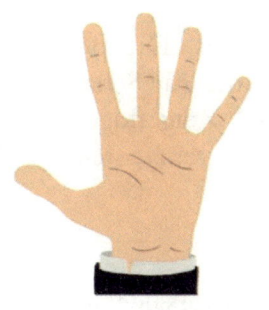

„Ein Mann, ein Wort", so sagt es eine Redensart. Dafür steht sinnbildlich diese Geste, die in vielen Ländern der Welt für „Ich sage die Wahrheit" steht. Rund um den Globus, von wenigen Ausnahmen abgesehen, steht die Hand mit den ausgestreckten Daumen und Fingern für „Stopp". Auch hier sind die Griechen wieder anderer Meinung. Ich verzichte an dieser Stelle darauf, die dafür notwenige fäkale Bezeichnung niederzuschreiben.

„Zeige nie mit nacktem Finger auf andere Menschen", ermahnten mich meine Eltern. Diese unhöfliche Geste bleibt in Westeuropa ohne Folgen, wenn man sich den Weisungen seiner Eltern widersetzt. Nicht so in Südafrika. Der ausgestreckte Zeigefinger wird hier als Angriff gewertet.

„Alles okay", „perfekt", „super", das sind nur einige Begriffe, die mit dieser Geste verbunden sind. Zumindest im nördlichen Europa und unter Tauchern. In einigen südeuropäischen Ländern wird sie dagegen als obszöne Geste verstanden, die alles andere als schön ist. Sie ist vergleichbar mit dem hierzulande bekannten Stinkefinger. Wer in Belgien oder Tunesien den aus Daumen und Zeigefinger geformten Ring zeigt, drückt damit seinem Gegenüber aus, dass er ihn für eine „Null" hält.

Die einen drücken uns die Daumen, um uns damit Glück zu wünschen. Andere kreuzen dafür die Finger. Wobei diese Geste auch bedeuten kann, einen Schwur oder Eid aufzuheben. Christen finden in den gekreuzten Fingern eine Bestätigung ihres Glaubens an Jesus. Die Bedeutungen beziehen sich alle auf die zur Schau gestellten gekreuzten Mittel- und Zeigefinger. Wer selbige hinter seinem Rücken kreuzt, stellt eine Behauptung auf, die gelogen ist.

Wieder einmal bestätigt sich die Feststellung des Universalgenies Gotthold Ephraim Lessing (1729 – 1781), der zu seiner Zeit einzige

Mensch, der das gesamte Wissen der Menschheit in seiner Person vereinte:

„Nichts gibt mehr Ausdruck und Leben als die Bewegung der Hände. Im Affekte besonders ist das sprechendste Gesicht ohne sie unbedeutend."

Distanzzone

Uns umgeben eine Intim- und eine Distanzzone. Wir rücken sprichwörtlich jemandem auf die Pelle, wenn wir in seine Intimzone eindringen, die in etwa 50 Zentimeter vor ihm beginnt und in etwa 50 Zentimeter hinter ihm endet. Die persönliche Distanzzone ist deutlich größer. Sie beginnt am Rande der Intimzone. Sie reicht bis 1,5 Meter nach vorne und hinten. An den Seiten ist diese Zone kürzer. Im Bereich der Distanzzone führen wir Gespräche, ohne bedrängt zu werden oder uns bedrängt zu fühlen. Bedrängt fühlen wir uns erst dann, wenn unser Gesprächspartner die Grenze zwischen der Distanz- und Intimzone überschreitet. Hier gibt es bereits innerhalb Europas erkennbare Unterschiede. Während wir uns - und das können nen Sie ganz leicht einmal ausprobieren – bei einem Abstand von einer ausgestreckten Armlänge sehr entspannt unterhalten können, reicht den Südeuropäern in z. B. Italien oder Spanien eine Unterarmlänge. Sie sind auch viel schneller bei einem Küsschen links und rechts. Wir bestimmen, teilweise unbewusst, durch das Begrüßen per Handschlag den gewünschten Abstand zu unserem Gegenüber. Wenn Sie noch weiter in den Süden gehen, in die arabischen Länder z. B., verschwindet die Distanzzone inkl. Intimzone komplett. Hier ist sehr schneller Körperkontakt etwas völlig Normales.

Blickkontakt

Um Personen auf Bildern unkenntlich zu machen, werden die Augen mit einem schwarzen Balken abgedeckt. Diese einfache Methode „entstellt" den Menschen so sehr, dass er nicht mehr erkannt wird. Hier zeigt sich deutlich, welche Macht unsere Augen über den gesamten Körper haben. Unser Blick kann ein Lächeln und Freude ausstrahlen, aber  auch Zweifel, Verzweiflung und Ablehnung. Umgangssprachlich ist von vernichtenden Blicken die Rede, während andere im Konjunktiv sprechen: *„Wenn Blicke töten könnten."*

Auch wenn es eine Vielzahl von Parametern der Körpersprache gibt, so sind es vor allem drei, die entscheidenden Anteil an der Persönlichkeit und Wirkung auf andere haben. Diese drei zeigen, ob bzw. wann Sie selbstbewusst sind oder wirken. Lampenfieber, Stress, Unwissenheit sowie die momentane Einstellung oder Stimmung haben einen extremen Einfluss auf die Sprache unseres Körpers. Wenn Sie wissen: *„So wirke ich selbstbewusst"* – weil ich die drei Parameter „eingestellt" habe", wirken Sie nicht nur selbstbewusster, Sie werden es auch!

1.7.2 Auf diese drei kommt es an!

Hunderte von Körpersignalen und Mikroexpressionen ergeben das Gesamtbild. Die Körpersprache ist der Spiegel Ihres Unterbewusstseins. An der Körpersprache sehe ich genau, wie Sie sich fühlen. Natürlich nicht zu einhundert Prozent, aber wenn Sie in Sachen Körpersprache trainiert sind, können Sie sehr schnell sehr viel lesen und erkennen. Wenn ich mit den Profis aus Politik, Konzernen und mittelständischen Unternehmen zusammenarbeite und diese genau beobachte, sind es lediglich drei, maximal fünf Parameter, die ausschlaggebend dafür sind, ob jemand selbstbewusst wirkt oder nicht! 100 Parameter können Sie nicht einstellen, aber drei oder fünf Parameter – das geht!

Genauso, wie Ihr Geist in negativer Form von Lampenfieber, Stress, Angst oder Trauer Einfluss auf Ihren Körper nimmt, funktioniert es auch umgekehrt, in positiver Richtung. Stellen Sie Ihren Körper auf die wichtigsten Parameter ein, und Sie beeinflussen Ihren Geist und Ihre innere Haltung fast automatisch! Eine Behauptung, die Sie sofort überprüfen können: Setzen Sie sich hin. Wenn kein Stuhl zur Stelle ist, bleiben Sie einfach stehen. Beugen Sie sich vor, lassen Sie die Arme und Ihren Kopf zwischen Ihren Beinen hängen. Richtig durchhängen bitte, sodass Ihr Bauch auf den Oberschenkeln liegt. Atmen Sie nun kräftig aus. Jetzt versuchen Sie kräftig einzuatmen und sagen Sie aus voller Überzeugung: „Ich bin richtig gut drauf. Ich bin ein Gewinner!" Sie werden etwas bemerken. Da bin ich mir sicher.

Machen wir die Gegenprobe, die es meiner Meinung nach noch deutlicher zeigt. Richten Sie sich auf, stehen Sie stabil, strecken Sie beide Arme nach oben und öffnen Sie die Hände. Schauen Sie nach oben und sagen Sie: „Ich bin nicht gut drauf, ich bin ein Versager!" Spüren Sie den Konflikt zwischen Körper und Geist oder besser die Verbindung? Halten oder nehmen Sie jetzt noch einmal die letzte, positive Haltung ein, atmen Sie tief ein und sagen Sie jetzt noch einmal voller Überzeugung: „Ich bin richtig gut drauf, ich schaffe das, ich bin ein Gewinner!" Der Umkehrschluss funktioniert.

Das bedeutet auch, dass es bei einigen Negativerlebnissen oder den typischen kleinen Alltagslasten reicht, sich aufzurichten. Werfen Sie einfach mal die Arme nach oben. Ein symbolischer Akt, denn bildlich werfen Sie so Ihre Sorgen von den Schultern. Aber es hilft, und die Wirkung steigert sich überproportional. Richten Sie sich auf, Ihr Geist wird Ihnen folgen! Körperliche Fitness, Erfolg und Ausstrahlung gehören zusammen wie Mutter und Kind.

> *Körper und Geist sind miteinander verbunden. Nutzen Sie den Umkehrschluss oder „Mens sana in corpore sano", was so viel bedeutet wie: „Ein gesunder Geist in einem gesunden Körper".*

Machen wir uns an die Übung, Frauen wie Männer gleichermaßen, weil bei dieser Haltung nicht nach Geschlecht getrennt wird. Stellen Sie sich bitte schulterbreit auf. Schulterbreit stehen heißt: Sie stellen Ihre Füße zusammen, öffnen sie nach vorne um 45 Grad, danach hinten um dieselbe Größe. Jetzt stehen die Füße parallel und fest auf dem Boden. Sie stellen sich eine Wand vor, an der Sie rücklings lehnen. Nun gehen Sie zuerst mit den Hacken Ihrer Schuhe an diese Wand, dann mit dem Gesäß, es folgen die Schultern. Sie lassen die Arme locker herunterhängen. Sie haben das Gefühl, als läge das Körpergewicht auf den Hacken. Deshalb geht es jetzt darum, dieses Gewicht durch Pendeln (Oberkörper nach vorn sowie nach hinten beugen) gleichmäßig zu verteilen. Nachdem wir so unser Gleichgewicht, unsere Mitte gefunden haben, stellen wir uns vor, dass die Beine fest im Boden verwurzelt sind. Diese „Erdung" ist wichtig. Nur so stellen Sie sicher, dass während einer freien Rede oder während eines wichtigen Gespräches die Füße auf dem Boden bleiben. Im anderen Fall beginnen Sie unbewusst zu wippen. Sie heben die Spitze oder die Hacken. Wenn Sie selbstbewusst reden müssen, dann stehen Sie geerdet. Zeigen Sie: „Hier bin ich, hier stehe ich." Anderenfalls vermitteln Sie Ihrem Gegenüber unbewusst: „... am liebsten würde ich jetzt von hier verschwinden!" Baumstammgerade Haltung ist der erste Parameter!

Baumstammgerade Haltung heißt nicht, stocksteif wie eine Eiche vor seinem Gegenüber zu stehen. Dadurch verschenken Sie Wirkung. Wichtig ist in dieser Position die Körperspannung. So wie sich ein Bogen zum Abschuss eines Pfeiles spannt, so spannen Sie sich, wenn es darum geht, Ihre Position zu vertreten. Mit anderen Worten: Sie stehen zu sich und zu Ihrer Position! Das trennt Ihr Gegenüber nicht. Er sieht Sie ganzheitlich. Es ist nicht falsch, wenn Sie sich anders positionieren. Es gibt kein Richtig oder Falsch in der Kommunikation. Nur, Sie verschenken Wirkung, wenn Sie sich anders dar- bzw. hinstellen. Entscheidend ist zumindest, in welcher Rolle Sie sich gerade befinden. Sind Sie gerade Zuhörer oder Redner? In der Rolle des Zuhörers ist es weniger tragisch, wenn Sie eine vermeintlich bequemere (spannungslose) Position einnehmen. Zu empfehlen ist es auch nicht gerade, denn auch die Aufmerksamkeit und das Zuhören werden in ihrer Wirkung durch die Haltung beeinflusst. Beachten Sie jedoch, dass in einer „schlaksigen" Haltung bzw. „Nicht"-Haltung Ihr Wirkungsgrad vergleichsweise rapide nach unten geht, wenn Sie das Wort ergreifen und Ihren Standpunkt vertreten wollen. Ob Ihre Nachrichten den Empfänger dann noch so erreichen, wie von Ihnen gewünscht, ist die Frage.

Evolutionsbedingt neigen Frauen eher dazu, ihre Beine enger aneinanderzurücken als Männer. Das „starke" Geschlecht trägt häufig zu dick auf, weil es ihm am echten Gefühl für die tatsächliche Schulterbreite fehlt. Somit stellen sich Männer in guter alter Cowboy-Manier breitbeiniger auf. Ob enger oder weiter, in jedem Fall ist diese Haltung wirkungsvoller als die des ausgestellten, zurückgestellten oder gekreuzten Beins. Wer sich so vor seinen Gesprächspartner oder vor ein Auditorium stellt, verschenkt Wirkung. Unbewusst drückt diese Position Wankelmut aus. Sie können das selbst einmal ausprobieren: Stellen Sie sich dazu baumstammgerade hin und kreuzen Sie die Beine. Nun tippt Sie Ihr Kollege etwas fester an der Schulter. Ich bin mir sicher, dass Sie das übergeschlagene Bein sehr schnell in die Gerade bringen werden, um so einen möglichen Sturz aufzufangen. Sie haben in dieser Position schlichtweg keinen Halt. Wer dagegen schulterbreit steht, wird sich durch einen seitlichen Stups nicht vom Fleck weg bewegen.

> *Wer schulterbreit steht, steht zu seiner Position. Dadurch werden Sie automatisch auch stabiler in Ihrer Argumentation.*

Der schulterbreite Stand ist vergleichbar mit den Ausgangspositionen bei einigen Ball- und Kampfsportarten. So nimmt z. B. ein Golfspieler diese Position ein, um den Ball mit einem gezielten Schlag möglichst weit zu schlagen. Dazu stellt er sich schulterbreit auf, „erdet" seine Füße, geht leicht in die Knie und holt nun zum Schlag aus. Ähnliches lässt sich beim Tennis beobachten. Hier steht der Spieler nicht etwa mit überkreuzten Beinen und herunterhängenden Armen auf dem Court. Er steht schulterbreit, baut eine gewisse Körperspannung auf und hält den Schläger in Höhe des Bauchnabels. Aus dieser Wirkposition heraus kann er den ankommenden Tennisball am besten annehmen.

In einem meiner Seminare hatte ich einmal einen Basketball-Nationalspieler. Er verglich die Wirkposition mit der aus seinem Sport bekannten SPD-Position. Keine Abkürzung für eine deutsche Partei, sondern ein Akronym für *shoot, pass and dribble*. In dieser SPD-Stellung bieten sich dem Sportler die besten Möglichkeiten, das Spiel zu bestimmen: Er kann selbst und jetzt den Punkt machen (shoot) oder seinem Mitspieler bzw. Kollegen den Ball zuspielen (pass) oder weiter angreifen bzw. vorangehen (dribble). Genauso verhält es sich häufig in anspruchsvollen Kundengesprächen oder Präsentationen.

Herausragende Redner wenden deshalb die Regeln aus der SPD-Position an:

- schulterbreite Fußaufstellung (Sicherheit)
- stabiler Stand (geerdet, verwurzelt) signalisiert: Mich haut so schnell nichts um (= Prinzip: Deutsche Eiche)
- Körper leicht angespannt (Spannung erzeugen)
- Hände in den sichtbaren Bereich (Höhe Bauchnabel) und nicht herunterhängen lassen
- Knie leicht beugen (Flexibilität)
- Kopf auf „Augenhöhe"

In dieser Position sind Sie nach allen Seiten „offen". Sie können frei agieren und viel schneller reagieren. Wie, das zeigt folgendes Beispiel: Leider gilt noch viel zu häufig, dass ein Verkäufer mehr Täter als Opfer ist. Diese Ansicht teile ich nicht. Jede Branche hat schwarze Schafe, und so ist es an uns, Vorsicht walten zu lassen. Schauen wir uns deshalb einen erfolgreichen Verkäufer in einem Autohaus an. Das Unternehmen bewirbt ein neues Fahrzeug mit einem unschlagbaren Verkaufspreis. Ein Interessent lässt sich vom Verkäufer zunächst alles zeigen, um dann in die Preisverhandlung einzutreten. Interessant ist die Reaktion des Verkäufers auf die Frage, die der potenzielle Käufer dann fast immer stellt: „Ist am Preis noch etwas zu machen?" Der Verkäufer, der die baumstammgerade Haltung einnimmt und geerdet ist, antwortet z. B.: „Dieser Preis liegt 20 Prozent unterhalb des Listenverkaufspreises. Darüber hinaus haben wir einige Extras eingebaut, sodass Sie ein Fahrzeug erwerben, das nirgendwo günstiger angeboten wird. Dieser Wagen mit dieser Ausstattung wird sehr schnell seinen neuen Besitzer finden. Ich freue mich, lieber Herr Kunde, wenn Sie es sind. Mit dem Fahrzeug erfüllen Sie sich Ihren Traum und werden viel Freude haben. Wir sind auch nur innerhalb dieser Aktion in der Lage, Ihnen dieses Fahrzeug zu diesem einmalig günstigen Preis zu liefern." Diese Botschaft „wirkt". Der Interessent wird seine Frage nach einem Preisnachlass nicht wiederholen – Ausnahmen bestätigen natürlich die Regel.

Der unsichere Verkäufer wirkt auch, auf andere Art, die schon mit der Haltung anfängt. Im Gespräch nimmt er keine baumstammgerade Haltung ein, steht mit herunterhängenden Armen und einem leicht federnden Vertreterschritt vor dem Interessenten, seine Augen weichen denen des Gegenübers aus. Der potenzielle Kunde stellt die vom weniger erfolgreichen Verkäufer so gefürchtete Preisfrage. Der Verkäufer als „Preisopfer" handelt unbewusst falsch. Er tritt zurück und vergrößert so die Distanz zwischen sich und dem Interessenten. Die Wirkung ist verheerend: Wer zurücktritt, bringt unbewusst zum Ausdruck, nun an die Wand gedrückt zu werden. Eine fatale Haltung und Position. Mit der Wand im Rücken ist eine „Flucht" nicht mehr möglich. Das Gegenüber, in diesem Fall der feilschende Kunde, registriert, natürlich auch unbewusst, dass er jetzt die Macht hat, weil der Verkäufer nach hinten nicht fliehen und nach vorne am Käufer nicht vorbeiziehen kann. Mit anderen Worten: Der Verkäufer sitzt im übertragenen Sinne in der Falle. Deshalb ist für ihn die Frage nach dem Preis ein – verbaler – Angriff. Die „Schritt-zurück"-Haltung suggeriert dem Fragenden, dass hier „noch etwas zu holen ist". Der Verkäufer wird einen zusätzlichen Rabatt einräumen müssen, will er diesen Kunden nicht von dannen ziehen lassen. Hier bestätigt sich wieder einmal eine der ältesten Verkaufsweisheiten: *„Wer nichts weiß, verkauft über den Preis."* Wer Umsätze ohne Gewinn erzielt, legt die Saat für einen unternehmerischen Untergang.

Achten Sie einmal darauf, wie sich die Wirkung verändert, wenn der Sprecher Ihnen so gegenübertritt:

Ob Sie vor einer Gruppe sprechen, einem Auditorium oder mit Ihrem Vorgesetzten, entscheidend ist die baumstammgerade Haltung.

Es gibt viele Alltagssituationen, die nonverbal darüber entscheiden, wie wir von anderen wahrgenommen werden. Unsere „Wirkung" zeigt, ob wir Opfer oder Täter sind. Letzteres im positiven Sinne. Sie arbeiten z. B. als Sachbearbeiter in einem Unternehmen. Auf dem Weg zur Teeküche kommt Ihnen Ihr Abteilungsleiter entgegen. Der kurzen Begrüßung folgt eine unerwartete Belehrung durch Ihren Vorgesetzten: *„Sie haben mir schon wieder drei Mappen auf den Tisch gelegt. Ich hatte Ihnen doch gesagt, dass Sie diese erst an Herrn Meier geben sollen."*

Achtung: Erkennen Sie in dieser Formulierung zunächst auch die Wirkung zweier Worte, auf die der Sagende besser verzichtet hätte. Statt *„Sie haben mir drei Mappen"* sagt er: *„Sie haben mir schon wieder drei Mappen …"* Erkennen Sie den feinen, aber extrem negativ besetzten Hinweis? „Schon wieder" ist doch nichts anderes als der Vorwurf, dauernd Fehler zu machen. Wie, glauben Sie, wirkt diese Feststellung auf Ihr Unterbewusstsein, wenn Sie so zur Rede gestellt werden? Kontraproduktiv. Je mehr Bedeutung Sie einer solchen lapidaren Feststellung beimessen, desto mehr stärkt es Ihr Unterbewusstsein in Richtung „ich habe schon wieder versagt". Lassen Sie es nie so weit kommen. Es ist wichtig, dass Sie sich in solchen Momenten klar machen, dass es nur um diesen Moment, um diese eine Aufgabe, diese eine Verfehlung, diesen einen Irrtum geht und nie um Ihr generelles Verhalten, so Sie natürlich bestrebt sind, immer Ihr Bestes zu geben. Wir Menschen machen Fehler, weil wir Menschen sind, die handeln. Wer nicht handelt, macht keine Fehler.

Antworten Sie auf diese „Unterstellung" Ihres Vorgesetzten überlegt und nicht sprichwörtlich „wie aus der Pistole geschossen". Dazu nehmen Sie die baumstammgerade Haltung ein. Selbstsicher reagieren Sie auf diesen Vorwurf: *„Herr Meier ist diese Woche in Urlaub. Um Zeit zu sparen, ließ ich die Mappen direkt zu Ihnen bringen."* Diese Haltung kommt keiner Rechtfertigung gleich. Sie untermauert Ihren Standpunkt. Dadurch, dass Sie fest „geerdet" sind und so gelassener reagieren, registriert Ihr Gegenüber unbewusst, dass Sie „Täter" und kein Opfer sind. Mit Letzterem hat er ein leichtes Spiel. Opfer lassen sich bereitwillig manipulieren und sogar vor den „Karren" anderer spannen, um für deren Fehler ihren Kopf hinzuhalten. Es gibt Führungskräfte, die diese Hilflosigkeit schamlos ausnutzen. Bestes Beispiel ist der Abteilungsleiter eines Versicherungsunternehmens,

Bernd Stromberg, aus der gleichnamigen Fernsehserie (Pro7). Ich habe selten eine Persiflage gesehen, die so nah an der Realität ist, wie sie durch den Schauspieler Christoph Maria Herbst, alias Stromberg, verkörpert wird.

> *Die Psychologin Jessica Tracy, die an der kanadischen University of British Columbia lehrt, wies in Videostudien nach, dass Menschen innerhalb von Sekunden wissen, wer in einer Gruppe die Führungsfigur ist.*

Studien belegen, dass es selbst in bunt zusammengewürfelten Teams häufig nicht länger als 25 Sekunden dauert, bis ein Anführer gewählt ist. Ein hochrangiger IT-Manager bei Microsoft ist sich sicher[13]:

> *„Einige Manager entscheiden im ersten Augenblick, ob sie jemanden für einen Superperformer oder einen Taugenichts halten."*

So wie „Führungskräfte" innerhalb von Sekunden erkannt werden, ergeht es auch den „Opfern".

Das Opfer gibt sich durch sein Verhalten unbewusst zu erkennen, egal in welcher Situation. Ein typisches „Rühr-mich-nicht-an-Blümchen" in der Diskothek, und doch auf der Suche nach einem Lebenspartner, ist genauso schnell ausfindig zu machen wie die latent Mobbing-gefährdete Bürokraft. Wobei das weibliche Beispiel willkürlich ist. Männer wie Frauen sind gleichermaßen angesprochen. Bei Unterstellungen, Fragen oder gar Anfeindungen nimmt das Opfer keine baumstammgerade Haltung ein. Im übertragenen Sinne knickt es vor den Augen anderer ein wie ein Ast im Wind. Das Opfer steht nie mit beiden Beinen fest auf dem Boden („keine Erdung"). Ihm fehlt es an Körperspannung. Alles scheint bleischwer auf seinen Schultern zu lasten. Dadurch krümmt sich sein Rücken wie der einer Hexe aus der Märchenwelt.

Wird das Opfer mit der Realität konfrontiert, indem z. B. sein Vorgesetzter Kritik übt, berechtigt oder unberechtigt, stellt es sich ihr nicht. In kleinen Tippelschritten weicht es so lange zurück, bis es hinter sich eine „imaginäre Schutzwand" spürt. Dieses Verhalten stammt noch aus der Urzeit. Droht Gefahr, ziehen wir uns automatisch und unbewusst zurück. Das Opfer hätte in der weiter vorne beschriebenen Situation zudem mit einer Rechtfertigung geantwortet: *„Ja, äh, also ... Was hätte ich denn tun sollen? Sie waren nicht da, Herr Meier ist in Urlaub und Ihre Sekretärin konnte ich nicht fragen, weil sie dauernd telefoniert."* Hierzu passt die Redensart: „*Wer sich verteidigt, klagt sich an.*" In dieser Position ist man dem anderen fast schon hilflos ausgeliefert. Der Wortführer wird das im schlimmsten Fall schamlos ausnutzen.

Werden Sie mit einer kritischen Frage konfrontiert, egal in welcher Situation, also Beruf, Familie, Freundschaft, Geld etc., bleiben Sie stabil stehen (baumstammgerade Haltung), weichen Sie nicht unbewusst zurück. In dieser Position „wirken" Sie am besten.

1.7.3 Der Dackelblick

Augen sagen mehr als tausend Worte. Auch wenn der Vergleich ein wenig hinkt, so zeigt er doch, warum. Des Menschen liebstes Tier oder bester Freund ist der Hund. Schauen wir uns nur ein Bild mit Tieren an, erkennen wir sofort ihre „Gefühlslage":

Der zweite Hund von rechts schaut unsicher, während der Schäferhund rechts im Bild aufmerksam wacht. Dagegen buhlt der weiße Retriever um Anerkennung. Ihnen allen gemeinsam ist ihr „stabiler" Blick.

Dieser zweite Parameter, ein bewusster Blick und Blickkontakt, wird weit unterschätzt. Er bietet eine schnelle und starke Möglichkeit der Wirkungssteigerung. Selbst vermeintlich geübte Redner vernachlässigen diesen Parameter sehr oft.

„Die Augen reden mächtiger als die Lippen", schrieb der deutsche Schriftsteller Gerhart Hauptmann. Über den Blickkontakt klären wir Menschen unbewusst, ob die „Chemie" stimmt, ob wir uns sympathisch sind. Dieses Ritual, welches ebenfalls unbewusst abläuft, stammt noch aus grauer Vorzeit. In Bruchteilen von Sekunden muss eine Situation „geklärt" sein. In 98 Prozent aller Fälle ist das Ergebnis beidseitig. Wenn Sie den Zeitgenossen mögen, mag er Sie auch. Wenn Sie den anderen nicht mögen, können Sie sicher sein, dass er Sie

auch nicht mag! Ein Beweis, wie gut unser Unterbewusstsein, unsere Intuition, funktioniert. Überprüfen und reflektieren Sie das für sich bei der nächsten Begegnung mit einem bis dahin unbekannten Mitmenschen. Egal, wo sich die Situation ergibt: beim nächsten Kundenbesuch, beim Einkaufen oder auf einer Party. Sie werden sehen, es macht Spaß und schult Ihre Wahrnehmung.

Der Blickkontakt ist ein sehr machtvoller Parameter der Körpersprache. Hier geht es um deutlich mehr als nur um: *„Ich sehe dich, du siehst mich."* In einem Vortrag, Monolog oder auch in einem Dialog signalisiert der Blickkontakt Interesse. In einem Gespräch merken wir sofort, wenn der Gesprächspartner nicht bei der Sache ist, ob er uns noch zuhört oder mit seinen Gedanken schon woanders ist. Sehr oft konnte ich gerade in der Rolle des Mediators beobachten, dass der eine Gesprächspartner gedanklich schon bei seiner (Gegen)Argumentation war und sein Blick wortwörtlich nach innen ging, während der andere noch seine Argumentation vorbrachte.

Eine andere Situation: Nehmen wir die vermeintlich ablehnende Haltung der verschränkten Arme. Sehr oft sitzen Seminarteilnehmer – meine Person eingeschlossen, wenn ich Kollegen besuche – mit verschränkten Armen da und sind dennoch sehr interessiert, was eindeutig an ihrem Blick(-kontakt) festzumachen ist. Die Steigerung von Interesse, unsere Neugier, lässt sich entsprechend an unseren erweiterten, fast aufgerissenen Augen erkennen!

Bevor wir jedoch die Sympathie und das Interesse bewusst oder unbewusst abgleichen, läuft noch ein weiteres vorzeitliches Programm im Unterbewusstsein ab. Leute, die in einer Gegend aufgewachsen sind, wo man nicht nur verbal kommuniziert, kennen das. Genauso ist es auch heute noch. Wenn Sie in der falschen Straße, zur falschen Zeit den falschen Typen zu lange anschauen, könnte es ungemütlich werden. Wenn Sie die verbale Antwort erhalten: „Was guckst DU?", wissen Sie, was nonverbal folgen kann! Hier haben wir es mit einer Art Kräftemessen zu tun: *„Ich bin okay, du bist okay!"* Fehlt es an dieser Übereinstimmung, dann steht die Begegnung oder auch nur ein Gespräch unter keinem guten Stern.

Wenn ich in diesem Zusammenhang von Blickkontakt schreibe, dann meine ich auch blicken und nicht starren. Letzteres kann erst recht gefährlich werden und seine Wirkung verfehlen. Nicht nur in der Straßenbahn oder in zwielichtigen Spelunken, sondern auch bei Tieren. Wer z. B. einen Hund zu lange fixiert und dann davonläuft, muss sich darauf gefasst machen, dass sich selbst ein Pinscher herausgefordert fühlt, hinterherläuft und versucht, dem Flüchtenden in die Waden zu beißen. Als Läufer habe ich hier so meine Erfahrungen gemacht.

Bewusst eingesetzt und sehr deutlich zu beobachten ist das Kräftemessen mit dem Blickkontakt beim Boxen. Hier ist es der Kampf vor dem Kampf, eine regelrechte psychologische Kriegsführung! Vor jedem Kampf müssen die Boxer auf die Waage. Danach folgt das letzte „In-die-Augen-Schauen", das „stare down". Dieses Ritual ist extrem wichtig. Die Boxer stehen sich gegenüber, regungslos, Nase an Nase, Aug in Aug, nicht wegsehen, nicht zwinkern, nicht lachen – bloß keine Miene verziehen. Wer's nicht schafft und den Blick senkt, hat die Nerven verloren. Er geht als der Schwächere in den entscheidenden Endkampf. Psychologisch eine schwere Hürde.

Ähnlich, aber nicht so extrem oder gefährlich, verhält es sich mit dem Flirten, dem Buhlen um das andere Geschlecht. Mit den Augen Kontakt aufnehmen und den erwiderten Blicken standhalten. Nicht wegschauen. Durchhalten. Wer's schafft, hat die besten Chancen, sich den Partner fürs Leben zu „angeln". Natürlich zählen am Ende viele Dinge, die zwei Menschen zusammenführen, doch beginnt alles mit dem ersten Blick.

Sie sehen, in vielerlei Hinsicht lohnt es sich, sich seines eigenen Blickes bewusster zu werden. Beobachten Sie sich einmal über einen längeren Zeitraum, um festzustellen, wann Sie den Blickkontakt zum anderen halten und wann Sie ihn entziehen. Insbesondere dann, wenn Sie einer Person – beruflich oder privat – gegenüberstehen, die Sie nicht richtig einschätzen können. Sie werden im Wortsinn sehen, dass sich in der Beziehung zu dieser Person einiges zum Positiven ändert.

Es verhält sich hier wie beim Flirten! Das eher „zurückhaltende Opfer" blickt genauso interessiert zu einer Frau, schaut dann aber, wenn der Blick erwidert wird, eher verstohlen und sieht schnell in eine andere Richtung. Während der sich seiner selbst bewusste Täter genau dann absichtsvoll den Blick hält und ein charmantes Lächeln folgen lässt.

Geht es jetzt in einem Gespräch, in einer Diskussion oder im Verkauf darum, seine Position oder seinen Preis zu vertreten, ist der stabile, bewusste Blick genauso unabdingbar wie der stabile Stand! Wenn Sie Ihren Preis oder Ihr Honorar nennen, halten Sie Ihren Blickkontakt stabil. Sie spüren, wenn Sie einer vermeintlich schwächeren oder unsicheren Person gegenüberstehen und ihr die Situation unangenehm wird. In diesem Fall entziehen Sie genauso bewusst den Blickkontakt und sorgen für eine angenehme Atmosphäre. Wichtig ist es, dass Sie nicht (mehr) unbewusst verlegen weg- oder sogar zum Boden schauen und sich damit klein machen.

Auch in einer Präsentation oder besser in einem mitreißenden Vortrag steigert der bewusste Blickkontakt die Gesamtwirkung des Redners. Wie oft beobachte ich den fast selbstverliebten Blick zur eigenen PowerPoint-Präsentation. Blicke, die das Publikum eher meiden und am Boden oder an der Decke nach den gleich folgenden Worten zu suchen scheinen. Die Augen brauchen ein Ziel, eine Reflexion. Was ist da naheliegender als andere Augen, die zurückschauen können? Schauen Sie zu Ihrem Publikum, lassen Sie den Blick schweifen, von links nach rechts und wieder zurück. Holen Sie sich ab und zu mit einem etwas längeren Blickkontakt eine Rückmeldung. Schauen Sie vor allem am Anfang Ihres Vortrages zu Personen, die Ihnen zumindest neutral, wenn nicht sogar positiv gesonnen sind. Das gibt Ihnen Energie. Ja, flirten Sie mit dem Publikum. Gleichzeitig sehen Sie das Interesse in den Augen Ihrer Zuhörer.

Einige Redner merken nicht einmal, dass sie ihre Zuhörer bereits abgehängt oder sogar verloren haben. Wie denn auch, wenn der Blick einem nach innen gerichteten Lichtstrahl ähnelt, der einzig und allein auf den Inhalt konzentriert scheint? Das ist vermutlich eine der häufigsten Ursachen dafür, dass die Wirkung solcher Vorträge eher im unteren Bereich der Wirkungsskala angesiedelt ist. Konzentrieren Sie sich nicht zu sehr auf den Inhalt Ihres Vortrages oder Ihrer Rede, sondern auf die Kernbotschaften, und formulieren Sie diese frei. Oft kleben die Gedanken und auch die Augen am Skript oder sind nach innen gerichtet. Wenn Sie sich auf Botschaften konzentrieren und nicht so sehr auf die einzelnen Sätze und Wörter, die Sie nicht vergessen wollen, haben Sie die Chance, für das Publikum zu reden! Es ist völlig egal, ob Sie das eine oder andere Wort oder sogar einen Satz weglassen oder die Reihenfolge ändern. Das Publikum weiß doch nicht, was Sie ihm erzählen wollten. Dieses Bewusstsein lässt Sie viel entspannter in die nächste Präsentation gehen!

Doch nicht nur das. Wie eine britische Studie[14] an der Anglia Ruskin University in Cambridge herausfand, vermeiden traurige und depressive Menschen häufiger den Augenkontakt mit anderen Personen. Aktive, glückliche Menschen hingegen suchen diesen Kontakt förmlich. Zudem sind glückliche Menschen eher in der Lage, die Mimik von Personen einzuschätzen und zu deuten. Deshalb halten selbstbewusste Menschen Augenkontakt zu ihrem Gegenüber.

Den Blick zu wagen, ist wichtig. Hier findet eine Art Energieaustausch statt. Über den Augenkontakt holen wir uns Aufmerksamkeit, Bestätigung und Energie zurück. Man kann nicht falsch „gucken", wohl aber Wirkung verschenken. Wer nach unten schaut, wirkt, als wolle er sich dem anderen unterwerfen.

Selbst in klassischen Alltagssituationen können Sie den Blickkontakt trainieren, auf der Straße und z. B. im Fahrstuhl. Ohne es zu merken verläuft bei vielen das Leben nach dem Titel eines Films: *„Und täglich grüßt das Murmeltier"* (aus den 1980er-Jahren – sehr empfehlenswert). Jeden Morgen reihen sie sich wortlos ein, um mit Kollegen oder Wohnungsnachbarn auf den Fahrstuhl zu warten. Die Begrüßung fällt, wenn überhaupt, wortkarg aus. Die einen senken ihren Kopf nach unten, während andere *„Hans-Guck-in-die-Luft"* spielen – ihre Augen fixieren keinen festen Punkt. Die Fahrstuhltür öffnet sich, man steigt ein und drückt verlegen den Knopf, obwohl die anderen selbigen bereits gedrückt haben. Die Tür schließt sich, der Aufzug setzt sich in Bewegung. Auch hier wieder dasselbe Ritual: gesenkte Köpfe, suchende Augen. Das alles hat einen Grund: einem Gegenüber absichtslos in die Augen zu schauen, ist sehr schwierig. Deshalb suchen unsere Augen Anker, um sich so dem Blick anderer zu entziehen. Außerdem ist hier unsere Distanzzone stark eingeschränkt.

Der Fahrstuhl ist ein geeigneter Ort, seine Scheu zu überwinden und mit anderen Blickkontakt aufzunehmen. Probieren Sie es aus. Sie werden überrascht sein, wie einige Sekunden für ein besseres Gefühl sorgen.

1.7.4 Stimme zeigt Stimmung

„Wer stark ist, kann sich erlauben, leise zu sprechen", sagte der US-amerikanische Präsident Theodore Roosevelt. Diese seine Feststellung gilt es richtig zu verstehen. Hier geht es nicht um den „starken" Mann, der seinen Bizeps im Fitness-Studio formt und vor Kraft nicht mehr geradeaus laufen kann, sondern um bedeutende Persönlichkeiten, die sich in der Welt verdient gemacht haben. Ihnen ist gemeinsam und erlaubt, leise zu sprechen, weil es ein Zeichen von Weisheit ist. Nicht dem laut tönenden Menschen, vergleichbar mit einem Händler, der auf dem Hamburger Fischmarkt seine Ware schreiend anbietet, wird Sympathie und Vertrauen entgegengebracht, sondern dem leise sprechenden Weisen. Je leiser diese Persönlichkeiten sprechen, desto interessierter und aufmerksamer wird hingehört. Bei einer Veranstaltung genauso wie in einem Gespräch, von Angesicht zu Angesicht, auf Englisch „face to face".

Wenn es aber darum geht, Massen zu bewegen, überzeugt nicht der leise Sprechende, sondern der, der am lautesten „brüllt", vorausgesetzt er wirkt. Zweifelsohne gehört der Hirsch, dessen Geweih unter Jägern sehr beliebt ist, nicht zu der Kategorie der Fische. Wenn sich also Fische paaren, dürfte die Welt davon kaum Kenntnis nehmen, selbst dann nicht, wenn man als Außenstehender in einem Boot sitzend das Geschehen verfolgt. Ganz anders verhält es sich, wenn der Hirsch auf Brautschau ist (Brunftzeit). In dieser Zeit gibt er Schreie von sich, die durch Mark und Bein gehen und häufig die Lautstärke überdimensionaler Baumaschinen übertreffen. Müßig zu fragen, vor welchem dieser beiden Tiere der Mensch mehr Respekt hat. Wenn es also darauf ankommt, siegt seltener der Stille und Schweigsame, sondern der, der am lautesten auf den Busch klopft, frei nach Henry Ford:

> *„Wenn eine Ente ein Ei legt, dann tut sie das still und zurückgezogen. Häufig unter einem Busch versteckt. Wenn aber ein Huhn ein Ei legt, so gackert es laut und flattert herum. Der Erfolg? Die ganze Welt isst Hühnereier."*

Huhn oder Ente? Die Entscheidung liegt bei Ihnen.

So oder so empfiehlt es sich, die Lautstärke Ihrer Stimme den Umständen anzupassen. Sie sollten weder lauter noch leiser sprechen als Ihr Gesprächspartner und vor allen Dingen der Stimmung angemessen. Natürlich wird ein Bestatter seine Kunden anders ansprechen als der Obsthändler auf dem Großmarkt. Das versteht sich von selbst. Schwieriger ist die Einschätzung, wenn Sie jemanden anrufen und ihm nicht leibhaftig gegenübersitzen. Dann kommt es darauf an, anhand seiner Stimmlage auf seinen derzeitigen Gemütszustand zu schließen. Profis erkennen den Gemütszustand des Anrufers auch ohne Blickkontakt und damit häufig schon bei der Begrüßung am Telefon.

Vor rund 2.500 Jahren forderte Sokrates: *„Sprich, damit ich dich sehe."* Selbstbewusste Menschen folgen dieser Aufforderung. Sie sprechen klar, deutlich und etwas lauter. Deutlich lauter sprechen sie und doch der Situation angepasst, wenn die Umstände es erfordern, z. B. bei einer Angebotspräsentation, um die Inhalte deutlicher hervorzuheben. Die Ausdruckskraft ist der dritte und einer der stärksten Parameter für eine gesteigerte Wirkung. In „Also sprach Zarathustra" formulierte der Philologe und Philosoph Friedrich Wilhelm Nietzsche diesen „Parameter" wie folgt: *„Wenn aber das Verständliche an der Sprache ... nicht das Wort selber ist, sondern Ton, Stärke, Modulation, Tempo, mit denen eine Reihe von Worten gesprochen werden, wie lässt sich diese Musik hinter den Worten überhaupt in die Schrift übertragen?"* Es kann auf diese Frage nur eine Antwort geben: Bei der Leidenschaft der Musik (im Sinne von Ton, Stärke etc.) kommt es immer auf die Person an, die diese Leidenschaft zum Ausdruck bringt. Womit wieder einmal bewiesen ist, wie abhängig wir von unserer Außenwirkung sind.

Heutige Kinder haben kaum noch inneren Zugang zu den Slapsticks und Komödien der 1980er-Jahre. Sie können darüber nicht wirklich lachen. Auch ich weiß heute nicht mehr, warum ich bei einigen Filmen so herzhaft lachen musste. Eine Jugendsünde eben, und so schaute auch ich „Police Academy". Eine Art Dick und Doof im neuen Gewand. An der Academy werden Frauen und Männer zu „echten" Polizisten ausgebildet, so auch die Kadettin Laverne Hooks, meisterhaft dargestellt von der US-Schauspielerin Marion Ramsey. Auffällig war ihre piepsige Stimme. Trotz Polizeiuniform und Schusswaffe nahm sie deshalb niemand ernst. Der Film ist über 25 Jahre alt, und doch sind mir diese Handlungen in guter Erinnerung. Er zeigt, dass wir Menschen immer die „Gesamtverpackung" sehen. Ein Cop mit Kinderstimme wirkt auf uns nicht durchsetzungsstark.

Es ist wichtig, dass die, die Sie reden hören wollen, Sie auch hören können. So zwingt z. B. das Gesetz die Aktiengesellschaften dazu, während der Hauptversammlung eine Tonanlage einzusetzen. Damit ist sichergestellt, dass die anwesenden Aktionäre alle vortragenden Informationen uneingeschränkt hören. Bei einem Ausfall der Anlage von mehr als 20 Minuten, aber auch bei ungenügender Tonqualität, können Aktionäre eine Wiederholung der Veranstaltung fordern. Eine kostspielige Angelegenheit, die zeigt, wie wichtig mitunter Vorträge sein können. Wann immer Sie die Möglichkeit haben, sollten Sie bei einer Rede vor einer Gruppe von mehr als 50 Personen ein Mikrofon benützen. So überanstrengen Sie nie Ihre Stimme, können konzentrierter sprechen, und jeder wird Sie verstehen.

Ob mit oder ohne Mikrofon, es ist wichtig, dass Sie das Potenzial Ihrer Stimme optimal ausschöpfen. Damit unterstreichen Sie nicht nur das Gesagte, sondern verleihen ihm Ihre ganz persönliche Note. Die meisten Redner schaffen genau das nicht. Sie pendeln sich in der Mitte ihrer Möglichkeiten ein und „beten" im übertragenen Sinne ihr Wissen herunter. Der Bezug zum Beten hinkt keineswegs. Wenn Sie in solchen Momenten die Augen schließen und nur die Tonlage verfolgen, erkennen Sie vielfach keinen Unterschied zwischen einem Vortragenden und den Betenden in der Kirche.

So wie die Musik zur Unterhaltung und zur Entspannung beiträgt, so trägt die richtige Tonlage zum Gelingen einer Rede bei. Mit der Kraft in unserer Stimme hinterlassen wir einen bleibenden Eindruck. Wir wirken!

So verläuft die „Welle", wenn der Vortragende monoton, ohne Höhen und Tiefen spricht – kurz: emotionslos (häufig im Bundestag zu beobachten):

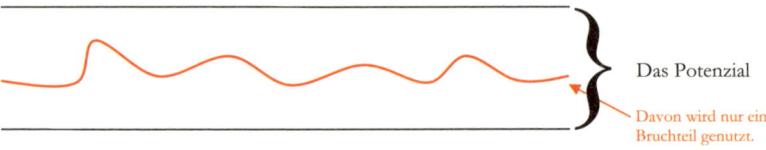

Das Potenzial

Davon wird nur ein Bruchteil genutzt.

Ich muss an dieser Stelle eine Lanze für die Politik brechen. Im Bundestag sitzen über 600 Abgeordnete, von denen uns meistens nur die Minister bekannt sind. Insbesondere deshalb, weil sie allabendlich im Fernsehen zu sehen sind. Sie sind, mit Verlaub, Mundwerker und keine Handwerker. So wie es talentierte Handwerker gibt, so gibt es überzeugende Mundwerker, die ihr „Mund"-werk, verstehen. Und solche, die es weder verstehen noch können. Dieses vorausgeschickt macht es mir leicht, sie als gute wie abschreckende Beispiele in diesem Buch heranzuziehen. Ich gehe davon aus, dass Sie als meine Leser meine Ausführungen in Sachen Wirkung und Persönlichkeit so viel besser verstehen und damit leichter umsetzen können. Letzteres ist für Ihren persönlichen Erfolg wichtig.

Dieses vorausgeschickt komme ich auf die obige Welle zurück. Wer so vorträgt, ist häufig Opfer des Inhalts. Kein noch so trockener Inhalt kann so trocken sein, dass er seine Zuhörer langweilt. Natürlich macht es einen Unterschied, ob z. B. über Geld, Glück und Liebe referiert wird oder aber technische Details vermittelt werden müssen. Auch stehen Organigramme, Explosionszeichnungen, Projektverläufe oder Organisatorisches nicht im Verdacht, Begeisterungsstürme beim Zuhörer auszulösen, meistens jedenfalls nicht. Doch liegt die Chance zu wirken weniger im Inhalt als vielmehr in der Botschaft. Der Vortragende klebt viel zu stark an seinem Skript, weshalb es ihm nicht möglich ist, die Kernbotschaft, die er hierzu vermitteln will, in den Vordergrund zu stellen. Meistens macht er sich sogar über die Kernbotschaft des Vortrages gar keine Gedanken, sondern stellt Überlegungen an, welcher Inhalt, welche Folien noch wichtig für den Vortrag wären.

Im Vortragscoaching, wo es darum geht, eine Präsentation, eine Rede, eine Preisverleihung oder Ähnliches dem Publikum so schmackhaft und kurzweilig wie möglich zu präsentieren, sind die ersten Fragen an meine Kunden:

- „Was ist oder sind Ihre Kernbotschaft(en)?"
- „Was ist das Ziel des Vortrages?"
- „Was wollen Sie erreichen?"

Sehr oft bleiben die spontanen Antworten auf diese wichtigen Fragen aus. In meinen Coachings und Seminaren gehe ich von der größten Herausforderung aus. Das ist nicht die kurze Ergebnispräsentation einer Arbeit der letzten zwei Wochen im eigenen Unternehmen. Auch nicht der Statusbericht eines Projektes bei bereits gewonnenen Kunden. Es ist die Angebotspräsentation bei einem potenziellen Neukunden! Sie wissen nicht, was und zu welchen Konditionen die Mitbewerber hier präsentieren, Sie haben eine halbe Stunde Zeit! Jetzt können Sie entweder Inhalte, Inhalte und noch mehr Inhalte präsentieren, die wahrscheinlich auch in der bereits vorab zugestellten Angebotspräsentation zu lesen waren. Oder Sie können Ihre Zuhörer begeistern und überraschen – mit Ihrem eigenen souveränen Auftritt und einem Vortrag, der nur ein Ergebnis für den potenziellen Neukunden zulässt: „Ich will mehr über dieses Produkt, über die Firma, über den Redner erfahren!"

Interessieren statt informieren!

Es verhält sich hier wie mit einem Partyfoto von letzter Woche, auf der Sie mit guten Freunden so richtig gerockt haben. Nun schickt Ihnen der Veranstalter ein Foto mit allen Beteiligten des Abends. Ihr erster Blick gilt doch nicht den anderen, sondern sich selbst. Sie suchen sich auf diesem Bild. Erst nachdem Sie sich entdeckt haben, interessieren Sie sich für die anderen. Ein völlig normales Verhalten, weil menschlich. Unsere „Antennen" sind immer auf uns fokussiert. Wir wollen zunächst wissen, was für uns „drin" ist. Alles, was uns zugetragen wird, wird unbewusst von nur einer Frage begleitet: „Was habe ich davon, wenn ich mich z. B. mit diesem Angebot beschäftige?" Gibt es darauf keine Antwort, ist das Interesse bei den Zuhörern erloschen. Kurzum: Wir suchen – immer – unseren Vorteil, weshalb wir zunächst davon ausgehen, dass es keine Nachteile gibt. Also beschäftigen wir uns mit der Sache, aber eben nur so lange, bis klar wird, dass es einen Vorteil für uns gibt.

Ein Redner muss diese menschliche Haltung, ja vielleicht sogar Schwäche, in seinen Vorträgen berücksichtigen. Nur wenn es ihm gelingt, Vorteile zu vermitteln und damit Wichtigstes zeitnah auf den Punkt zu bringen, fesselt er seine Zuhörer. Dann ist es ein Leichtes, auch auf den ersten Blick langweilige Inhalte zu transportieren. *„Autos kaufen keine Autos",* stellte Henry Ford fest. Es sind Menschen, die hinter jeder Entscheidung stehen. Menschen also, die ein Auto kaufen. Es sind Menschen, die Ihnen zuhören, wenn Sie Ihren Vortrag halten. Also bringen Sie interessante Beispiele oder Geschichten von Menschen, die es erlebt haben, belegen und das Gesagte humorvoll unterstreichen. Und Ihnen ist die Aufmerksamkeit sicher.

Noch besser, Sie erzählen eine Geschichte, Erlebtes mit Menschen, die Erfahrungen mit diesen Zahlen, Daten und Fakten hatten! Wenn Sie die Geschichte bestenfalls sogar selbst erlebt haben, versetzen Sie sich erneut in diese Situation, und die damaligen Gefühle (Stimmungen) sind in Ihrer Stimme zu hören. Die Zuhörer werden Ihnen an den Lippen kleben.

*Verbinden Sie Ihre Kernbotschaften mit Emotionen, und man hört
Ihnen zu. Zahlen, Daten und Fakten können Sie nur schwer
emotional und stimmlich untermalen, es sei denn, Sie
betonen die Veränderungen oder die, die nach oben
oder unten herausragen.*

Ein rhetorisch Begabter fesselt sein Publikum mit emotionalen Geschichten. Er hebt die Stimme, um das Gesagte stärker hervorzuheben. Er spricht leise, um die Spannung zu erhöhen. Und das geschieht fast automatisch, wenn Sie sich auf die Kernbotschaften der
Geschichte konzentrieren, die genauso wichtig sind wie die Pointen
in einem guten Witz.

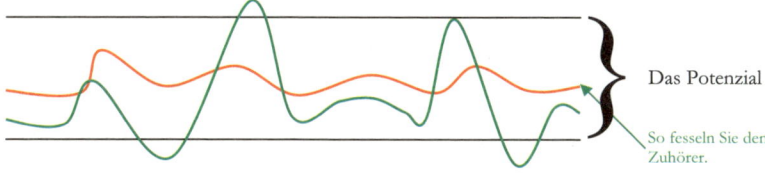

Das Potenzial

So fesseln Sie den
Zuhörer.

Im privaten Umfeld, bei einer Tasse Kaffee oder einem Glas Wein
mit Freunden, schafft es fast jeder, begeistert und begeisternd von
seiner Urlaubsreise oder dem aufregenden Zoobesuch mit den Kindern zu erzählen. Hier werden Stimmungen und Gefühle unbewusst
über die ganze Körpersprache transportiert. Auch hier sind es die
Besonderheiten, die Überraschungen oder das Unerwartete, was den
Zuhörer erreicht, Neugierde auslöst und die Stimme tanzen lässt.

Gelingt es Ihnen, eine zumindest ähnliche Begeisterung für Ihr Redethema aufzubringen, sind Sie auf einem guten Weg.

Meinen Kunden stelle ich immer die folgenden Fragen (die auch Sie jetzt einmal für sich beantworten sollten):

- „Wie findest du denn deine Präsentation, dein Redethema?"
- „Wie begeistert bist du von deinen Produkten?"
- „Wie begeistert bist du von deiner Firma?"
- „Was ist deine persönliche Kernbotschaft?"
- „Brennst du für das Thema?"

Meistens ernte ich dafür ein fast sarkastisches Lächeln. Die mangelnde Identifikation und Motivation stehen ihnen ins Gesicht geschrieben. Hier sollten bei den Führungskräften der Unternehmen die Alarmglocken schrillen. Wenn Sie einmal sehen wollen, wie man für sein Unternehmen „brennen" kann, schauen Sie sich dieses Video im Internet an: www.youtube.com/watch?v=I14b-C67EXY

Charismatische Persönlichkeiten verstehen es meisterhaft, mit ihrer Stimme zu jonglieren. Gekonnt betonen sie wichtige Begriffe und die Kernbotschaften ihrer Ausführungen. Dieser stimmliche Unterschied unterstreicht im übertragenen Sinne ihre Aussage, wie z. B.: *„Gestern haben wir schlecht gearbeitet, heute sind wir besser",* indem sie „gestern" deutlich anders betonen als „heute" und umgekehrt, je nach Situation. Gleiches geschieht bei erfolgreichen Verkäufern, die durch die Betonung einen deutlichen Unterschied beim Begriff „Mitbewerber" und „unser Angebot" herausarbeiten. Deshalb verfallen sie auch nicht in die „Girlandensprache". Hier wechselt der Vortragende ständig die Tonrichtung, von hoch nach tief und umgekehrt. Die gesprochenen Sätze enden oft mit hohen Tönen. Das macht es für den Zuhörer so schwer, lange zuzuhören. Diese Satzmelodie wird häufiger von Frauen verwendet, aber auch von Männern, insbesondere dann, wenn sie im Fokus des Interesses stehen. Deutlich wird es ebenfalls, wenn sie von verschiedenen Stationen ihres Lebens oder ihrer beruflichen Laufbahn erzählen. Das klingt dann wie eine Aufzählung, die der Redner schon so oft erzählt hat, dass auf jeden Fall sehr wenig Begeisterung mitspielt. Durch die am Satzende hochgezogene Stimme klingt es, als würde es ihn schon fast selbst langweilen. Wie soll sich dann erst das Publikum fühlen?

„Girlandensprache":

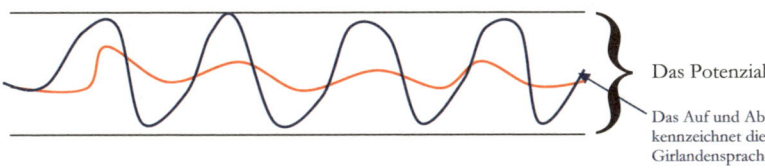

Das Potenzial

Das Auf und Ab kennzeichnet die Girlandensprache.

Ich möchte niemandem zu nahe treten, dennoch nehme ich mir die Freiheit, einen Vergleich zu ziehen. Wenn Sie schon einmal an Bord eines Linienflugzeuges saßen, haben Sie vor und während des Fluges mehrere Ansagen über die Bordlautsprecher gehört. Dann wird Ihnen aufgefallen sein, dass die Tonlage aus dem Cockpit eine deutlich andere war als die aus der Kabine. Und nun stellen Sie sich einmal vor, der Kapitän eines Flugzeuges würde in der Tonlage seiner Crew sprechen, die oft einer Girlandensprache ähnelt. Wie würden Sie sich fühlen? Würden Sie ihm noch immer dasselbe Vertrauen entgegenbringen? Es geht mir um Bewusstmachung. So unterstreicht dieses Beispiel eindrucksvoll, wie wir Menschen mehr auf die Tonlage und weniger auf die Inhalte achten.

„Das Schönste am Schulunterricht sind die Pausen", sagt der Volksmund. Schüler bestätigen das gerne. Tatsächlich sind Pausen wichtig, in erster Linie zur Erholung von Anstrengung. Auch in der Rhetorik geht es nicht ohne Pausen. Zum einen geben wir unserem Gegenüber die Chance, sich für einen Augenblick von dem Gesagten zu „erholen", damit es in seinem Gehirn verarbeitet werden kann. Zum anderen fesseln wir seine Aufmerksamkeit und erhöhen damit zwangsläufig unsere Wirkung auf ihn.

Sprechpausen gehören zu den wichtigsten
Wirkparametern in einem Vortrag.

Sprechpausen gezielt einzusetzen verlangt ein wenig Übung. Es muss geübt werden, will man den Zuschauer „fesseln". Vor Leidenschaft brennende Redner vergessen das sehr häufig. Sie legen mitunter ein Tempo vor, das sie vergessen lässt, im übertragenen Sinne zwei Gänge herunterzuschalten und damit kurze Sprechpausen einzulegen. Eine einfache Übung ist das Drei-Sekunden-Zählen. Zählen Sie während Ihres Vortrages, natürlich nicht laut, sondern nur im Geiste: 21 – 22 – 23; dadurch „bremsen" Sie jede Hektik im Vortrag aus und erhöhen somit Ihre Wirkung. Anfangs werden Sie das Gefühl haben, dass Sie eine halbe Ewigkeit zählen. Für Ihr Publikum ist die von Ihnen gefühlte halbe Ewigkeit genau das richtige Maß. Es braucht diese Zeit, um sich dem Redner anzuschließen. Damit verhält es sich so, wie eine indianische Weisheit es ausdrückt: *„Wir müssen von Zeit zu Zeit eine Rast einlegen und warten, bis uns unsere Seelen wieder eingeholt haben."* Analog zu einem Vortrag braucht es diese Sprechpausen, damit die Zuhörer den Vortragenden einholen können. Die Kunst besteht darin, für das Publikum zu sprechen und nicht für sich selbst.

Zu einer „perfekten" Stimme gehören: Stimmlage, Sprachmelodie, Geschwindigkeit, Lautstärke sowie Sprechpausen. Wobei die Umstände die Richtung vorgeben. Ein händchenhaltendes verliebtes Paar wird natürlich anders sprechen als der Chef zum Angestellten, der Verkäufer zum Kunden oder der Bewerber bei der Vorstellung.

Stimme macht Stimmung. Ich könnte auch schreiben: Stimme MACHT Stimmung. Persönlichkeiten in Führungspositionen haben natürlich eine Macht, weil sie Entscheidungen treffen, die ihre untergebenen Mitarbeiter umsetzen müssen. Doch ist es nicht die Macht allein, die von ihrer Funktion ausgeht, sondern die Art und Weise, wie diese Macht gelebt wird. So verwenden z. B. werteorientierte Führungskräfte keinen Befehlston wie auf dem Kasernenhof. Sie machen mit ihrer Stimme Stimmung im positiven Sinne. Die Art und Weise, wie etwas gesagt wird, ist von zentraler Bedeutung, die weit über dem Inhalt steht. *„Lieber verkünden als begründen"* ist für Führungskräfte gelebte Praxis. Eine charismatische Persönlichkeit ist in ihrer Wirkung uns deutlich länger in Erinnerung als das, was sie sagte. Urteilen Sie selbst. Welche dieser zwei Versionen wird auf einer Firmenveranstaltung überzeugender wirken?

A-Version:

Wir werden Marktführer sein, weil wir die besten Konzepte haben.

B-Version:

WIR WERDEN MARKTFÜHER SEIN!

Um mit seiner Stimme richtig Stimmung zu machen, ist es wichtig, sie sich bewusst zu machen, sie also wahrzunehmen. Das klingt leichter, als es ist. Wer schon einmal ein Diktiergerät oder einen Anrufbeantworter besprochen hat, erkennt seine Stimme häufig nicht. Sie ist ihm fremd, was biologisch – logisch - erscheint. Während wir die Stimme anderer über unser „Außenohr" hören, hören wir unsere „innere" Stimme über unser Innenohr. Deshalb fremdeln wir so mit ihr, sobald wir sie via Aufzeichnung über unser Außenohr wahrnehmen.

Das darf Sie nicht davon abhalten, an Ihrer Stimme zu arbeiten. Deshalb setze ich in meinen Seminaren auf Videotechnik. Damit gebe ich den Teilnehmern die Möglichkeit, ihr Verhalten zu beobachten und vor allen Dingen, ihre Stimme zu hören.

Solange Sie, in aller Bescheidenheit, noch kein Seminar bei mir besucht haben, hier eine kleine Übung, um die Zeit bis dahin zu überbrücken. Lesen Sie täglich fünf bis zehn Minuten laut. Lesen Sie alles, also auch Komma und Punkt. Anstelle von Komma und Punkt machen Sie eine Sprechpause und zählen im Geiste „21, 22, 23" für einen Punkt und 21, 22 für ein Komma! Lesen Sie deutlich und langsam, damit das Gelesene wirken kann. Betonen Sie dabei die Sätze unterschiedlich.

Ein Satz aus drei Wörtern kann ganz verschieden betont werden und damit unterschiedliche Reaktionen auslösen:

- ICH liebe dich.

- Ich LIEBE dich.

- Ich liebe DICH.

Lesen Sie bitte laut und deutlich und betonen Sie dabei das jeweilige in Großbuchstaben geschriebene Wort. Achten Sie auf die Wirkung, die es in Ihnen auslöst. Sie werden erkennen, dass dreimal das gleiche lange nicht dasselbe ist:

- Der Egoist: ICH liebe dich .
- Der Zustand: Ich LIEBE dich.
- Der Verliebte: Ich liebe DICH.

Es ist ratsam, während des Lesens ein Diktiergerät mitlaufen zu lassen, um es sich später anzuhören. Wie gesagt, anfänglich werden Sie mit Ihrer Stimme fremdeln. Je öfter Sie lesen und hören, desto eher werden Sie sich Ihrer Stimme bewusst, mit der Sie situationsbezogen Stimmung machen können. Wichtig! Halten Sie während der Sprechpausen vor allem in einem Vortrag, aber auch im Gespräch, den Blickkontakt.

1.7.5 Wohin mit den Händen?

Neben dem Blickkontakt ist auch das Schütteln der Hand ein Zeichen für Vertrauen und Verbindlichkeit. Einander die Hand zu reichen, ist ein Signal der Friedfertigkeit. Dieses Ritual findet sich schon in der Bibel. Paulus erwähnt in seinem Brief an die Galater, dass ihm in Jerusalem zum Abschied die *„rechte Hand der Freundschaft"* gereicht wurde. Es versteht sich von selbst, dass die „nackte" Hand gegeben wird und keiner von beiden einen Handschuh trägt. Dieses Verhalten wäre im höchsten Maße unhöflich. Als der Pop-Sänger Michael Jackson vom damaligen Präsidenten Roland Reagan ins Weiße Haus eingeladen wurde, begrüßten sie einander mit einem Handschlag. Dabei zog der „King of Pop" seine weißen Handschuhe nicht aus. Ein Affront, der noch Wochen danach weltweit für Schlagzeilen sorgte.

Wahrscheinlich vergaß Michael Jackson im Eifer des Gefechts einfach, seine Handschuhe abzulegen. Damit stand er anderen in nichts nach. Auch sie wissen mitunter nicht, wohin mit ihren Händen, wenn es die Situation erfordert. Dabei könnte es manchmal so einfach sein, wenn man einigen Liedern Glauben schenkt. Das deutsche Terzett „Die Kolibris" schrieb mit dieser einfachen Erkenntnis sogar Schlagergeschichte. Ihr Song ist der absolute Party-Kracher. Der Text ist so simpel wie platt. Deshalb kann ihn jeder mitsingen, selbst dann, wenn der Alkoholspiegel im Blut bedenkliche Werte erreicht: *„Und dann die Hände zum Himmel, komm lasst uns fröhlich sein. Wir klatschen zusammen und keiner ist allein …"* Das mit den Händen ist so eine Sache. Beim Feiern richten wir sie gern in den Himmel, doch wohin mit ihnen, wenn wir eine freie Rede halten müssen? Da gibt es nichts Störenderes als unsere Hände.

Ein Redner, der seine Hände wild gestikulierend hin und her bewegt à la Piet Klocke (ein Komiker, der nie einen Satz zu Ende bringt, dafür umso mehr herumfuchtelt), wird weniger ernst genommen.

In der Ruhe liegt bekanntlich die Kraft, und doch neigen wir häufig dazu, unbewusst Gesten einzusetzen, die unsere Wirkung auf andere beeinträchtigen. Solche Bewegungen sind nicht falsch, weil es keine Nicht-Kommunikation gibt. Wir erreichen unsere Ziele leichter, wenn wir mehr Gesten zulassen, statt krampfhaft in einer Position zu verharren. Die Wirkung unserer Hände ist sehr stark. Wenn der Lehrer wortlos mit seinem Zeigefinger auf einen Schüler zeigt, weiß der Schüler genau, dass er gemeint ist. Eine ähnliche Wirkung erzielt er mit einem direkten Blickkontakt, doch verleiht der Zeigefinger der Körpersprache noch mehr Ausdruck. Legendär das Werbeplakat der US-Armee aus dem ersten Weltkrieg[15]: „I want you for U. S. Army". Der Mund von Uncle Sam geschlossen, direkter Blick und der Zeigefinger ausgestreckt. Eine klare Botschaft ohne viele Worte, wenn auch für eine aus meiner Sicht perfide Sache.

Gerade weil wir mit den Augen und den Händen eine unglaubliche Wirkung erzielen, sollten wir uns dessen bewusst sein und sie auch bewusst einsetzen. Ein Vortragender, der mit der einen Hand das andere Handgelenk umfasst, verschenkt genauso Wirkung wie die Person, die die Hände zum Gebet hält, obwohl sie z. B. einen technischen Vortrag hält. Noch ungünstiger sind gefaltete Hände mit gestreckten Fingern. Sie stehen für eine Abwehrgeste. Keine gute Position also, um das Publikum für sich zu gewinnen.

Die Hände sind für mich das beste Beispiel für „kleine Ursachen mit großer Wirkung" oder im positiven Umkehrschluss: Kleine bewusste Einstellungen der Hände erzeugen unmittelbar eine sehr große Wirkungssteigerung! Sie sehen: Auch hier gilt wieder das Gesamtbild, aus dem sich ein guter oder schlechter Eindruck ergibt. Es ist immer wieder erstaunlich, welche Wirkungssteigerung bei den Teilnehmern während einer Videoanalyse erzielt wird, obwohl nur kleine Einstellungen vorgenommen wurden. Auch hier ist es so wie mit allen körpersprachlichen Einstellungen und Positionen: Sie sind uns und unserem Unterbewusstsein nicht fremd, denn wenn wir uns in einer ganz entspannten Situation befinden, z. B. wenn ich meine Teilnehmer oder andere Personen in ihrer Komfortzone beobachte, nehmen sie häufig unbewusst die optimale Position – Stand, Haltung und Hände – ein.

Die Hände gehören immer in den sichtbaren Bereich. Unser Gesprächspartner verlangt unbewusst danach, sie zu sehen. Wer seine Hände in die Hosentasche steckt oder in einer sitzenden Position unter dem Tisch verbirgt, verschenkt nicht nur Wirkung, er provoziert sein Gegenüber damit sogar, natürlich nur unbewusst. In unserem „Reptiliengehirn" ist noch immer das Programm „Angriff oder Flucht" gespeichert. Selbst nach Zehntausenden von Jahren ist dieser Ur-Reflex vorhanden. Sehen wir keine Hände, signalisiert unser Unterbewusstsein „Achtung Gefahr!". Somit verschwenden wir unsere Energie damit, eine Art Verteidigungslinie aufzubauen, um eventuelle Angriffe leichter abzuwehren. Wer seinen Gesprächspartner überzeugen will, braucht dafür seine gesamte Aufmerksamkeit. Ist diese durch Kleinigkeiten wie *„Ich sehe deine Hände nicht"* abgelenkt, kann allein das schon dazu führen, dass er sein Ziel nicht mehr erreicht.

Die Hände gehören in den sichtbaren Bereich und am besten zwischen Gürtelschnalle und Bauchnabel.

Nicht so ...   sondern so:

Ich empfehle, dass sich die Hände berühren, niemals sollten sie gefaltet werden, es sei denn, Sie sind Pastor und halten gerade eine Predigt.

So wichtig wie unsere Hände sind, so störend können sie in einer freien Rede bzw. in einem Vortrag sein. Häufig verschwindet eine Hand in der Hosentasche oder beide hinter dem Rücken des Redners. Sie haben gelernt, dass Inhalte mit nur sieben Prozent zur Kommunikation beitragen, während die Körpersprache mit mehr als 30 Prozent Anteil daran in Erinnerung bleibt. Versteckte Hände werden vom Betrachter als negativ empfunden. Wie erwähnt gehören die Hände auf jeden Fall in den sichtbaren Bereich, kurz unterhalb des Bauchnabels. Alle Gesten, die sich darunter abspielen, werden eher als negativ gewertet. Gesten im oberen Bereich sind neutral und werden in der Summe als positiv angesehen.

Die Hände unterstreichen das Gesagte. Deshalb achten erfolgreiche Persönlichkeiten routiniert auf die Gesten ihrer Hände.

In den meisten Fällen sieht es noch natürlicher aus, wenn Sie einen Stift in die Hand nehmen. Das entkrampft. Doch halten Sie sich nicht verbissen am Stift fest wie ein Ertrinkender am Strohhalm. Ein sich bewegender Stift unterstreicht zum einen das Gesagte, zum anderen verleiht er mehr Selbstsicherheit. Wer sich öffnet, erreicht die Menschen. Dafür braucht es eine entspannte Körperhaltung, die Vertrauen zum anderen aufbaut. Handlung kommt auch von „Hand". Das wiederum gibt uns auch die Möglichkeit zu signalisieren, dass wir „mit anpacken", „gerne zur Hand gehen", nicht nur offen sind für Ratschläge und Rückmeldungen, sondern diese auch „annehmen" – sinnbildlich (mit den Händen) entgegennehmen. Das ist mit Händen, die sich ineinander verschränken, an der Hosennaht hängen oder sogar in den Hosentaschen vergraben sind, kaum möglich und erinnert mich an ein so manchmal zu beobachtendes Szenario auf Deutschlands Baustellen.

Das konnte ich bei mir in Cuxhaven beobachten. Durch einen Umbau an der Wasserseite hat die Stadt eine sehr schöne neue Promenade erhalten. Ich erinnere mich an die Bauzeit. Es war Montagmorgen, ca. 8:00 Uhr, als ich mich der Baustelle näherte. Hier sah ich eine Traube von Männern im Halbkreis stehen. Von Weitem schon zu erkennen: Zwei Personen hatten ihre Hände in den Hosentaschen, zwei verschränkten ihre Arme auf dem Bauch, einer hinter dem Rücken. Sie alle schauten von der etwas leicht erhöhten Böschung in den Sand, wo ein einziger Mann mit einer Schaufel in den Händen tatkräftig ein Loch für die schützenden Pricken grub. Wie erwähnt: live erlebt.

Stellen Sie sich einen Geschäftsführer vor, der mit den Händen in den Hosentaschen vor Ihnen steht. Selbst wenn er die Arme an den Seiten herunterhängen lässt, wie es immer noch vielfach in Rhetorikbüchern oder Seminaren empfohlen wird, wird es befremdlich, wenn er seine Botschaft mitteilt: „*Nächstes Jahr müssen wir alle mit anpacken!*" Hier hilft nur der Vergleich zwischen der A-Version (links) und der B-Version (rechts). Schauen bzw. hören Sie sich den Satz an mit herunterhängenden Armen, danach denselben Satz mit den

Händen in der optimalen Position oder besser noch mit einer aus dieser Position leichter entstehenden natürlichen Geste.

Sie werden mir recht geben, dass schon die Bilder eine deutliche Sprache sprechen.

In meinen Coachings fotografiere ich meine Teilnehmer entsprechend dieser beiden Skizzen, A-Version und B-Version, und spätestens dann erkennen sie den Wirkungsunterschied. Auch wenn hier noch der zu schmale Stand das Bild des Opfers verstärkt, würde selbst mit einem stabilen Stand die Wirkung verschenkt!

Machen Sie sich den Spaß und fotografieren Sie sich mit Ihrem Partner, Ihrem Freund oder Ihrer Freundin gegenseitig in diesen Positionen, und Sie werden sehen: Sie wirken immer! „Teilnahmslos" oder „unbeteiligt" ist für mich die treffendste Beschreibung der A-Version. Leichtes und kurzes Öffnen der Handflächen oder Schulterzucken würde diese Haltung noch unterstreichen! Ich hoffe, Sie sehen und spüren das genauso und dieser Mythos „Lassen Sie Ihre

Arme und Hände einfach gerade herunterhängen" verschwindet bald aus den Rhetoriklehren.

Unser „Energiezentrum" sitzt unterhalb des Bauchnabels und oberhalb der typischen Gürtellinie. Wer in diesem Bereich seine Hände positioniert – ungefähr so wie der Herr auf dem nachfolgenden Bild –, erzeugt den höchsten Wirkungsgrad. Dennoch gibt die Darstellung die Geste nur ungefähr vor. Die Hände dürfen durchaus noch etwas lockerer sein, zeichnerisch lässt sich das nicht so gut darstellen. Wenn Sie mögen, schauen Sie sich gern meine Videos (www.sander-consulting.org/videos – „Wohin mit den Händen, Teil 1 und 2"). hierzu an. Dort sehen Sie weitere Gesten.

Die Hände im sichtbaren Bereich:

In dieser Haltung signalisieren Sie: *„Ich stelle mich der Situation"*; *„Ich stehe zu meiner Position"*; *„Ich nehme die Herausforderung an"*. Selbst routinierte Entertainer geben zu, vor jedem Auftritt mit Lampenfieber zu kämpfen. Nervosität ist etwas völlig Normales, insbesondere dann, wenn der Redner nur selten vor einer Gruppe spricht. In solchen

Momenten neigt man unbewusst dazu, die Hände unkontrolliert zu bewegen. Da geht der Finger an die Nase, dann an den Mund, dann wieder an die Nase. Mit einem unverfänglichen Gegenstand in der Hand, etwa einem Stift (wie auf dem vorherigen Bild zu sehen), lässt sich das nicht nur vermeiden, sondern auch abtrainieren.

Übung macht den Meister. Achten Sie bitte in nächster Zeit auf die Hände der TV-Nachrichtensprecher. Ob bei ARD, ZDF oder einem Privatsender, sie alle halten ihre Hände im sichtbaren Bereich. Egal, ob sie sitzen (Tagesschau) oder stehen (Heute). Genauso verhalten sich die „Wetterpropheten" der Sender, die eine Prognose für die nächsten Tage wagen. Sie stehen fast immer ganzheitlich vor einer Wetterkarte. Insbesondere die Frauen führen linke und rechte Hand zusammen, sodass sich ihre Fingerkuppen berühren.

Die „Sprache" der Hände im Überblick:

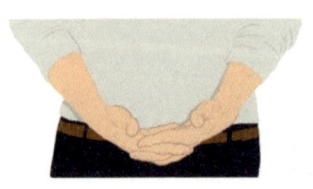

Hände „in den Schoss legen" steht für abwartend, unentschlossen, eingeschränkt in der Handlung bzw. beim Zupacken, zurückhaltend und schüchtern. Eher eine „Opferhaltung".

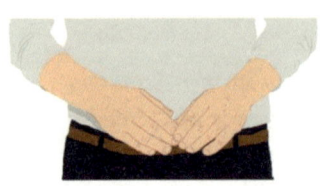

Eine gute, „richtige" Geste. Sie steht für eine leichte Verbindung, in sich geschlossen. Locker, unverkrampft, schnell in der Aktion, zupackend. Es ist aus meiner Sicht die optimale Position beim CHI (Energiezentrum). In dieser Position ist man Täter im Sinne von Schöpfer statt Opfer.

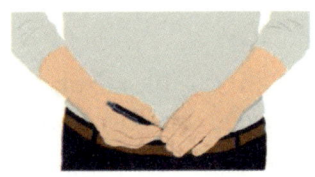

Diese Haltung ist ähnlich wie die vorherige. Sie steht ebenfalls für eine leichte Verbindung, in sich geschlossen. Locker, unverkrampft, schnell in der Aktion, zupackend- Sie ist die optimale Position beim CHI (Energiezentrum).

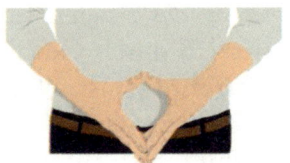

Spätestens seit Angela Merkel, die erste deutsche Bundeskanzlerin, diese Geste verwendet, ist sie jedermann ein Begriff, diese „Raute der Macht": Dominatorfinger nach oben, Direktive nach unten. Trainerkollegen sagen zu dieser Raute auch nachvollziehbar „Pflug", weil die Protagonisten mit dieser Haltung, wie Frau Dr. Merkel, die Dinge durchziehen wie ein Pflug den Acker. In dieser Position ist man Täter und kein Opfer.

Eine typische Opferhaltung drücken die ineinandergelegten Hände aus. Diese auch Gebetshaltung genannte Position hält sich fest, lässt Gesten zu spät zu. Die Haltung vor dem Bauch symbolisiert zudem, dass hier die lebenswichtigen Organe geschützt werden sollen. Angst ist in dieser Haltung der bestimmende Faktor.

1.7.6 Finden Sie Ihre Mitte!

Für eine gute und lockere Rede kommt es darauf an, Gestik zuzulassen. Natürlich können Sie Gesten auch einstudieren, um Ihre Wirkung zu erhöhen, doch das ist der zweite Schritt. Wichtiger ist, authentisch zu wirken, und das erreichen Sie am ehesten durch unverkrampfte Bewegungen. Vertrauen Sie auch hier auf Ihr Unterbewusstsein, dann stimmt die Synchronität zwischen dem Gesagten und Ihrer Körperhaltung. Sehr gut zu beobachten bei Menschen, die für eine Sache sprichwörtlich brennen. Sie halten eine flammende Rede, die das Auditorium mitreißt. Sie sprechen „frei von der Leber weg", während ihre Hände im Akkord mitspielen. Sie schwören ihr Publikum auf eine große Aufgabe ein. *„Wir packen das"*, sagen sie und heben den Daumen. Entschlossen zeigen sie sich durch Gestik und Stimme: *„Wir zeigen es denen da oben"* und ballen ihre Faust. *„Das ist der richtige Weg, den wir gehen"*, sind sie überzeugt, indem sie zusätzlich mit dem Zeigefinger die Richtung vorgeben. Für eine Gruppenarbeit wünschen sie viel Erfolg und *„drücken fest beide Daumen"*.

Anders dagegen z. B. der aschfahle Politiker, der sich hinter dem Rednerpult versteckt und Texte vorliest, die ihm zuvor von gewerblichen Redenschreibern zugesteckt wurden. Da fehlt jede Emotion, weil er nur kraft seines Amtes für eine Sache spricht, von der er eventuell innerlich nicht begeistert ist. In diesen Momenten erinnert sich das Publikum zu gern an Mark Twains Empfehlung: *„Eine gute Rede hat einen guten Anfang und ein gutes Ende – beide sollten möglichst dicht beieinander liegen."* Einem engagierten Redner können wir allerdings stundenlang zuhören.

Halten Sie die Hände im sichtbaren Bereich unterhalb des Gürtels. Aus dieser Position kommen Sie viel schneller in natürliche Gesten. Dadurch wirken Sie authentischer und damit auch glaubwürdiger.

Die Königsdisziplin ist das „freie Stehen" vor dem Auditorium, ohne sich hinter einem Pult, Tisch oder Ähnlichem zu verschanzen. Der Profi hält Blickkontakt zu den Anwesenden. Im Halbkreis schaut er immer wieder von links nach rechts („Blick schweifen lassen"), sucht den Blickkontakt zu den Einzelnen. Durch diese Haltung bindet er Zuhörer und -seher effektiver in den Vortrag ein, sodass sie im übertragenen Sinne an seinen Lippen hängen. Der weniger geübte bzw. der unsichere Vortragende fixiert mit seinen Blicken einzelne Gegenstände im Raum und vermeidet den direkten Blickkontakt zu den Anwesenden. Etwas verlegen schaut er auf den Boden, an die Decke oder aus dem Fenster. So wird Wirkung verschenkt.

Wirkung verschenkt ein Vortragender auch, wenn er sich verhält wie auf dem Tenniscourt. Hier müssen die Zuschauer ständig die Blickrichtung ändern, wenn sie den Ball verfolgen: links, rechts, links, rechts, links … Von den Zuschauern hier eine durchaus gewollte Haltung. Was im Sport als Selbstverständlichkeit gilt, kann sich auf der Bühne als Rohrkrepierer erweisen. Ein Redner, der weder baumstammgerade steht noch geerdet ist, gleicht einem Tennisball. Sein „Spielfeld" ist die Bühne, die er während seines Vortrages komplett ausfüllt. Ständig wechselt er seine Position. Aus der Mitte zur linken Seite, dann in großen Schritten nach rechts herüber, dann wieder zurück zur Mitte. Hektik pur! Zwei Dinge sind hier garantiert: Zum einen wird der Vortragende einige Kilo an Gewicht verlieren. Zum anderen schwindet die Aufmerksamkeit seiner Zuhörer. Wer ständig seinen Kopf hin und her bewegen muss, hat kaum noch Zeit, den Worten des Redners zu folgen. Zudem beschleicht den Zuhörer Zweifel am Gesagten. Ein tänzelnder Redner kann hundertmal und mehr betonen: *„Das ist sicher"*; *„Davon können Sie sicher ausgehen"*; *„Ich stehe zu dem, was ich sage"*; *„An dieser Position halte ich fest, da kann kommen, was will"*. Erreichen wird er seine Zuhörer nicht. Wer sich auf der Bühne bewegt wie ein Blatt im Wind, wirkt auch so: flatterhaft, unstet, unzuverlässig, plan- und haltlos!

In der Analyse eines Vortrages rechtfertigen sich Teilnehmer häufig damit, dass sie dieses Verhalten einmal so gelernt hätten, um dadurch ein bisschen Bewegung in den Vortrag zu bekommen. Mag sein, doch meist handelt es sich um unbewusste, eher vom Stress gesteuerte Bewegungen, die für den Vortrag und seine Wirkung keinen Mehrwert bringen. Wenn wir dann denselben Kurzvortrag mit einer zweiten Fassung vergleichen, in der der Redner in einer stabilen Position vorträgt, wird deutlich, wie die Wirkung exponentiell nach oben geht!

Grundsätzlich ist Bewegung beim Vortrag ein gutes Zeichen für positive Energie, die es zu nutzen gilt. Sie muss in die Stimme und die natürliche Gestik fließen!

Verstehen Sie diese Aussagen nicht falsch. Niemand erwartet von Ihnen als Vortragendem, dass Sie stockstreif wie eine Eiche vor dem Publikum oder einem Vorgesetzten stehen. Wichtig ist, dass die Bewegungen zur richtigen Zeit eingesetzt werden, um die Wirkung zu erhöhen und dem Gesagten Nachdruck zu verleihen. Moderate Bewegungen ohne Hektik sind während einer Rede empfehlenswert, nicht aber zu Beginn und zum Schluss. Wenn Sie eine Geschichte erzählen, dann kann ein gemäßigtes Hin- und Herschreiten die Spannung erhöhen. Wenn Sie dagegen klar Position beziehen oder ein Resümee ziehen, kommt es im wahrsten Sinne des Wortes auf Ihren Standpunkt an. Kein Wortspiel, sondern übertragene Logik. Einen Standpunkt können Sie nur vertreten, wenn Sie fest stehen. Sie stehen zu Ihrem Gesagten! Punkt! Diese Haltung spiegelt sich im Verbalen wie in der Stimme. Mit fester Stimme sagen Sie z. B.: *„Das ist mein Standpunkt"*, oder *„Das ist meine Position in dieser Sache"*. Mit anderen Worten: Eine klare Aussage erwartet eine klare Position von Ihnen, körperlich wie geistig. Dann sind Sie authentisch, weil Sie standhaft bleiben. Das ist ein sehr wichtiger Aspekt für Verkäufer, wenn sie den Angebotspreis nennen. Den Kunden fest im Blick und mit selbstsicherer Stimme beziehen sie Position, bleiben fest stehen und nennen den Preis.

Für eine Präsentation vor zehn bis zu 30 Personen ist eine sogenannte U-Form mit Tischen eine der besten Anordnungen des Publikums, wobei der Redner im offenen U ohne Referententisch in voller Größe wirkt und sowohl zur linken wie auch zur rechten Hälfte des Publikums den gleichen symmetrischen Abstand hält. Sobald er nur leicht schräg steht oder zu weit ins U hineinläuft, zeigt der Redner sofort und meist unbewusst einigen Leuten buchstäblich die „kalte Schulter"!

Um sie geht es auch im kleineren Rahmen, in Gesprächsrunden mit drei, vier oder fünf Gesprächspartnern. Achten Sie auf Ihre optimale, allen Personen gegenüber offene Position. Zeigen Sie nie, vor allem unbewusst, den anderen Ihre kalte Schulter! Das könnte als Desinteresse oder Gleichgültigkeit interpretiert werden. Für Ihre eigene Wirkung achten Sie bitte darauf, dass Sie wieder stabil und geerdet auf beiden Beinen stehen und sich selbst kontrollieren.

Sie sehen, auf Ihre Flexibilität kommt es an, um der Situation gerecht zu werden. Insbesondere dann, wenn Sie mit elektronischer Unterstützung arbeiten, z. B. Power-Point-Präsentationen. Eigentlich gar keine so schlechte Idee, die sich Microsoft hat einfallen lassen, um Vortragenden die Arbeit ein wenig zu erleichtern. Die Betonung liegt auf „ein wenig erleichtern", gemeint ist nicht „ersetzen". Letzteres drängt sich mir immer öfter auf. Wo stehen die meisten Redner, wenn sie sich von PowerPoint verdrängen lassen? An der Seite, im Abseits, während die mit Inhalten überladenen Folien im Mittelpunkt stehen. Manchmal verstecken sie sich noch hinter einem Rednerpult, ungeachtet der Tatsache, dass sie sich damit eines großen Teils ihrer Wirkung berauben. Einen Eindruck hinterlassen sie zwar, denn das tun wir immer, doch in diesem Fall ist es kein guter. In einem solchen Fall wendet der „Präsentator" dem Auditorium seinen Rücken zu, um nur noch das abzulesen, was ohnehin jeder selbst tut. Durch diese neue Technik haben wir das Sprechen verlernt, und die Zuschauer werden mit vielen bunten Bildern überhäuft und verwirrt – wenn es wenigstens Bilder wären und nicht Volltexte in Schriftgröße Arial 10 und kleiner.

„Gut gemeint ist nicht gut gemacht", das sagen in diesem Zusammenhang inzwischen auch Wissenschaftler. Ein Rostocker Forschungsteam um Prof. Dr. Wolfgang Nieke fand heraus, dass diese multimediale Präsentation die schlechteste aller möglichen Varianten ist.[16] Bei den Zuhörern bleibt davon am wenigsten im Gedächtnis haften. *„Das Arbeitsgedächtnis"*, so sagt der Gründungsprofessor für Allgemeine Pädagogik an der Rostocker Universität, *„wird unnötig belastet, weil es eine beschränkte Kapazität aufweist. Dadurch gehen den Lernenden viele wichtige Informationen verloren."* Seit nunmehr 30 Jahren haben Vortragende die Möglichkeit, PowerPoint einzusetzen. Deshalb waren die Wissenschaftler selbst über das negative Ergebnis überrascht, weshalb sie die Studie wiederholten. Das Ergebnis blieb dasselbe.

> *Achten Sie auf Ihre Position vor Publikum oder im Gespräch, wahren Sie die persönliche Distanzzone, stehen Sie stabil und geerdet!*

Diese Studie darf aber nicht darüber hinwegtäuschen, dass unser Gehirn eine Fähigkeit besitzt, die jede Funktion einer noch so modernen Fotokamera auf Steinzeitniveau reduziert. Es müsste für jedermann eigentlich ein Leichtes sein, von seinem Gesicht eine Art Phantomzeichnung anzufertigen. Ist es aber nicht. Selbst derjenige, der über ein entsprechendes zeichnerisches Talent verfügt, wird damit seine Schwierigkeiten haben. Es ist fast unmöglich, von sich selbst ein Bild zu erstellen. Das überrascht, weil wir doch mehrmals am Tag in den Spiegel schauen. Experten gingen diesem Phänomen nach und fanden Erstaunliches heraus. Forscher vom Massachusetts Institute of Technology (MIT) wollten wissen, wie viele Informationen unser Gehirn braucht, um ein bekanntes Gesicht zu identifizieren. Sie nahmen immer mehr Bildpunkte aus den Fotos von Prominenten. Jedes Mal erkannten die Probanden das Gesicht nach nur 170 Millisekunden. Am Ende waren nur noch 12 x 14 Bildpunkte übrig. Diese paar Flecken reichten aus, um die Person zu identifizieren.

„Unser Gehirn ist süchtig nach Gesichtern. Überall sucht es nach ihnen, selbst in den Wolken, dem Mond, in Felsstrukturen, in Gegenständen, überall sehen wir Gesichter", sagen die Forscher. Und doch können wir uns nicht selbst zeichnen, weil wir uns selbst zu vertraut sind. „Unser Gefühl", so die Forscher, „für das magische Dreieck aus Augen, Nase und Mund, seine Maße, Abstände und Proportionen, ist schlichtweg zu schlecht."

Hinzu kommt die Verarbeitung von Gesichtern im Gehirn. Es speichert ein Gesicht weder als Kopie im Gedächtnis noch verfügt es über eine Art Blaupause. Das Gehirn splittet ein Gesicht in unzählige Puzzleteile auf, die sich in Sekundenbruchteilen zusammenfügen, sobald wir diesem Menschen begegnen. Eine erstaunliche Fähigkeit. Immerhin sind wir in der Lage, Tausende von Gesichtern zu unterscheiden. Dazu sagt die Neurowissenschaftlerin Doris Tsao:

> *„… hat dieses Puzzle Milliarden von Teilchen. In so einer Geschwindigkeit könnte kein Computerprogramm ein Bild aus so vielen Pixeln zusammensetzen. "*

Für mich ist diese Feststellung eine Bestätigung, dass sich am Ende alles um die Wirkung dreht. Wenn ein Bild in Abertausende Einzelteile zerlegt wird, dann sind an diesem Prozess Emotionen beteiligt. Ich bin davon überzeugt, dass wir ein trauriges Gesicht mit dem Gefühl von Traurigkeit „zerlegen", genauso wie wir ein optimistisches Gesicht als solches zerlegen, abspeichern und bei Bedarf wieder zusammensetzen.

Urteilen Sie selbst und markieren Sie spontan Ihren Eindruck:

Wie wirkt …	Ihre Einschätzung	
	positiv	negativ
Angela Merkel		
Jogi Löw		
Jürgen Klopp		
Franz Beckenbauer		
Ihr Lebenspartner		
Ihr Freund		
Ihr Chef		
Ihr Arbeitskollege		
Ihr Nachbar		
Ihr Bankberater		
Ihr Vater		
Ihre Mutter		
Ihr Opa		
Ihre Oma		

Und so entscheidet auch die innere Einstellung über traurig oder glücklich, Negativ- oder Positivdenker, Top oder Flop. Hierzu fällt mir eine Geschichte ein, die ich schon häufig gelesen habe. Sie beschreibt eindrucksvoll, worum es im Kern geht.

Ein leitender Baumeister kam auf die Baustelle. Er hatte die Kathedrale, die dort erbaut wurde, entworfen. Er sah, wie zwei Männer schwere Teile schleppten. „Was macht ihr da?", wollte er wissen. „Das sehen Sie doch, wir rackern uns ab", erwiderten die Befragten. Der Baumeister lief zu einem Maurer, der gerade damit beschäftigt war, die Steine auszurichten. Der Baumeister fragte: „Was machen Sie da?" Der Maurer antwortete mürrisch: „Ich mauere, wie man doch wohl sehen kann." So ging es weiter. Jeder, den der Baumeister fragte, jammerte. Sie alle waren nicht gut auf ihre schwere Arbeit zu sprechen. Beim Verlassen der Baustelle traf der Baumeister auf einen älteren Mann, der damit beschäftigt war, Steine zu klopfen, damit die

Maurer leichter arbeiten konnten. Auch er wurde gefragt: „Was machen Sie da?" Lächelnd drehte er sich um und antwortete: „Ich baue eine Kathedrale."

Auch wenn es auf Ihre Einstellung ankommt, so muss ich einschränkend hinzufügen, dass die Kenntnis davon kein Problem löst. Selbst erfahrene Profis gestehen offen, vor jedem Auftritt Lampenfieber zu haben. Das ist nachvollziehbar, denn die kritische Phase liegt im Anfang. Egal, ob Sie vor einem Auditorium sprechen müssen oder Ihren Vorgesetzten um eine Gehaltserhöhung bitten. Wenn die Blicke auf Sie gerichtet sind, und in einem Vortrag sind das viele, schießt das Blut in den Kopf, der nun rot wie eine Tomate erscheint. Zu allem Überfluss werden die Hände feucht, und wie aus heiterem Himmel stellen wir uns die Frage, was passiert, wenn uns die Stimme versagt, wir den Text vergessen, den roten Faden verlieren etc. pp. Jetzt einem Sprecher zuzurufen, es komme allein auf seine Einstellung an, würde ihn vollends aus dem Konzept bringen. Selbst wenn er wollte, würde es ihm kaum gelingen.

„Schuld" daran trägt unser Gehirn. Der Verstand ist für das Sachliche zuständig. Im limbischen System, dem älteren Hirnareal, sitzen unsere Emotionen und damit auch das Angstgefühl. Mit anderen Worten: Verstand und Gefühle sind getrennt, und das aus gutem Grund. Schließlich lebten wir nicht immer so komfortabel wie heute. Die ersten Menschen hausten in Höhlen und hielten sich mit Jagen und Sammeln über Wasser. Dem Umstand, dass das Gefühlshirn vom Großhirn getrennt ist, verdankten viele Menschen ihr Leben. Wer weiß, vielleicht auch Ihre Vorfahren, andernfalls könnten Sie diese Zeilen jetzt nicht lesen. In einer Gefahrensituation geht es darum, ohne langes Nachdenken blitzschnell zu reagieren. So nahmen unsere Vorfahren buchstäblich die Beine in die Hand, um sich vor dem angreifenden Säbelzahntiger in Sicherheit zu bringen. Intuitiv taten sie damit das Richtige.

Wer weiß, wie ihre Entscheidung ausgesehen hätte, wenn sie zuvor den Verstand um Rat gefragt hätten. Und so gibt es Situationen, in denen das von der Natur eingerichtete „Bollwerk" zum Schutze unseres eigenen Lebens mehr hinderlich als förderlich scheint, z. B. dann, wenn wir frei reden müssen.

Als Veranstalter können Sie das Lampenfieber Ihrer Referenten reduzieren, indem Sie das Publikum vor Beginn Ihrer Veranstaltung richtig „aufwärmen". Wenn Sie schon einmal als Zuschauer im TV-Studio eine Sendung miterlebt haben, dann wissen Sie mit dem Begriff „Warm-up" etwas anzufangen.

Vor Beginn der TV-Sendung herrscht emsiges Treiben im Studio. Das TV-Team verändert die Sitzordnung der Zuschauer, damit sie für die Kameras ein stimmiges Bild abgeben. Sie sehen, auch hier geht es um Wirkung! Wenn alle ihren Platz eingenommen haben, kommt der Motivator („Warm-upper") zum Aufwärmen („Warm-up"). Seine Aufgabe ist es, das Publikum aufzuheizen und für die richtige Stimmung im Saal zu sorgen. Insbesondere dort, wo das Publikum eine aktive Rolle spielt, ist es wichtig, es so zu motivieren, dass während der Sendung ausgelassene Freude herrscht. Das führt dann dazu, dass der Moderator mit Beginn der Sendung vor die Kamera tritt und mit tosendem Beifall, stampfenden Füßen und einem ohrenbetäubenden Pfeifen begrüßt wird. Mit einer Geste versucht er das Publikum zu beschwichtigen, was natürlich nicht gelingt. Auch das ist Programm. Vor der Sendung wurde dem Publikum mitgeteilt, dass diese Geste nicht etwa „aufhören" bedeutet, sondern als Aufforderung zu verstehen ist, jetzt noch einmal richtig nachzulegen. Dieses Verhalten zeigt Wirkung. Von der Euphorie des Publikums ist der TV-Zuschauer vor dem heimischen Fernseher elektrisiert. Das ist wichtig, um die Einschaltquote nach oben zu treiben. Je höher die Quote, desto größer sind die Werbeeinnahmen für die TV-Sender.

Aus diesem Grund haben größere Veranstaltungen mit mehreren Sprechern einen Moderator, der durch das Programm führt. Er ist so etwas wie ein Motivator. Nun ist nicht jede Veranstaltung so groß, dass sie die Ausgaben für einen Moderator rechtfertigt. Deshalb gilt: „Selbst ist der Mann" (natürlich auch die Frau). Wenn Sie in Ihrem Haus Referenten sprechen lassen wollen, erhöhen Sie die Aufmerksamkeit und damit die Wirkung, wenn Sie sich als Moderator betätigen, um mit Humor, Anekdoten und Kurzgeschichten durch ein kurzweiliges Programm zu führen. So tragen Sie entscheidend zum Gesamteindruck bei und reduzieren zudem das Lampenfieber der Referenten.

Sind Sie auf sich alleine gestellt, gibt es eine wichtige und für den Erfolg entscheidende Regel:

Akzeptieren und nutzen Sie Ihr Lampenfieber!

Ohne Lampenfieber wären Sie nicht so gut, wie Sie sein könnten. Hierzu ist es wichtig, positiv für sich wahrzunehmen, was sich physisch bei Lampenfieber im Körper abspielt. Der Körper ist in höchster Alarmbereitschaft, Puls und Blutdruck steigen, Adrenalin wird ausgeschüttet. Dadurch sind wir in der Lage, Höchstleistungen zu bringen. Das gilt es, positiv für sich zu nutzen. Lampenfieber ist eine Urangst. Nur die Bedrohung hat sich, wie oben beschrieben, von Säbelzahntigern zu den kritischen Fragen aus dem Publikum oder dem verlorenen roten Faden verschoben.

Seien Sie sich im Klaren darüber, dass auch gestandene Persönlichkeiten aus dem öffentlichen Leben selbst nach Jahren noch Lampenfieber haben. Doch sie verwenden keine Energie darauf. Sie konzentrieren sich ganz auf die bevorstehende Aufgabe. Dadurch überlassen sie nichts dem Zufall, denn das beste Mittel gegen übertriebene Nervosität ist eine exzellente Vorbereitung. Damit fällt es ihnen leichter, ihren Auftritt als das zu sehen, was er ist: die beste Chance, die eigene Kompetenz unter Beweis zu stellen. Eine weitere Möglichkeit, sein Lampenfieber unter Kontrolle zu bringen, ist die Atemtechnik. Bewussteres Ein- und Ausatmen hilft, den Puls zu reduzieren, dadurch senkt sich der Blutdruck und der Körper schaltet von Gefahr auf Entspannung um. Und wer entspannt ist, kann sich ganz gelassen seiner Rede widmen. Die richtige Atemtechnik lässt sich leicht erlernen, zumal wir sie alle schon einmal konnten. Als Klein-kind haben wir intuitiv richtig geatmet. Die aktive Bauchatmung sorgt für Kraft in der Stimme und genauso für Ausgeglichenheit und Balance. Oder haben Sie schon einmal gehört, dass ein Kleinkind vom Schreien heiser wurde. Selbst ein „Schreikind" kann stunden-lang durchschreien, ohne an Stimmkraft zu verlieren. Es praktiziert die aktive Bauchatmung. In der Liegeposition machen wir es auch noch zu 80 Prozent intuitiv richtig. In Stresssituationen atmen wir genau entgegengesetzt bis hin zur Hyperventilation. Wie wichtig richtige Atmung ist, zeigen verschiedene Techniken, wie z. B. auto-genes Training, Entspannungshypnose oder auch Yoga, Thai Chi und Qigong. Sie alle basieren auf der richtigen Atmung. Menschen, die sich für diesen herrlichen Ausgleich entschieden haben, sind stressresistenter, ausgeglichener und meist glücklicher! Migräne zum Beispiel ist in Asien oder Indien ein Fremdwort. Sie ist eine typisch europäische Stresserscheinung. Machen Sie einen Test und probie-ren Sie es einfach aus. Fangen Sie einfach an, wieder richtig und be-wusst zu atmen! So lernen Sie, Ihren Puls zu regulieren und Ihrem Lampenfieber entgegenzuwirken.

Beenden möchte ich dieses Kapitel mit einer Zusammenfassung des Opfer-Täter-Vergleichs.

Opfer-Täter-Vergleich:

Opfer	Täter (= Schöpfer)
Unsicherer, unsteter, zielloser Blick	Bewusster, stabiler, zielgerichteter Blick
Kein Blickkontakt	Blickkontakt
Passives „hinten" Sprechen. Intonation nach innen in den Brustraum. (= Man hat mich gebeten, etwas zu sagen.)	Aktives „vorn" Sprechen, Intonation über die Lippen fürs Publikum (= Ich freue mich, diese heutige Veranstaltung zu eröffnen ...)
Wenig bis keine Körperspannung	Bewusste Körperspannung
Kopf neigt sich unbewusst in die „Habt mich doch lieb"-Position	Kopf gerade, Brust voraus
Unsichere Gangart („Verkrümelt" sich; bleibt in der Tür stehen; wirkt wie auf dem Sprung und vermittelt dadurch das Gefühl, auf der Flucht zu sein.)	Sicherer, aufrechter Gang (Betritt Bühne oder Raum zur Mitte. Zeigt damit auch geistige Präsenz.)
„Graue Maus"-Image, in den Reihen, nicht auffallen ...	Kleidet sich erwartungsgemäß, achtet auf sein Äußeres, insgesamt eine gepflegte, modische Erscheinung
„Feuchtwarmer", lascher Händedruck	Kraftvoller Händedruck
Nervöse Stimme, Girlandensprache	Stimme ist der Situation angepasst
Herunterhängende Arme und Hände (= kein Tatendrang)	Hände im sichtbaren Bereich, Nähe Bauchnabel (handlungsbereit)
Wenig bis gar keine Gestik	Lässt Gestik zu, reagiert der Situation angemessen
Krampfhaftes Verhalten	Einladende, auffordernde Gestik. Lässt zu, was kommt.
Wenig bis gar kein Lächeln. Häufig aufgesetzt. Verlegenheitslächeln.	Offenes, vom Herzen kommendes Lachen.
Gibt anderen oder den Umständen die Schuld!	Übernimmt die Verantwortung für sein Handeln, auch für evtl. Fehler
Lästernde, negative Einstellung zu allem	Lebensbejahende, positive Einstellung

1.8 Zwischenbilanz

„Begriff ist Summe, Idee Resultat der Erfahrung; jene zu ziehen, wird Verstand, dieses zu verfassen, Vernunft erfordert."

Goethe (1749-1832)

„Und der Mensch heißt Mensch, weil er irrt und weil er kämpft", singt Herbert Grönemeyer in seiner Ballade „Mensch", *„und weil er hofft und liebt. Weil er mitfühlt und vergibt. Und weil er lacht. Und weil er lebt ... der Mensch heißt Mensch, weil er vergisst. Weil er verdrängt und weil er schwärmt und glaubt ..."* Mit diesen Zeilen spricht er mir aus dem Herzen und singt sich hinein. So sind wir eben, wir Menschen, die häufig auch gern auf andere blicken, weil sie vielleicht erfolgreicher sind.

Sind sie es wirklich? Kein Begriff wird meines Erachtens häufiger entfremdet als der des Erfolges. Was ist Erfolg denn wirklich? Wenn Sie kein Geld haben, dafür kerngesund sind, sind Sie dann erfolgloser als ein Mensch, der es mit der Arbeit übertrieben hat, nun Millionär ist, aber aufgrund eines Schlaganfalls im Rollstuhl sitzt? Ist ein Schüler, der nur Fünfen schreibt, erfolglos, wenn er auf der anderen Seite tagtäglich im elterlichen Betrieb aushilft, damit die Familie ein Auskommen mit dem Einkommen hat? Oder hat Joanne K. Rowling, die mit „Harry Potter" vermögender wurde als die Königin von England, recht? Auf ihren Erfolg angesprochen antwortete sie humorvoll: *„Wenn mich jemand nach dem Rezept für Erfolg fragen würde, wäre der erste Schritt herauszufinden, was man am liebsten tut, und der zweite, jemanden zu finden, der einen dafür bezahlt."*

Sie sehen, es kommt auf den Standpunkt an, doch beginnt der persönliche Erfolg immer mit der Selbstwahrnehmung, die uns auffordert, uns selbst wahrzunehmen. Genau das passiert in den allerwenigsten Fällen. Fakt ist, dass das Gros der Menschen mit Adleraugen auf andere schaut, auf sich selbst nur mit Maulwurfsaugen. Im weitesten Sinne verhält es sich so, wie es in der Bibel steht: *„Was siehst du aber den Splitter in deines Bruders Auge und nimmst nicht wahr den Balken in deinem Auge?"*

Weil der Mensch dazu neigt, mit zweierlei Maß zu messen, kommt es immer wieder zu extremen Missverständnissen, denn wie heißt es so schön in der bekannten Kommunikationsregel?:

Gesagt	heißt nicht	gehört
Gehört	heißt nicht	verstanden
Verstanden	heißt nicht	einverstanden
Einverstanden	heißt nicht	umgesetzt

Nicht nur in diesem ersten Teil des Buches, sondern generell geht es mir darum, dass Sie Ihre Selbstwahrnehmung schärfen, damit Sie Missverständnisse weitgehend vermeiden.

Kommunikation findet zwischen mindestens zwei Menschen statt, daher können Fehler nie ganz ausgeschlossen werden.

Für die Wirkung kommt es darauf an, das Richtige zu tun. Sie haben bis zu diesem Kapitel gelernt, welche Parameter hauptsächlich Ihre Wirkung nicht nur nach außen steigern. Diese Parameter bei anderen zu beobachten ist leicht. Doch sie bei sich selbst einzusetzen und zu steuern weitaus schwieriger. Erst wenn Sie

1. ein realistisches Selbstbild von sich haben und
2. eine Standortbestimmung gemacht haben,

wissen Sie im übertragenen Sinne, wo Sie stehen. Erst danach können Sie Ihre Ziele formulieren und mit Ihrem persönlichen Coaching beginnen.

Wo sie stehen, beruflich, familiär, privat, freundschaftlich etc., wissen die meisten. Aber auf die meisten dieser „W-Fragen" können viele keine Antwort geben:

- Warum bin ich an dieser Stelle des Lebens?
- Wie bin ich dahin gekommen?
- Wie habe ich das erreicht?
- Warum habe ich das erreicht?
- Wo liegen meine größten Potenziale?
- Was sind meine Stärken?
- Wofür werde ich am meisten geschätzt?
- Wie wirke ich auf andere und vor allen Dingen warum?

Lesen Sie nicht über diese Fragen hinweg. Denken Sie immer daran: Alles im Leben hat seinen Preis. Die Frage ist nicht, was etwas kostet, sondern ob Sie bereit sind, diesen Preis zu zahlen. Wenn Sie Ihre Wirkung verbessern wollen, dann gelingt das nicht ohne Ihr Zutun. Sie müssen sich bewegen und Zeit investieren in Ihre persönliche Ausbildung. Dazu dienen die obigen Fragen. Beantworten Sie sie in einer stillen Stunde aufrichtig und genau. Der Preis dafür ist Ihre

Zeit. Doch wird die Erkenntnis aus Ihren Antworten unbezahlbar sein, weil Sie erkennen werden, wer Sie sind, was Sie sind und wohin Sie wollen.

Ganz besonders wichtig ist, dass Sie diese Fragen schriftlich beantworten und nicht auf jeweils einen Satz begrenzen. Schreiben Sie, was Ihnen in den Sinn kommt, und lassen Sie sich überraschen, wie es aus Ihnen nur so heraussprudeln wird. Das Reservoir Ihres Unterbewusstseins hat über all die Jahre Ihres Lebens Emotionen, Wissen, Informationen, Daten, Fakten, Bilder etc. gespeichert. Es ist somit Ihr zuverlässigster Partner, wenn es darum geht, Ihre Selbstwahrnehmung zu sensibilisieren.

Nehmen Sie sich bitte die Zeit zur Beantwortung. Nicht nur einmal, sondern öfter und in regelmäßigen Abständen. Ihre Antworten auf diese Fragen stellen immer nur eine Momentaufnahme dar. Ihr Leben wird im nächsten Jahr ein anderes sein als heute, denn:

Morgen ist heute gestern.

Charles Darwin, der englische Naturforscher, formulierte es sehr treffend: *„Es ist nicht die stärkste Spezies, die überlebt, auch nicht die intelligenteste, es ist diejenige, die sich am ehesten dem Wandel anpassen kann."* Wäre es anders, würden wir, Sie und ich, heute kein Auto fahren. Der Autobauer Daimler war zur Jahrhundertwende 1900 davon überzeugt, dass weltweit nur 1000 Autos insgesamt abgesetzt werden könnten, weil es nicht genügend Chauffeure geben würde, die diese Fahrzeuge lenken könnten. Heute verlässt diese Menge pro Tag und Hersteller das Werk. Und so gilt damals wie heute und noch in tausend Jahren, dass nichts beständiger ist als der Wandel. Deshalb muss nicht nur ein Auto regelmäßig zum TÜV, sondern auch wir Menschen müssen uns einer regelmäßigen Prüfung unterziehen, und zwar nicht nur in körperlicher Hinsicht, sondern auch in gedanklicher. So wie wir unseren Körper unter der Dusche reinigen, so braucht auch unser Hirn eine Art Gedankenhygiene. Das erreichen wir, wenn wir uns das, was uns beschäftigt, *„von der Seele schreiben".*

Regelmäßig angewendet, reinigen wir den Denkapparat und schaffen Platz für Neues.

Erst wenn Sie die oben genannten Fragen beantwortet haben, geht es um die in diesem Buch zentrale und alles entscheidende Frage:

Wie möchte ich wirken?

Als welche Persönlichkeit möchte ich von meiner Umwelt wahrgenommen werden?

Je besser das Selbstbild, desto selbstbestimmter und selbstbewusster lässt es sich leben.

Sie kennen mein Credo:

Erst wenn du weißt, was du tust,
kannst du tun, was du willst.

Wenn Sie von sich ein realistisches Selbstbild haben, wissen Sie, was Sie tun. Doch vor allen Dingen können Sie dann tun, was Sie wollen. Das wiederum setzt voraus, dass Sie Ziele haben. Bezogen auf die Frage, wie Sie wirken möchten, hilft es, sich an Vorbildern zu orientieren. Vorbilder sind mehr als nur Idole. Sie zeigen uns unbewusst, worauf wir achten müssen, was uns wichtig ist und worauf wir fixiert sind. Das beeindruckt uns. Augenscheinlich sind es nur die Musik, die Kunst, die Fähigkeit zu schauspielern oder die politische Rhetorik, die faszinieren. Tatsächlich aber tragen wir ganz tief in uns den Wunsch, genauso zu sein wie unser Vorbild, zumindest hinsichtlich der einen oder anderen Eigenschaft. Im Laufe eines persönlichen Coachings und nach der ausführlichen Standortbestimmung stelle ich zum Beispiel die Frage, wie der Teilnehmer als Führungskraft von seinen Mitarbeitern wahrgenommen werden möchte. Darauf folgt die Frage, wie er als Person von seinem weiteren Umfeld wahrgenommen werden möchte. Welche Charaktereigenschaften sollten genannt werden, wenn die Kollegen oder Freunde über ihn sprechen? Durch die Antwort gelangen wir entweder direkt zur angestrebten Eigenschaft und führen ein Vorbild zur besseren eigenen Vorstellung an, oder wir denken an ein Vorbild und kommen so auf die gewünschten Charaktereigenschaften. Noch viel mehr kann ich bei Vorbildern neben der Eigenschaft auch die Mittel und Wege erkennen, wie sie oder er zu dieser bewerteten Eigenschaft (=Wirkung) kommt.

- Wie verhält sich unser Vorbild, um so „vorbildlich" bei seinen Mitmenschen und mir anzukommen?
- Was macht es anders oder besser als ich?
- Was sind seine Stärken?

Ich kann mir so viele Vorbilder heranziehen, wie ich möchte oder brauche. Das ist das Gute daran. Ich schnitze mir im übertragenen Sinne ein eigenes, perfektes Vorbild.

Wenn wir uns also mit unseren Vorbildern beschäftigen, erkennen wir unsere angestrebten Charaktereigenschaften.

Wem das zu abstrakt erscheint, für den habe ich eine Übung. Schreiben Sie bitte Ihre eigene Grabrede. Eine Rede, von der Sie sich wünschen, dass sie ein guter Freund an Ihrem Grab halten würde. Diese Rede, von Ihnen persönlich verfasst, blickt tief in Ihre Seele. Damit können Sie sich Ihre wahren Charaktereigenschaften, Talente, Fähigkeiten, Ansichten, Meinungen bewusst machen und vor allem Ihre Potenziale erkennen. Sie wüssten, was es noch zu tun gibt, um diese in der Rede gelobte Persönlichkeit zu werden. Diese Übung stärkt Ihre Fähigkeit zur Selbsterkenntnis.

In diesem Buch verwende ich häufig Beispiele zur freien Rede oder Beispiele aus dem Verkauf. Beides sind Königsdisziplinen der Kommunikation. Wer hier im übertragenen Sinne seinen Mann steht, spielt in der Champions League – genau dahin möchte ich Sie bringen. Ich möchte Sie mit dem Wissen aus diesem Buch so trainieren und motivieren, dass Sie sich hohe persönliche Ziele setzen und erreichen. Meistens setzen wir uns zu niedrige Ziele, für die es sich nicht lohnt aufzustehen. Solche Ziele, die keine Herausforderungen bieten, werden gleich verschoben oder fallen gelassen. Sehr große Ziele werden schnell als unmöglich oder unrealistisch eingestuft, was uns ebenfalls eher in der Komfortzone oder im täglichen Hamsterrad verweilen lässt. Wieder wird deutlich, wie wichtig die Arbeit mit sich selbst ist. Eine detaillierte Zielearbeit ist der Grundstein für persönlichen Erfolg. Ohne eine schriftliche Zielvereinbarung mit uns selbst fällt es ungleich schwerer, aus dem täglichen Trott und der gewohnten Routine auszubrechen. Wir agieren nicht, sondern reagieren. Reagieren auf die Umstände, auf Veränderungen, weil wir keinen Plan, kein klares Ziel haben!

> *„Die Umstände richten sich nicht nach uns! Wir müssen uns nach den Umständen richten, diese ändern oder unsere Reaktion darauf! Mit einem klaren Ziel sind die Umstände egal!"*

Anderenfalls sind wir wieder fremdbestimmt, wankelmütig und unstet. Der erste kleine Regenschauer kommt uns gelegen, um unser Vorhaben LAUFEN über Bord zu werfen. Die nächsten zwei Geburtstagspartys oder Feiertage halten uns dann davon ab, sofort mit einer Ernährungsumstellung zu beginnen. Mit einer nach den SMART-Kriterien (siehe Ende des Kapitels) überprüften Zielvereinbarung spielen etwaige Umstände – nichts anderes als Ausreden – keine Rolle mehr.

Wer eine freie Rede halten muss oder im Verkaufsgespräch vor einem wichtigen Abschluss steht, bewegt sich immer außerhalb seiner Komfortzone und damit in einem unbequemen Bereich. Nur in der Komfortzone ist es bequem. Hier kennen wir uns aus, hier fühlen wir uns sicher. Hier ist die Routine, aber auch die Langeweile. Mit Ihrer Persönlichkeit verhält es sich wie mit einem Schiff. Der sicherste Platz dafür ist der Hafen. Doch dafür wurde es nicht gebaut.

Wenn Sie Erfolg und Wachstum wollen, müssen Sie Ihre Komfortzone, Ihren sicheren Hafen, verlassen. Außerhalb dieser Zone liegen die wirklichen Herausforderungen, an denen Sie wachsen. Deshalb sind Verkaufsgespräche so spannend, weil kein erfolgreicher Verkäufer aus der Komfortzone heraus operiert, sondern jeden Tag aufs Neue in die Wachstumszone wechselt. Verkaufen bedeutet, jeden Tag neue Herausforderungen zu bestehen. Jeder Kunde ist anders, selbst der Stammkunde. Zu glauben, ein Verkäufer habe hier ein leichteres Spiel, ist ein Irrtum. Stammkunden sind Menschen und damit unterschiedlichen Stimmungen ausgesetzt. Der heute gut gelaunte Stammkunde kann eine Woche später mürrisch und ungehalten sein.

Diese Situation muss der Verkäufer genauso meistern wie seine vermeintliche Angst vor einem „Nein" des Kunden oder einem „Sie sind zu teuer". Wer mit dieser Situation umgehen kann, bewältigt jede andere Herausforderung fast schon spielend. Es verhält sich wie mit einem Marathonläufer. Wer die Marathonstrecke schafft, für den sind zehn Kilometer ein Leichtes. Umgekehrt wird es weitaus schwieriger. Deshalb trainiere ich Sie in diesem Buch auf den Marathon. Schaffen Sie die freie Rede vor großem Publikum oder das Verkaufsgespräch mit schwierigen Kunden, dann schaffen Sie auch die Ansprache vor einer kleinen Gruppe oder das Beratungsgespräch in angenehmer Atmosphäre!

Ab und zu sagen Seminarteilnehmer, die sich Berater nennen und damit keine Verkäufer sein wollen: „ Das ist mir jetzt aber zu reißerisch, zu verkäuferisch!" Ich verstehe das, doch eines ist sicher: Wer verkaufen kann, kann auch beraten. Wer beraten kann, kann noch lange nicht verkaufen.

Weniger geht immer, und das richtige Maß bei den jeweiligen Ansprechpartnern zu finden, bleibt in Ihrer Verantwortung. Nur schlecht, wenn Ihr Kunde in der Lage ist, einen Marathon zu laufen und Sie gerade mal für einen 10-km-Lauf trainiert haben. Wenden Sie die „Verkaufsregeln" aus diesem Buch an und Sie „verkaufen" sich in jeder Situation bestmöglich. Nur damit kommen Sie weiter.

Im anderen Fall hieße es, dass Sie sich in jeder neuen Situation beraten lassen müssten, um sie zu meistern. Dass das ein aussichtsloses Unterfangen ist, liegt auf der Hand.

SMART

Ein inflationärer Begriff. Im Englischen steht er für schnell und gewitzt. Für einen Autohersteller ist er eine Automarke, während die Österreicher darunter eine Zigarettenmarke verstehen. Das hat natürlich alles nichts mit unserem Thema zu tun. SMART ist in diesem Zusammenhang ein Akronym, das im Projektmanagement hilft, Ziele eindeutig zu definieren. Es setzt sich zusammen aus den englischen Begriffen „Specific Measurable Accepted Realistic Timely".

Die deutsche Bezeichnung lautet wie folgt:

Buchstabe:	Steht für:	Bedeutet:
S	Spezifisch	Klare Beschreibung der Ziele
M	Messbar	Das Ziel muss messbar sein
A	Akzeptiert / Attraktiv	Sie selbst oder auch die Mitarbeiter müssen das Ziel akzeptieren und „attraktiv" (anziehend) finden!
R	Realistisch	Nur Ziele, die erreichbar sind, sind realistisch und umgekehrt!
T	Termin	Klare Festlegung, wann ein Ziel erreicht werden soll

Eine Zielsetzung oder -vereinbarung ist nur dann erfolgsversprechend, wenn alle fünf SMART-Bedingungen erfüllt sind. Das setzt voraus, dass alle an diesem Prozess beteiligten Personen über alles informiert wurden. Daten, Fakten und Informationen werden aus diesem Grund schriftlich festgehalten, um Irritationen und Fehler auszuschließen. Der daraus entstandene Projektplan wird als Arbeitspapier an alle ausgegeben. In regelmäßigen Abständen wird der Fortschritt des Projektes überprüft, um rechtzeitig einzugreifen, wenn sich die Umstände verändert haben sollten oder die Gefahr besteht, vom Kurs abzukommen.

Das gilt nicht nur für die Zielvereinbarung mit einem Mitarbeiter, sondern auch für die persönliche Zielvereinbarung mit sich selbst! Sagen Sie nicht: Ich will fünf Kilo abnehmen. Formulieren Sie es genauer! Konkret (spezifisch) muss es lauten: Ich wiege jetzt 85 Kilo. Mein Zielgewicht sind 80 Kilo. Dieses Ziel ist messbar. Akzeptieren Sie es, frei nach dem Motto: „Ja, ich will!" Die Wahrscheinlichkeit, das Ziel zu erreichen, wächst, wenn Sie es „attraktiv" visualisieren. So könnten Sie sich in Sachen Wunschgewicht z. B. vorstellen, wie Sie mit einer kleineren Kleidergröße sportlicher, agiler und frischer aussehen werden und sich dabei insgesamt sogar noch fitter fühlen. Wichtig: Setzen Sie sich dabei nie unter Druck. Planen Sie realistische Termine. Fünf Kilo in einer Woche abzunehmen ist möglich, aber eher schwer zu erreichen. Ein paar Wochen länger und Sie haben eine realistische Chance, Ihr Wunschgewicht zu erreichen. Einfach auch deshalb, weil Sie durch die realistische Zielplanung nicht den Mut verlieren und durchhalten.

Überprüfen Sie Ihre Zielsetzungen mithilfe der SMART-Kriterien und Sie werden sie erreichen, beruflich wie privat!

2.
Wirkungsvoll kommunizieren

2.1 Reflexe

„Die Sicherheit ist mein ärgster Feind. Sie lullt meine Reflexe und meine Entschlusskraft ein."

Bernard Werber (1961)

Vorbeugen ist bekanntlich besser als Heilen. Verantwortungsvolle Menschen lassen sich in regelmäßigen Abständen von einem Arzt ihres Vertrauens untersuchen. Der hört nicht nur Herz und Lunge ab, sondern checkt auch verschiedene körperliche Reflexe. So schlägt er z. B. mit einem Reflexhammer sanft auf das Knie seines Patienten. Bei einem gesunden Menschen bewegt sich in diesem Moment das Bein. Dieser Reflex entzieht sich unserem freien Willen. Trifft der Mediziner den richtigen Punkt, bewegen wir uns automatisch, ob wir es wollen oder nicht. Dabei ist dieser Reflex nicht nur auf das Körperliche beschränkt, sondern auch auf das Unbewusste, wie die nachstehenden Fragen eindrucksvoll unterstreichen: Können Sie mir spontan das Geburtsdatum Ihrer Mutter nennen? Wissen Sie, wo Ihr Vater geboren wurde und wo sich Ihre Eltern kennengelernt haben?

Stopp!

Bitte halten Sie für einen Moment inne, um eine weitere Frage zu beantworten: Haben Sie die vorherigen Fragen „unbewusst", also vor Ihrem geistigen Auge, spontan beantwortet? Davon gehe ich aus. Im anderen Fall gehören Sie zu einer Minderheit, die sich in diesem Zusammenhang überlegt, wo der Sinn familiärer Fragen in Verbindung mit „Wirkung auf andere" liegt. Inhaltlich sind diese Fragen in diesem Zusammenhang tatsächlich überflüssig. Nicht aber, wenn es darum geht, das Verhalten des Befragten, also Ihr Verhalten, zu prüfen. Diejenigen, die spontan ehrlich antworteten, sind Opfer eines Reflexes geworden. So wie der zuvor beschriebene Mediziner mit einem kleinen Hammer eine körperliche Reaktion auslöst, so lösen selbst die unsinnigsten Fragen bei uns eine Art „Antwortreflex" aus. Wir antworten, ohne zu hinterfragen. Schließlich wurde uns als Kind beigebracht zu antworten, wenn wir gefragt wurden. Selbst der Erfolg in der Schule hing von der Beantwortung von Fragen ab. Unsere Lehrer vergaben mündliche Noten, die umso schlechter ausfielen, je weniger wir ihnen Rede und Antwort standen. Zu allem Überfluss haben uns unsere Eltern und Lehrer noch einen Glaubenssatz mit auf den Lebensweg gegeben: *„Auf eine Frage darfst du nicht mit einer Gegenfrage antworten, das tut man nicht, das ist unhöflich!"* Insofern muss man sich nicht wundern, dass wir als Erwachsene das Erlernte nicht mehr verlernen und bis heute reflexartig antworten.

Selbstbewusste Menschen hinterfragen „innerlich" eine ihnen gestellte Frage, entwickeln einen neuen Reflex, der lautet: „Was bezweckt die Frage? Muss ich diese Frage überhaupt oder jetzt beantworten!?" Wenn Sie sich nicht sicher sind, stellen Sie bewusst eine Rückfrage, wie z. B.: „Warum willst du das wissen?"

Ich beobachte insbesondere beim Mobiltelefon den „Tschuldigung, ich muss mal eben rangehen"-Effekt. Oft fallen unsere Mitmenschen sogar ohne Entschuldigung reflexartig der eigenen Neugierde zum Opfer und schauen, wer gerade anruft. Wie oft haben Sie das schon bei Ihrem Gesprächspartner erlebt? Und wie haben Sie sich gefühlt? Mit dieser Geste zeigt der Angerufene, dass das eingehende Telefonat in diesem Augenblick wichtiger ist als Sie. Das wirkt! – Auf Sie, nämlich negativ. Unbewusst fühlen Sie sich in Ihrem Stolz gekränkt. Gehen Sie mit gutem Beispiel voran und ignorieren Sie Ihr klingelndes Handy, wenn Sie in einem Gespräch sind. Noch besser ist, es gar nicht klingeln zu lassen. Wozu gibt es eine Mailbox?

Unsere Reflexe sind nicht immer falsch, können aber in bestimmten Situationen Probleme verursachen, wie z. B. weniger erfolgreiche Verkäufer bestätigen. Sie, die dieses Buch lesen, haben im vorherigen Kapitel „erlesen", dass die baumstammgerade Haltung, in Verbindung mit einem klaren Blick und fester Stimme, entscheidend für die Wirkung auf andere ist. Unser Gesprächspartner achtet unbewusst auf diese Parameter, weil sie ihm wichtige Impulse liefern. Je unsicherer die Haltung des Verkäufers, desto mehr verfestigt sich für den Interessenten der Eindruck *„Da geht noch mehr..."*. Unsichere Verkäufer werten Fragen ihrer Gesprächspartner als Angriff. Im direkten Vier-Augen-Gespräch treten sie hier unbewusst und reflexartig mindestens einen Schritt nach hinten, bis sie sprichwörtlich *„mit dem Rücken zur Wand stehen"*. Aus dieser mit Abstand schlechtesten Verhandlungsposition können sie nur noch reagieren, nicht mehr agieren. Und so stellt der Kunde die vom „schlechten" Verkäufer so gefürchtete Frage nach dem Preis, auf die dieser reflexartig antwortet: *„Ja, also, das ist so ..."* Eine solche Antwort allein entscheidet nicht über das Schicksal. Es ist, wie mehrfach betont, die Gesamtverpackung, mit der wir uns nach außen darstellen.

Wenn von drei Parametern schon zwei verspielt wurden, ist die Wahrscheinlichkeit zu scheitern sehr groß. Dann reicht mitunter nur noch ein Wort, um unseren Widerstand gänzlich zu brechen. Wenn der Chef zu seinem Angestellten sagt: *„Das können Sie nicht"*, ist das unter Umständen leichter zu ertragen als: *„Das können Sie auch nicht."* Beurteilen Sie selbst, wie Sie sich fühlen, wenn Ihr Chef nur dieses eine Wort mehr verwendet.

Berechtigt ist der Einwand eines Teilnehmers: „Reflexe können wir doch gar nicht verhindern, genauso wenig wie einen Körperreflex, wie z. B. den Patellarreflex des Knies." Ich habe es versucht. Sie können diesen Reflex verhindern, wenn Sie, wie auch empfohlen, Körperspannung halten. Der Reflex setzt Ihre Entspannung voraus, wozu Sie der Arzt aufgefordert hat. Nur ist diese Entspannung genau der Zustand, in dem wir uns nicht befinden sollten, wenn wir in ein wichtiges Gespräch gehen oder einen Vortrag vor uns haben.

Wenn wir bisher möglicherweise bei einer kritischen Frage zu unseren Leistungen oder unserer Person reflexartig zurückgewichen sind, ist es schwer, diesen Reflex einfach abzustellen. Deshalb empfehle ich, einen neuen Reflex zu trainieren. Das mache ich auch in meinen Trainings und Coachings.

Stellen Sie sich bitte noch einmal hin und visualisieren Sie eine kritische Gesprächssituation. Jetzt spannen Sie ganz bewusst Ihre Oberschenkel an. Ihr Gegenüber wird es nicht wahrnehmen, und Sie bleiben stabil stehen. Ihr neuer Reflex!

2.2 Worte zerstören

„Das Wort hindert das Schweigen daran, zu sprechen. Das Wort betäubt. Statt Tat zu sein, tröstet es uns, so gut es kann, über unser Nichtstun hinweg."

Eugène Ionesco (1909-1994)

„Liebe ist nur ein Wort", so der Titel des Bestseller-Romans von Johannes Mario Simmel. Nicht nur in der Liebe fehlt es mitunter an einem richtigen Wort, sondern auch im Umgang mit Kunden, mit dem Chef oder unter Kollegen. Selbst Politiker befördern sich häufig ins Abseits, wenn sie das richtige Wort vermeiden. Berufliche Karrieren werden zerstört, wenn der Angesprochene nicht mit dem richtigen Wort antwortet. So bin ich mir sicher, dass ein einfaches „Ja" einen deutschen Politiker in die höchsten Ämter befördert hät-

te. Weil er nicht bereit war, diese zwei Buchstaben auszusprechen, endete seine berufliche Laufbahn in einer Katastrophe. Auf die Frage, ob er denn hierbleiben würde, wenn die Umstände es erzwingen würden, antwortete er weder mit Ja noch mit Nein. Stattdessen erklärte er minutenlang, dass er gewinnen wolle und sich ihm diese Frage daher nicht stelle. Das blieb nicht ohne Wirkung.

Es war Dr. Norbert Röttgen, zu dieser Zeit noch amtierender deutscher Bundesumweltminister, der im Mai 2012 in den Ring stieg, um die Wahl zum Ministerpräsidenten in Nordrhein-Westfalen zu gewinnen. Ein klares Ziel, nicht sein einziges. Auf die Frage, ob er im Falle einer Wahlniederlage sein Ministeramt in Berlin aufgäbe, um als Oppositionsführer im nordrhein-westfälischen Landtag zu wirken, antwortete er, wie erwähnt, nicht mit einem klaren Ja oder Nein, sondern nur ausweichend. Bei genauerem Hinhören war zu verstehen, dass er im Falle einer Niederlage zurück ins ferne Berlin reisen wolle, um sein Umweltministeramt weiter auszuführen. Er hatte den sprichwörtlichen „Koffer in Berlin", und genau das wurde ihm zum Verhängnis. Die Wähler quittierten sein unrühmliches Verhalten, nicht zuletzt auch deshalb, weil er nur mit halbem Herzen bei der Sache war.

Die Wahl endete für seine Partei, die CDU, mit einer Katastrophe. Sie fuhr an diesem Wochenende ihr schlechtestes Wahlergebnis in Prozent gemessen ein. Noch am Wahlabend trat Dr. Röttgen von seiner Funktion als Landeschef der CDU zurück. Tags darauf reiste er wie selbstverständlich nach Berlin. Doch hatte er die Rechnung ohne die Regierungschefin gemacht. Auch sie schrieb, wie Röttgen zuvor, mit einer einsamen Entscheidung Geschichte. Das erste Mal in ihrer Amtszeit warf sie einen Minister buchstäblich raus. Dabei wollte Dr. Röttgen Frau Merkel eines fernen Tages beerben, um Kanzler von Deutschland zu werden. Er wollte hoch hinaus, dabei möglichst wenig Risiko eingehen, und ist doch tief gefallen. Er hätte es wissen müssen, gerade weil er Mitglied einer christlichen Partei ist. In der Bibel heißt es: *„Es sei aber euer Wort: Ja, das Ja ist; und nein, das Nein ist, auf dass ihr nicht unter das Gericht fallet"* (Mt 5.34-37).

Sein Verhalten ist menschlich verständlich, aber nicht zu entschuldigen. Seine Gestik, Mimik und die gesprochenen Worte waren häufig so schlecht, dass sie ihre Wirkung nicht verfehlten. Er ließ kein Fettnäpfchen aus. Er „wirkte" unbeholfen. In einer Talkshow sagte er einige Tage vor der entscheidenden Wahl: „*Bedauerlicherweise entscheidet nicht die CDU, sondern die Wähler darüber, ob ich Ministerpräsident in Nordrhein-Westfalen werde.*" Auf die sofortige Nachfrage des Moderators wollte Röttgen es dann doch nicht so gemeint haben. Er wollte seine Aussage ironisch verstanden wissen: „*Es war ein bisschen Ironie, ich nehme sie sofort zurück.*" War es der berühmt-berüchtigte „Freud'sche Versprecher", der da zum Vorschein kam, oder nur die Nervosität? Was immer ihn zu dieser Aussage getrieben hatte, seine Worte wirkten bis zum Tag der Wahl nach! Das Kind war in den Brunnen gefallen und damit die Wahl entschieden. Erkannten die Wähler doch, dass es nicht um sie, sondern nur um ihn ging. So ist das im Leben. Wie sagt es ein Sprichwort so treffend? „Es steht dem Truthahn nicht gut zu Gesicht, sich kurz vor Weihnachten aufzuplustern."

Worte zerstören, wo sie nicht hingehören. Wir wirken immer. Mal mehr über Gestik und Mimik, mal mehr über das Gesagte. Wer in der Öffentlichkeit steht, sollte das nie vergessen.

Wenn ein klares Ziel fehlt, neigen wir dazu, zweideutig zu sprechen. So wird aus einem starken Ja ein schwaches „Ja, aber …". Solche Sätze sind nicht nur Weichmacher, sondern häufig auch ein „Nein". Bei genauer Betrachtung zeigt sich, dass alles, was in einem Satz vor dem Wort „aber" gesagt wird, vernachlässigt werden kann. Eine Aussage wie: „*Ich liebe dich, aber du müsstest mehr Zeit für mich haben*", bedeutet: Ich liebe dich nicht, weil du keine Zeit für mich hast. Wenn jemand sagt: „*Ich möchte mein Leben gern verändern, aber ich habe keine Zeit*", dann will hier jemand sein Leben nicht wirklich verändern. Mit diesem Satz bringt er sich in die Opferrolle: Seht her, ich will ja, aber ich armer Mensch kann ja nicht!

Ein Verkäufer, der auf die Preisfrage des potenziellen Kunden: *„Ist das Ihr letztes Wort?"* mit einem *„Ja, aber vergessen Sie nicht, dass wir dieses und jenes noch dazulegen"* antwortet, hat diese „Schlacht" um seine Position verloren. Der Kunde erkennt, dass hier noch Verhandlungspotenzial vorhanden ist. Auf die Abschlussfrage des Verkäufers: *„Wenn ich Ihnen einen Bonus von 2 % einräume, unterschreiben Sie mir den Kaufvertrag?"*, wird der Kunde antworten: *„Ja, aber ich brauche noch Zeit zum Überlegen."* Die Antwort des Kunden hätte viel klarer ausfallen können, wenn der Verkäufer nur ein Wort mehr verwendet hätte: *„Wenn ich Ihnen einen Bonus von 2 % einräume, unterschreiben Sie mir den Kaufvertrag jetzt?"*

Je klarer die Fragen, desto klarer sind die Antworten. Mit „Wischiwaschi"-Formulierungen ziehen sich Verhandlungen nicht nur unendlich in die Länge, sondern sie gefährden auch den Vertragsabschluss.

Erfolgreiche Menschen haben ein klares Ziel, wenn sie in ein Gespräch gehen. Das Ziel beim Gang vor den Traualtar ist die Eheschließung. Wer sich traut und so vor dem Traualtar steht, antwortet auf die Frage des Standesbeamten, ob er den Bund der Ehe eingehen wolle, mit einem klaren *„Ja"*. In den seltensten Fällen lautet die Antwort *„Nein"*. Mir ist kein Fall bekannt, bei dem der Befragte mit einem *„Ja, aber…"* antwortete.

„Ich weiß, was ich will", sang nicht nur Udo Jürgens in seinem gleichnamigen Lied, das wissen auch die erfolgreichen Menschen unter uns. Im Kapitel „Laut, aber kein Lärm" haben Sie gelesen, was eine gute Sprache ausmacht. Besonders Bewerber um einen neuen Arbeitsplatz dürfen nicht in die Girlandensprache verfallen. Natürlich hat eine piepsige Stimme weniger Durchsetzungskraft als eine sonore. Auch ist klar, dass Frauen einen anderen Sprachklang haben als Männer, und genau deshalb fühlen sich Frauen häufig benachteiligt. Doch die Einstellung oder Stimmung höre ich nicht am Klang, sondern an der Melodie und Betonung der Stimme! Genauso wie manche Dialektfärbung als Begründung für die auch als „Singsang" be-

zeichnete Girlandensprache herangezogen wird. Das sind für mich Ausreden, um die Verantwortung von sich zu weisen und so wieder fremdbestimmt reagieren zu können. Wenn es darauf ankommt, kann jeder so sprechen, wie es die Situation erfordert. Es müssen ja nicht immer Extrem-Situationen sein, in denen wir das unter Beweis stellen, wie z. B. ein Feuer im 3. Stock. Ich bin mir sicher, dass selbst die hellste aller Stimmen so laut sprechen (schreien) kann, dass sie von anderen wahrgenommen wird. Nicht nur wegen der Bedrohung durch das Feuer, sondern weil dahinter ein Ziel steht: *„Ich will leben. Ich will hier raus."*

> *„Das Ziel hat einen Einfluss auf die Intensität unserer Sprache."*

Eine Bewerberin verfolgt im Einstellungsgespräch das Ziel, die ausgeschriebene Stelle zu bekommen. Sie geht vorbereitet in das entscheidende Gespräch. Selbstsicher antwortet sie auf alle Fragen, selbst auf die schwierigste: *„Welche Gehaltsvorstellung haben Sie?"* Die nicht vorbereitete Bewerberin beginnt unruhig auf dem Stuhl hin und her zu rutschen und antwortet verlegen (Girlandensprache) mit: *„Ja, also ich wäre mit 2.000 Euro zufrieden, aber wenn Sie weniger zahlen, dann ist das auch kein Problem für mich. Wichtig ist mir der Arbeitsplatz in Ihrem Unternehmen."* Mit dieser Antwort hat sie Wirkung verschenkt und sich selbst ins Abseits bugsiert.

Wer in dem Bewerbungsgespräch nicht einmal seine eigenen Interessen punktgenau benennen kann, muss zwangsläufig scheitern. Die zielorientierte Bewerberin antwortet auf die Gehaltsfrage klar und deutlich: *„2.500 Euro."* Sie unterstreicht ihre Wirkung, wenn sie bei Nennung ihrer Gehaltsvorstellung den Personalchef fixiert und Blickkontakt hält. Dazu schaut sie nicht direkt in seine Augen, sondern auf das sogenannte „dritte Auge". Stellen Sie sich ein flaches Dreieck auf der Stirn vor, dessen Basis links und rechts die beiden echten Augen verbindet, dann liegt das „dritte Auge" in der Spitze.

Wer auf diesen Punkt schaut, hält Blickkontakt, ohne sein Gegenüber anzustarren. Ähnlich, aber dennoch ein wenig anders, ist die Haltung von Menschen vor einer TV-Kamera. Der Kameramann bittet sie, nicht direkt in die Kamera zu schauen, sondern auf einen roten Punkt oberhalb der Linse.

Wenn Sie ein Ziel haben, sind Sie um die richtigen Worte nie verlegen. Beobachten Sie sich selbst einmal, wie Sie in bestimmten Situationen auf bestimmte Fragen reagieren. Gelingt es Ihnen, die Sprachmelodie bewusst zu steuern?

Der Cambridge-Psychologe Kevin Dutton befragte Personalverantwortliche, worauf sie bei einem Vorstellungsgespräch Wert legten.[17] Die Befragten sagten, ihnen sei wichtig, dass der Bewerber vor der Begrüßung die rechte Hand zum Händeschütteln frei habe und nicht erst seine Unterlagen von einer in die andere Hand wechseln müsse. Sie sehen, solche Kleinigkeiten können schon über Hopp oder Top entscheiden.

2.3 Wen wollen Sie aufhängen?

„Die Fragen sind es, aus denen das, was bleibt, entsteht."

Erich Kästner (1899-1974)

Nicht erst durch die Finanzkrise ist Griechenland in aller Munde. Dem Mutterland der Demokratie verdanken wir einiges, so auch etliche Begriffe, die wir ganz selbstverständlich verwenden. Viele Wörter, die wir heute alltäglich benutzen, sind griechischen Ursprungs: Krise (*krisís* = Entscheidung, Wendung), Telefon (*tele* = fern, weit), Tacho (*tachýs* = schnell), Atmosphäre (*atmós* = Dunst), Chronometer (*chrónos* = Zeit), Drama (*drama* = Handlung, Geschehen), Hippodrom (*hippos* = Pferd) etc. pp. Überdies ist die griechische Geschichte durchsetzt von Göttern und Helden. Während die Christen einen Gott anbeten, verehrten die alten Griechen mehrere Götter (= Polytheismus (*polys* = viel und *theoi* = Götter). Einer dieser Götter ist Hermes. Von den Griechen wurde er als Gott der Magier, der Kaufleute und Diebe verehrt. Zudem war er der Gott der Redekunst. Muss man sich dann noch wundern, wenn Verkäufer (Kaufleute) meinen, noch immer pausenlos auf Kunden und Interessenten einreden zu müssen? Die weniger erfolgreichen Verkäufer reden ihr Gegenüber buchstäblich in Grund und Boden und sind überrascht, wenn sie nicht zum Vertragsabschluss kommen. Nicht so die erfolgreichen Verkäufer. Im übertragenen Sinne handeln sie nach dem alten Kalauer: *„Wie heißt es richtig? ‚Lass mir arbeiten‘ oder ‚lass mich arbeiten‘?"* Die richtige Antwort lautet: *„Lass andere arbeiten."* In der Analogie dazu ist *„lass mir reden"* genauso falsch wie *„lass mich reden".* Richtig ist: *„Lass andere reden."* Nur wenn wir unser Gegenüber frei sprechen lassen, erfahren wir etwas von ihm. Das ist wichtig. Kein Mensch kauft das Produkt oder die Dienstleistung. Wir Konsumenten kaufen immer nur die Lösung für ein Problem. Deshalb hören erfolgreiche Verkäufer sehr genau hin, wenn ihre Kunden erzählen. So erhalten sie Angaben über die Probleme und Bedürfnisse ihres Kunden, was mitunter erst hinter den Worten herauszuhören ist.

Ein Interessent, der z. B. einem weniger erfolgreichen Verkäufer für Werkzeugmaschinen gegenübertritt, verlangt nach einem Angebot für eine „gute" Bohrmaschine. Der Verkäufer interessiert sich nicht dafür, was sein Gesprächspartner unter „gut" versteht, weshalb er sofort zur Sache kommt. Pausenlos versorgt er den Interessenten mit „ZDF" (Zahlen, Daten und Fakten) zu den Produkten. Am Ende ist der Kunde ratloser als zuvor. Für was er sich auch immer entscheidet, er wird eher mit gemischten Gefühlen als zufrieden davonziehen – mit oder ohne Bohrmaschine. Sicher ist nur eines: Der Interessent oder Kunde wird kein zweites Mal das Geschäft aufsuchen.

Erfolgreiche Verkäufer sind gute Rhetoriker, doch in erster Linie sind sie gute Zuhörer. Durch gezielte Fragen bringen sie einen Interessenten zum Sprechen, denn *„wer fragt, führt!".* Dabei hören sie genau zu. Sie handeln nach der Weisheit: *„Wir haben einen Mund und zwei Ohren. Somit können wir naturbedingt besser hören als reden."* Nur wer sehr gut und gelassen zuhören oder besser noch hinhören kann, erfährt Neues.

Bitte stellen Sie sich folgende Situation vor. Sie benötigen eine Bohrmaschine. Als handwerklicher Laie betreten Sie nun einen Baumarkt. Sie finden das entsprechende Regal, aber natürlich keinen Verkäufer. Letztere verhalten sich oft wie lichtscheue Tiere, die sich schnell verstecken, sobald die Sonne durchkommt. Ich bediene jetzt ein typisches Klischee dieser Branche, man möge es mir nachsehen. Ich beschreibe nichts, das ich nicht selbst erlebt habe. So auch im besagten Baumarkt. Eine riesige Verkaufs- und Angebotsfläche und so wenige Verkäufer (zu sehen). Also sind Sie auf sich alleine angewiesen.

Sie greifen ins Regal und finden ein Modell mit 1.000 Watt zum Preis von 149 EUR. Sie legen die Maschine zurück, greifen die nächste und sehen, dass diese schon 199 EUR kostet, dafür hat sie aber 1.200 Watt. Unschlüssig legen Sie auch diese Maschine zurück, um sich andere anzuschauen. Mit jeder neuen Maschine steigt Ihre Ratlosigkeit. Dann haben Sie Glück. Ein Verkäufer erscheint auf der Bildfläche. Sie bitten ihn um Rat. Bereitwillig greift er ins Regal, nimmt die 149 EUR teure Bohrmaschine und liest Ihnen die technischen Details vor, die Sie vorher selbst schon abgelesen haben. Sie zögern. Deshalb greift er zur nächsten Maschine, liest wieder vor, nennt den Preis, und Sie zögern. Kommt Ihnen diese Situation bekannt vor? Dann kennen Sie auch die Reaktion des Verkäufers. Er wartet tatsächlich, dass Sie sich entscheiden, immerhin hat er Ihnen alles vorgelesen. Der Ball liegt im übertragenen Sinne nun bei Ihnen. Sie entscheiden sich gegen den Kauf und verlassen das Geschäft. Damit sind Ihre Bohrprobleme natürlich nicht gelöst. Kein Wunder, dass die Zahl der Interneteinkäufe täglich steigt, wenn der Präsenzverkauf nicht in der Lage ist zu überzeugen.
Wie könnte die Situation aussehen, wenn Sie auf einen kundenorientierten Verkäufer treffen?
Zunächst einmal ist er präsent. Er flüchtet nicht vor Kunden. Bevor er sein Angebot unterbreitet, stellt er vielleicht eine humorvolle Fra-

ge: „Wen wollen Sie denn aufhängen?" Sie schmunzeln. Das Eis ist gebrochen. Jetzt findet der Dialog statt. Erfolgreiche Verkäufer haben keine passenden Antworten parat, sondern passende Fragen. Deshalb zählen sie auch nicht die Produktvorteile auf, so wie es häufig noch in „Verkaufsschulungen" gelehrt wird, um danach den Preis zu nennen. Sie stellen zunächst die passenden Fragen, um das Problem des Kunden richtig zu erkennen. „Was genau, Herr Kunde, haben Sie denn vor?" Nun wird der Kunde erzählen, dass er z. B. sein Badezimmer renovieren möchte, aber wenig Erfahrung damit hat. Anhand seiner Ausführungen erkennt der Verkäufer, ob er hier mit einem Profi spricht oder einem Laien, der sich erstmals an der Renovierung versucht.

Das alles sind für den Verkäufer wichtige Informationen. Zunächst macht er sich ein klares Bild von den Wünschen des potenziellen Kunden und den Rahmenbedingungen, die dieser in seiner Wohnung vorfindet, dann fasst er die wichtigsten Informationen in Bezug auf den gewünschten Nutzen und die zu berücksichtigenden Bedürfnisse möglichst mit den gleichen Worten zusammen. Wenn er jetzt die Lösung bzw. das passende Produkt für den Kunden hat, braucht er nicht mal den Preis von vielleicht sogar 249 Euro zu rechtfertigen. Der „beratende Verkäufer" dreht sich um, greift in das Regal, wo die Profimaschinen liegen, und zeigt dem Kunden die aus seiner Sicht „richtige" Bohrmaschine: *„Herr Kunde, Sie wollen Ihr Badezimmer fliesen. Sie haben verschiedene Wände von unterschiedlicher Beschaffenheit, wie Beton, Holz und Rigips. Wichtig für Sie ist, dass die Bohrmaschine einfach zu bedienen ist und Ihnen die Arbeit erleichtert. Dann ist diese genau die richtige für Sie. Nehmen Sie einmal diese leichte Bohrmaschine in die Hand. Und? Klasse, nicht wahr?"* Gleichzeitig nickt der überzeugte Verkäufer motivierend mit dem Kopf! Zu der Bohrmaschine sagt er jetzt nichts mehr, denn die ist (aus seiner Sicht) verkauft, sondern er empfiehlt jetzt für die reibungslose Renovierung noch die richtigen Bohrsätze und Dübel für die entsprechenden Wände. *„Wie viele Dübel brauchen sie denn für die Fliesen bzw. Rigipswand?"* Beantwortet der Kunde diese Frage, ist die Bohrmaschine auch vonseiten des Kunden gekauft und wir sind beim Zusatzverkauf.

Wenn der erfahrene Verkäufer etwas zum Preis sagt, nimmt er auf jeden Fall einen höheren Referenzpreis dazu: *„Schauen Sie, verehrter Kunde. Normalerweise kostet dieses oder ein vergleichbares Profi-Modell mit diesen Leistungsmerkmalen 349-399 Euro. In dieser Woche haben wir eine Aktion."* – Pause – *249 Euro* – Pause. *„Sie sparen 150 Euro."* (Dabei stabiler Stand, fester Blick, leichtes Kopfnicken und Schweigen!)

Je besser ein Verkäufer den genauen Bedarf durch gezielte Fragen ermittelt und auf den Nutzen für den Kunden eingeht, umso weniger Einwände kommen. Oft auch nur noch als vorsichtige Frage gestellt, die dann eher als Bitte um Entscheidungshilfe zu verstehen ist!

Selbst wenn der Kunde vorher noch einen Einwand hatte, ist der Verkäufer in der Lage, ihn zu entkräften. Der Einwand könnte lauten: „Ich wollte eigentlich nur 150 EUR ausgeben, nun sind es fast 250 EUR." Angelehnt an den fast am häufigsten gehörten und befürchteten Einwand: *„zu teuer!"*

Darauf der Verkäufer: „Das verstehe ich! Unterm Strich machen Sie mit dieser Maschine (die nach Möglichkeit noch in den Händen des Kunden oder aber zumindest des Verkäufers liegt) alles richtig, wenn Sie an die noch vor Ihnen liegende Renovierungszeit denken (Lächeln und Kopfnicken). Meistens braucht es hier nur noch einen kleinen Schubs, die Entscheidungshilfe oder Bestätigung. Hier sind wiederum einzelne Positiv-Wörter ausschlaggebend und gezielt einzusetzen, wie „richtig", „sicher", „garantiert …"

Wird mehr Überzeugungskraft benötigt, nutzen Sie die eindrucksvolle Macht der Bilder und die Wirkung der „dritten Partie"! In etwa so: *Vor einigen Wochen war ein Kunde in der gleichen Situation wie Sie. Auch er wollte sein Bad renovieren. Ich empfahl ihm das gleiche Gerät, doch er griff zu der 149-EUR-Maschine. Was soll ich Ihnen sagen? Ein paar Tage später stand er vor mir und fragte mich nach einer Möglichkeit, defekte Fliesen auszutauschen. Während des Bohrens verrutschte die Maschine und beschädigte vier Fliesen. Besonders ärgerlich, weil diese mittig platziert waren. Ästhetisch alles andere als ansprechend. Er musste sie sehr aufwendig und von einem Fachmann auswechseln lassen, weil es keine andere Lösung gab. Die zusätzliche Renovierung verschlang 1500 Euro, die so nicht eingeplant waren.* – Pause – *Mit diesem Modell gehen Sie auf Nummer sicher!*

Wenn Sie Verkäufer beobachten oder wie ich im Coaching begleiten, wird deutlich, dass sie umso weniger selbst reden, je erfolgreicher sie sind oder werden. Sie lassen reden. Lediglich 20 bis 30 Prozent der Zeit nutzen die Verkäufer für ihre Bedarfsermittlung durch gezielte Fragen, um ein zugeschnittenes Angebot zu präsentieren, was im besten Fall den Vertragsabschluss herbeiführt. Diese Zeit reicht aus, um ein Geschäft unter Dach und Fach zu bringen. Erfolglose Verkäufer handeln umgekehrt. Sie reden 80 Prozent der Zeit, die ihnen ihr Gegenüber einräumt. Wobei es sich hierbei keinesfalls um statische Angaben handelt. Es sind Richtwerte. Verkäufer müssen Fragen stellen. Doch die richtigen, wertschätzenden Fragen. Fragen bedeuten Interesse, Interesse bedeutet Wertschätzung. Der kluge Verkäufer dosiert sehr genau, um seinem Gegenüber Atempausen zum Nachdenken zu verschaffen, und hört aufmerksam hin, fasst geschickt im ähnlichen Sprachgebrauch zusammen und erkennt somit auch die entscheidenden Kaufsignale.

> *Man kann nie zu viel fragen, aber immer zu viel reden. Wir haben gelernt, Antworten zu geben, aber nicht, die richtigen Fragen zu stellen! Fangen Sie an damit!*

Natürlich beherrschen die Profis mit der richtigen, positiven Einstellung den Gesprächseinstieg perfekt. Während der weniger erfolgreiche Verkäufer, der Servicemitarbeiter oder der Mitarbeiter aus der Reklamation meint, er erreicht seine Kunden am ehesten mit einem aufgesetzten Small Talk der herkömmlichen Art, quält der erfolgreiche Mitarbeiter seine Kunden nicht mit belanglosem Geplapper. Fragen zum Wetter, zur allgemeinen Befindlichkeit oder ob die Anfahrt problemlos war, sind durchschaubare Absichten, die beim Konsumenten selten gut ankommen. Vor allem, wenn sie am Satzende mit hochgezogener Stimme klingen, wie gerade vom Gesprächsleitfaden abgelesen *„... und was kann ich für Sie tun?"*

Echtes, aufrichtiges Interesse schafft Vertrauen. Oberflächlichkeit wird als solche sofort erkannt, häufig unbewusst. Dann haben Sie kaum noch eine Chance, Ihren Gesprächspartner zu erreichen. Egal, ob Sie etwas verkaufen wollen, sich privat unterhalten oder geschäftliche Ziele verfolgen. Solange Sie nicht auf die Ebene Ihres Gesprächspartners wechseln, sondern nur von sich oder einer Sache sprechen, werden Sie schwerlich zum gewünschten Ergebnis kommen.

Die drei Ebenen der Kommunikation:

ICH   SACHE   SIE (DU)

Nehmen wir ein fast alltägliches Beispiel. Zwei Menschen, die sich lange Zeit nicht gesehen haben, treffen in der Fußgängerzone zufällig aufeinander. Nach einer herzlichen Umarmung erfolgt die obligatorische oberflächliche Frage: „Wie geht es dir?" Im besten Fall antwortet der Gefragte: „Danke gut, und selbst?" Doch in neun von zehn Fällen bleibt der Gefragte auf der Ich-Ebene: „Ach Gott ja, es geht wieder. Weißt du, ich habe doch drei Wochen mit einer Erkältung zu tun gehabt. Das habe ich so noch nicht erlebt." Nun antwortet der Fragende ebenfalls auf der Ich-Ebene: „Das ist noch gar nichts. Ich habe fünf Wochen wegen einer schweren Grippe das Bett nicht verlassen können." Sie sehen, hier entsteht unbewusst ein Wettbewerb der Superlative: Wer von den beiden hat das größere Elend? Es gibt noch eine Steigerung dieses Phänomens. Wenn der eine nicht mit einer eigenen, besseren Leistung oder Geschichte aufwarten kann, kennt er einen, der einen kennt, der sogar sieben Wochen krank war und dem Tod gerade noch von der Schippe gesprungen ist. Ist das ein Duell im Kommunikationszeitalter oder eher Verlegenheit? Meiner Meinung nach ist es Verlegenheit. In jedem Fall zeigt es den unbewussten Willen, „punkten zu wollen", „einen drauf zu setzen", doch leider zu Lasten der eigenen positiven

Wirkung. Die wenigsten sind es gewohnt oder trauen sich, auf den anderen zuzugehen. Es ist so einfach, positiv beim anderen anzukommen.

Wer bewusst wahrgenommen werden will, muss seine Wirkung auf andere erhöhen. Das lässt sich wie im obigen Beispiel weder in der Sache noch mit dem ICH erreichen, sondern nur durch das DU. Das heißt: Wir müssen uns aufrichtig und damit ehrlich für den anderen interessieren. *„Dass wir miteinander reden, macht uns zu Menschen"*, sagte der deutsche Psychiater und Psychologe Karl Jaspers. Miteinander reden, nicht übereinander, das ist das Erfolgsgeheimnis auch beim Small Talk. Nehmen wir das vorherige Beispiel und die Antwort des Gefragten: „Ach Gott ja, es geht wieder. Weißt du, ich habe doch drei Wochen mit einer Erkältung zu tun gehabt. Das habe ich so noch nicht erlebt." Nun wechselt der Fragende auf die Ebene des Gefragten, indem er echte Anteilnahme zeigt: „Mensch, das tut mir leid. Ich freue mich, dass du wieder fit bist und heute hier in der Stadt bist. Wir hätten uns sonst gar nicht getroffen. Erzähl, was treibt dich hierher? ..."

Solche Fragen müssen vom Herzen kommen. Im anderen Fall wirken sie gekünstelt. Aufrichtige, herzliche Fragen erzielen Wirkung und hinterlassen einen positiven Eindruck, der ihren Wirkungsgrad deutlich erhöht.

Eine gute Recherche über das Unternehmen und den Gesprächspartner bietet hier wesentlich bessere Möglichkeiten für einen gekonnten Gesprächseinstieg. Die Internetseite des Unternehmens oder das Xing-Profil des Gesprächspartners liefert wertvolle Informationen für gut vorbereitete Fragen. Auf der einen Seite signalisiert das Professionalität und auf der anderen Seite Interesse, was wiederum mit Anerkennung und Wertschätzung gleichzusetzen ist.

Ich hatte einmal ein Gespräch mit dem Geschäftsführer einer Industrie- und Handelsvertretung. Wir wollten über die Personalentwicklung seiner Mitarbeiter und die dafür möglichen Trainingsmaßnahmen sprechen. Ich hatte über das Xing-Profil erfahren, dass mein Kunde wie ich Motorradfahren zu seinen Hobbys zählte. Kurz nach der freundlichen und positiven Begrüßung meinerseits und der eher nüchternen, förmlichen Erwiderung seinerseits fragte ich ihn: „Ich habe gelesen, dass Sie auch Motorrad fahren. Was für eine Maschine fahren Sie?" In Bruchteilen von Sekunden saß mir ein anderer Mensch gegenüber. Mein Gesprächspartner, von der Typologie her eher ein „Blauer" (nicht durch Alkohol – der Begriff steht für ein Persönlichkeitsmerkmal – siehe weitere Ausführungen hierzu am Ende des Kapitels), also sehr dominant, rational einzuschätzen, blühte auf und hatte leuchtende Augen. Er erzählte und erzählte von seiner erst kürzlich erworbenen neuen BMW 1200er GS. Technische Details und Informationen über die Erneuerungen dieses einmaligen Motorrads sprudelten nur so aus ihm heraus. Seine letzte Wochenendtour und die bevorstehende 10-tägige Reise durch die Alpen waren neunzig Prozent des Inhalts unseres Gespräches. Ich brauche nicht zu erwähnen, dass die gemeinsame Arbeit im Trainingsbereich reine Formsache war.

Ein Finanzberater, der seinem Kunden eine renditestarke Kapitalanlage vermitteln möchte, könnte während des Wassereinschenkens fragen: *„Wussten Sie, dass nur zwei Prozent des Wassers auf diesem Planeten genießbar sind? Der Rest ist verdreckt oder Salzwasser."* Auf diese geschlossene Frage wird der Gefragte nur mit „Ja" oder „Nein" antworten können. Deshalb folgt eine offene W-Frage: *„Wie, Herr Kunde, ist es um die Wasserqualität in Ihrer Stadt bestellt?"* Und schon ist der Verkäufer mitten im Gespräch. Für den Finanzberater ist es jetzt ein Leichtes, über die Vorteile von Anteilsscheinen namhafter Aktiengesellschaften zu sprechen, die sich dem Zukunftsmarkt Wasser verschrieben haben.

Eine Ernährungsberaterin, die Kunden für ihr Ernährungskonzept gewinnen will, versorgt sie am Anfang des Gesprächs mit frischem Obst: *„Wussten Sie, Frau Kundin, dass wir Menschen im Laufe unseres Erdenlebens zwei Sattelzüge zu je 40 Tonnen an Nahrung zu uns nehmen? Obst kann das Gewicht nicht ändern, doch die verheerende Auswirkung von Überge-*

wicht auf den Darm." Auch hier ist die Verkäuferin geschickt und ohne lange Umschweife zum Kern des Themas vorgedrungen, um mit der W-Frage dann das Gespräch zu eröffnen: *„Welche Obst- und Gemüsesorten bevorzugen Sie, Frau Kundin?"* Während sie das Gespräch vertieft, präsentiert sie z. B. Gesundheitssäfte.

Ein Versicherungskaufmann, der einem Neukunden die Vorteile einer Lebensversicherung zur Altersvorsorge in seinen Geschäftsräumen vermitteln möchte, schenkt ein exotisches, alkoholfreies Getränk aus: *„Wohl bekomm's, Herr Kunde. Das ist der „Caribbean-Cocktail" aus Maracuja- und Ananassaft. Ich habe Kunden, die diesen Cocktail in der Karibik genießen, weil sie rechtzeitig und vor allen Dingen richtig für ihr Alter vorgesorgt haben …"* So sieht sie aus, die punktgenaue Gesprächs-Eintrittssicherheit, die noch besser gelingt, je besser man sein Gegenüber kennt.

> *„Sag etwas, das sich von selbst versteht,*
> *zum ersten Mal, und du bist unsterblich."*
> Marie von Ebner-Eschenbach

„Behandle andere so, wie du von ihnen behandelt werden willst", lehrt eine Redensart, die von erfolgreichen Verkäufern beherzigt wird. Jeder Kunde entscheidet nach seiner Persönlichkeit. Der eine lässt sich dabei in seiner Entscheidung von Zahlen, Daten und Fakten leiten, während ein anderer mehr auf Logos und Markenartikel setzt und dabei weniger auf den Preis achtet. Für den Erfolg in der Kommunikation und insbesondere beim Verkauf ist es z. B. für einen Verkäufer extrem wichtig zu wissen, mit welchem Persönlichkeitstyp er es bei seinem Kunden zu tun hat. Weiter vorne haben Sie über die umfangreiche DISG-Methode gelesen (siehe Kapitel 1.1 „Welchen Eindruck hinterlassen Sie?"). Es gibt weitere Methoden, sogenannte Farbenmodelle, bei denen in vier oder auch nur drei Basistypen unterschieden wird. Sie beruhen ebenfalls auf der Annahme, dass Menschen in bestimmte Persönlichkeitstypen eingeteilt werden können.

Wer diese Typologie kennt, hat es im Gespräch viel einfacher, ans Ziel seiner Wünsche zu kommen.

Drei Basistypen werden zum Beispiel eingeteilt in Blau, Rot und Grün. Natürlich gibt es nicht einen ausschließlich „blauen", „roten" oder „grünen" Menschen. Wir vereinen die Eigenschaften aller Farben in uns, allerdings dominiert häufig eine, und die gilt es im Gespräch herauszufinden, damit Sie zielgerichteter und damit effizienter (ver)handeln können. Zudem geben die Farben keine Bewertung ab. Rot ist nicht besser als blau, blau nicht besser als grün usw.

Die drei Basistypen und ihre Persönlichkeit
(Beispiele, auszugsweise):

	Blau	Rot	Grün
Typ	Denker	Macher	Menschenfreund
Charakter	zurückhaltend	forsch	Kumpeltyp
Verhalten	Einzelkämpfer, erledigt eher selbst als zu delegieren	Teamplayer, delegiert gern	situationsbezogen, eher Kuschelkurs
Handelt	analytisch, ergebnisorientiert	spontan, häufig ungeduldig	nach Gefühl
Motivation	introvertiert	extrovertiert	eine Art Mischung aus Intro und Extro
Entscheidet	erst nach ausführlichem Abwägen (für/wider); vergleicht; weniger beeinflussbar; wichtig für ihn sind Zahlen, Daten, Fakten (ZDF); benötigt zur Entscheidungsfindung 100 Prozent Informationen	aus dem Bauch heraus; lässt sich stark von Äußerlichkeiten beeinflussen; markenorientiert; Label sind ihm wichtig; Preis spielt geringere Rolle; Entscheidungen werden bereits auf Basis von 80 Prozent Informationen getroffen	vertraut auf andere, statt sich selber zu kümmern; Beziehungen sind wichtiger als das Angebot; handelt weniger ergebnisorientiert; Entscheidungen fallen schwer; dafür genügen 50 Prozent Informationen
Kleidung	zweckmäßig	sportlich, elegant	bequem
Typische Berufe	Ingenieur, Programmierer, Controller	Verkäufer, Rhetoriktrainer	soziale Berufe

Eine kleine Anekdote beschreibt eindrucksvoll die Persönlichkeits-merkmale dieser drei Farbtypen in ihrem alltäglichen Verhalten. An-genommen, alle drei Typen stehen vor einem 1.800 Meter hohen Berg. Alle verspüren die gleich hohe Motivation, den Gipfel des Berges zu erreichen, doch ihre Motive könnten nicht unterschiedli-cher sein. Der Rote hat das Ziel, als Erster oben anzukommen. Wenn dort auf einem Wegweiser steht: 7,8 km und zwei Stunden Wanderzeit, schafft er es in 90 Minuten. Der Blaue will nachmessen, ob der Berg tatsächlich 1.800 Meter hoch und der Gipfel 7,8 km ent-fernt ist. Außerdem muss er selbst überprüfen, ob es wirklich so schön ist, wie alle sagen. Und der Grüne? Der Grüne folgt den bei-den, weil er nicht alleine sein möchte.

2.4. AIDA

*„In einem wankenden Schiff fällt um, wer stille steht,
nicht wer sich bewegt."*

Ludwig Börne (1786-1837)

Wer gut zuhören oder besser noch hinhören kann, macht sich während des Gesprächs stichpunktartige Notizen, um in der später folgenden Angebotspräsentation genau auf diese Punkte einzugehen. Es ist aus meiner Sicht wichtig, Ihren Kunden darüber zu informieren, dass Sie sich Notizen genau aus diesem Grund machen, um ihm individuell ein auf seine Bedürfnisse zugeschnittenes Angebot zu unterbreiten. Fragen Sie nach: „Was verstehen Sie unter gutem Service? Was ist Ihnen dort besonders wichtig? Was ist Ihnen noch wichtig?"

Je mehr Informationen Sie sammeln, je besser Sie den Bedarf klären und nutzen, umso weniger Einwände werden Sie bekommen und entkräften müssen. Erst wenn der Verkäufer alle Informationen zusammengetragen hat, beginnt er mit der Angebotspräsentation, die noch immer der klassischen AIDA-Formel folgt. Dieses Akronym aus dem Jahre 1898 steht nicht für die bekannte Marke eines Kreuzfahrtunternehmens, sondern für die Anfangsbuchstaben der vier englischen Begriffe: Attention, Interest, Desire und Action. Es gibt viele gute Bücher zu diesem Thema, deshalb will ich es an dieser Stelle bei einer kurzen Beschreibung bewenden lassen.

1. Aufmerksamkeit (Attention)
   In dieser Phase gilt es, die Aufmerksamkeit eines Interessenten zu gewinnen, „wirkungsvoll" und „anders als andere".

2. Interesse (Interest)
   Verkäufer: „Interessieren statt informieren!" Der Kaufwillige zeigt Interesse am Produkt oder an einer Dienstleistung.

3. Wunsch (Desire)
   Bedarfsdeckung und -festigung! In diesem Stadium wird der Wunsch, das Produkt besitzen zu wollen, ausgelöst.

4. Abschluss (Action)
   Verkäufer: Kaufsignal erkennen, Abschluss! Der Interessent wird zum Kunden, indem er das Produkt kauft.

Diesem Muster folgen nicht nur Verkaufsgespräche, sondern auch die Gespräche, in denen es um mehr geht als nur um Konversation. Ein Bewerber, der einen neuen Job sucht, muss sich genauso verkaufen wie ein Kind, das von seinen Eltern einen Wunsch erfüllt haben möchte.

Aus meiner Sicht sind die beiden ersten Buchstaben aus dem Akronym AIDA mit Abstand am wichtigsten. Natürlich ist der Abschluss, der als Letztes erfolgt, entscheidend. Doch bevor Sie überhaupt einen Abschluss tätigen können, brauchen Sie zuvor das Gespräch. Damit es zustande kommt, braucht es die Aufmerksamkeit des Gesprächspartners und sein Interesse über die gesamte Gesprächsphase. So wie Sie einen Marathon nur gewinnen, wenn Sie als Erster die Ziellinie überqueren und nicht mitten auf der Strecke abbrechen, so müssen Sie Ihre Kunden, Ihre Zuhörer, Ihre Freunde und Bekannten im Gespräch fesseln, damit sie Ihnen im übertragenen Sinne auf dem Weg so lange folgen, bis das Ziel erreicht ist.

Erfolgreiche Persönlichkeiten interessieren sich immer für ihr Gegenüber oder für ihr Auditorium. Das habe ich weiter oben ausgeführt. Durch ihre Leidenschaft wirken sie authentisch. Deshalb beginnen sie ihre Gespräche oder ihre Rede anders als andere. Dadurch erreichen sie sofort eine deutlich höhere Aufmerksamkeit. Dann treten sie in die zweite Phase der AIDA-Formel, das Interesse, ein. Interessieren statt informieren ist ihr Motto. Statt den Zuhörer mit langweiligen Fakten zu überfordern, erzählen sie ausschließlich von Lösungen und vom Nutzen, das ihr Produkt, ihre Idee, ihre Dienstleistung, ihre Festanstellung für den Kunden oder Zuhörer bringen wird. Übersetzen Sie jeden einzelnen Produktvorteil in den Nutzen für den Kunden. Viele Berater und Verkäufer bleiben bei den Produktvorteilen stehen! Mit dem folgenden Satz sind Sie auf dem richtigen Weg. *„Herr Kunde, das bedeutet für Sie …" „Liebe Zuhörer, das bedeutet für Sie …"*

Fakt ist, dass fast jeder Kunde mit einer Kaufentscheidung zwei wesentliche Faktoren umgesetzt sehen will:

1. die optimale Lösung seines Problems
2. den bestmöglichen Nutzen durch dieses Produkt

Bevor der erfahrene, erfolgreiche Verkäufer willkürlich zu einem Gerät greift, wird er seinem Gegenüber einige Fragen stellen, um das Motiv hinter dem Wunsch zu erkennen. Dann kann er dem Kunden die Lösung seines Problems und den damit verbundenen Nutzen, im besten Fall sogar noch mit einem Mehrwert, präsentieren.

Menschen handeln nie ohne Motiv. Wer abnehmen will, will besser aussehen. Wer Sport treibt, will gesund leben. Wer Schuhe mit hohen Absätzen kauft, will größer wirken. Wer einen teuren Markenpullover trägt, will wohlhabend wirken, und wer eine Bohrmaschine kauft, will Löcher bohren! Wirklich? Nun, wahrscheinlich wollen von 100 potenziellen Bohrmaschinenbesitzern 98 Löcher bohren. Doch es gibt auch Menschen, die eine Bohrmaschine für alles gebrauchen, nur nicht, um damit Löcher zu bohren. Ein Maler versieht die Bohrmaschine mit einem Stab, um größere Mengen Farbe leichter zu mischen. Ein Installateur kann eine kleinere Handpumpe über die Bohrmaschine betreiben, und der Hobbybastler möchte eine Bohrmaschine als elektronischen Schraubenzieher verwenden. Die Einsatzmöglichkeiten sind vielfältig, und genau deshalb muss ein Verkäufer die richtigen, zielführenden Fragen stellen und natürlich ein guter Zuhörer sein. So erfährt er das wahre Motiv seines Gegenübers, um darauf ausgerichtet sein Angebot zu präsentieren.

Verkäufer, die nach der AIDA-Formel vorgehen, laufen weniger Gefahr, während des laufenden Gespräches oder überhaupt nach dem Preis gefragt zu werden. Sollte der Interessent es dennoch „wagen", dann hat sein Ansinnen keine Chance. Der erfolgreiche Verkäufer bestimmt selbst den Zeitpunkt, wann er mit seinem Kunden über den Preis spricht. Die Magie des Verkaufsgespräches ist dahin, wenn auf halbem Weg in die Preisdiskussion eingestiegen wird und der Verkäufer in die Rechtfertigung rutscht. Es ist ein gutes Zeichen, wenn der Kunde nach dem Preis fragt. Dann ist er interessiert, und das ist ein wichtiges Kaufsignal. Hier gilt es lediglich, den Nutzen in den Vordergrund zu stellen, dem potenziellen Kunden eine Entscheidungshilfe zu bieten! Erfolgreiche Verkäufer übergehen die Preisfrage nicht. Sie stellen sie nur zurück, denn „aufgeschoben ist nicht aufgehoben": *„Herr Kunde, bevor wir zum Preis kommen, habe ich noch ein, zwei Fragen an Sie. Was ist Ihnen ganz besonders wichtig? Worauf legen Sie besonderen Wert?"* Nach der Antwort fassen Sie kurz zusammen: *„Habe ich Sie richtig verstanden? Sie benötigen eine Bohrmaschine, die in der Lage ist, Löcher im Durchmesser von bis zu 10 Zentimetern auf eine Tiefe von bis zu einem Meter zu bohren? Für diese Aufgabe sollten Sie neben dem*

*bereits vorgestellten Modell 4711 auch das ABC-X-Bohrfutter einsetzen.
Dadurch erhalten Sie die besten Bohrlöcher. Wollen Sie das Gerät einmal in die
Hand nehmen?"*

So oder ähnlich kann die Preisfrage geschickt zurückgestellt werden.
Erst in dem Moment, in dem der Kunde auf ein Modell fixiert ist,
wie zuvor beschrieben, nennt der Verkäufer den Preis, und keine
Sekunde eher. Der Verkäufer hat nicht nur eine Bohrmaschine verkauft, sondern ein Gerät, das das Problem des Kunden, größere Löcher bohren zu können, löst.

Zudem stellt er den Nutzen, der durch den Einsatz dieser Bohrmaschine erzielt wird, heraus. Nehmen wir an, dass diese Bohrmaschine
ein Bohrfutter hat, das ein ultraschnelles Wechseln von Bohrstiften
ermöglicht. Das führt zu Zeitersparnissen. Für selbstständige Handwerker mit angestellten Mitarbeitern wegen der Personalkosten ein
extrem großer Nutzenvorteil also.

> *Verkäufer verhalten sich wie Virtuosen, die die Noten
> in der richtigen Reihenfolge spielen. Keine Note
> früher oder später. Je besser die Bedarfsanalyse,
> umso weniger Einwände werden kommen.*

Überaus erfolgreiche Verkäufer sind nicht zuletzt auch deshalb so
erfolgreich, weil sie Vordenker sind. In neun von zehn Fällen erreichen sie mit der Lösung des Problems und dem Nutzen bei Einsatz
des von ihnen angebotenen Produktes ihre Kunden. Falls noch
Zweifel bestehen, können sie auch moderat auf die möglichen Folgen hinweisen, die durch Unterlassen oder durch die Verwendung
eines falschen Produktes entstehen. Weiter vorne wurde das Verkaufsgespräch im Baumarkt dargestellt. Dabei hat der kundenorientierte Verkäufer dem kaufwilligen Interessenten beispielhaft erklärt,
dass durch ein falsches und meist günstigeres Gerät Schäden am
Bauwerk auftreten können, die den höheren Kaufpreis relativieren

oder sogar zwingend notwendig machen. Man nennt dies auch geistige Brandstiftung, die im negativen Sinne ebenfalls die Macht der Visualisierung nutzt. Wer solch einen Brand vermeiden möchte, geht auf Nummer sicher. Nicht nur bei Bohrmaschinen, sondern fast überall im Leben verlangt insbesondere der Deutsche nach „Sicherheit und Garantie".

Verkäufer, die auf der Sie-Ebene mit dem Kunden kommunizieren und sich somit für ihn aufrichtig interessieren, überzeugen durch ihr Verhalten. Natürlich spielt auch der Preis eine Rolle, doch brauchen diese Verkäufer keine „technischen K.-o.-Tricks, um den Kunden zum Kauf, mit Verlaub, zu motivieren. Diese Verkäufer argumentieren während der AIDA-Phase so zielsicher und punktgenau, dass der Kunde am Ende selbst die Entscheidung trifft, dieses Produkt oder diese Dienstleistung jetzt (!) haben zu wollen.

Daneben sind kundenorientierte Verkäufer auch „Mehrwert-Umsatzbeschaffer" für das Unternehmen, das von ihnen repräsentiert wird. Wenn ein Kunde die Entscheidung für eine sichere, leicht zu bedienende Bohrmaschine getroffen hat, wird der „vordenkende" Verkäufer zum Mehrwert-Umsatzbeschaffer. Im konkreten Beispiel liegt es nahezu auf der Hand, dass für die zu bohrenden Löcher Dübel gebraucht werden. Der aufmerksame Verkäufer wird dem Kunden nun erklären, welche Dübel für welche Wände zu verwenden sind. Hierzu werden verschiedene Beispiele aufgezählt. Dübel für Holz, Beton, Poroton, Gasbeton und Gipswände sowie besondere Dübel für die Zimmerdecken zum sicheren Aufhängen des Kronleuchters. Wie sagt der Volksmund treffend? „Ist das Geschäft noch so klein, bringt es doch mehr als Arbeit ein." Der einzelne Dübel an sich bringt nicht viel ein. Doch zu jeder Bohrmaschine die entsprechenden Dübel zu verkaufen, erhöht am Monatsende das Betriebsergebnis deutlich. Für kundenorientierte Verkäufer stellt sich deshalb z. B. nie die Frage, ob der Kunde Dübel kaufen will, sondern wie viele oder welche er benötigt.

Im übertragenen Sinn geht es immer um „Hölle oder Paradies", um unsere Instinkte, die ebenfalls nach diesen zwei einfachen Motiven funktionieren:

„Schmerz vermeiden oder Freude erfahren"

Überprüfen Sie Ihre eigenen Entscheidungen oder vor allem Vorsätze, die noch auf Ihre Umsetzung warten. Wünsche in Bezug auf Veränderungen und Wachstum werden nur umgesetzt, wenn der Schmerz groß genug ist oder das Ziel attraktiv und erstrebenswert. Nehmen wir zum Beispiel das weitverbreitete Phänomen der kleinen Wesen, die nachts die Kleider enger nähen. Entweder ist es für Sie wirklich attraktiv, ein oder zwei Konfektionsgrößen kleiner zu tragen, und Sie stellen sich bildlich und gefühlt vor, was das für Sie und Ihr Leben bedeutet, oder der Arzt zeigt Ihnen auf, welchen Schmerz und welches Leid Sie erfahren werden, wenn Sie nichts tun! Meist reichen diese Ausführungen über die mögliche „Altersdiabetes" nicht aus, weil die Folgen lediglich auf der Verstandesebene mit Zahlen, Daten und Fakten und eventuell medizinischen Fachbegriffen beschrieben werden. Ähnlich verhält es sich mit Aussagen zum durchschnittlichen Gehalt – oder, etwas ketzerisch, zum Hartz IV-Regelsatz –, *„zum Leben zu wenig, zum Sterben zu viel"*. Mit diesen allgemeinen Feststellungen wird der Betroffene nicht motiviert, seine Situation zu verändern. Er verharrt weiterhin in der Komfortzone.

Genau deshalb ist eine schriftliche, stark visualisierte und bis ins Detail beschriebene Zielsetzung von entscheidender Bedeutung, wenn Sie etwas ändern wollen. Fangen Sie noch heute an und schreiben Sie Ihre Ziele, Wünsche und Träume in ein persönliches Buch und arbeiten Sie regelmäßig mindestens einmal die Woche damit.

2.5 Vertrauen

„Vertraue nur dir selbst, wenn andere an dir zweifeln. Aber
nimm ihnen ihre Zweifel nicht übel. "

Joseph Rudyard Kipling (1865-1936)

Das Vertrauen eines Menschen zu gewinnen, dauert, insbesondere dann, wenn diesem Menschen etwas verkauft werden soll. Verkäufer bemühen sich oft Monate lang, um einen Kunden „an Land zu ziehen", und sie verlieren ihn in Minuten, wenn die zugesagte Leistung ausbleibt. Studien belegen, dass ein unzufriedener Kunde seine negativen Eindrücke an zehn bis fünfzehn andere weitergibt. Somit sind innerhalb eines Jahres mehrere Hundert Menschen davon in Kenntnis gesetzt worden, wie schlecht es um das Unternehmen bestellt ist.

Im übertragenen Sinne haben wir es hier mit einem GAU im Unternehmen zu tun, wenn ein Kunde, der reklamiert, keine Aufmerksamkeit erhält. Das ist, mit Verlaub, das Dümmste, was passieren kann. Der deutsche Dramatiker Heinrich von Kleist sagte:

„Es kommt überall nicht auf den Gegenstand, sondern auf das Auge an, das ihn betrachtet."

Auch hier werde ich am Beispiel eines Unternehmens das Thema Reklamationen skizzieren, weil, wie mehrfach erwähnt, das Wissen daraus auf fast alle anderen Lebensbereiche ausgedehnt werden kann. Wer bei einem Unternehmen vorstellig wird, um sich über dessen Lieferung, Leistung oder Produkte zu beschweren, wählt diesen Schritt, weil er nicht zufrieden ist. So verhält es sich auch mit der Kritik an uns. Wenn jemand mit unserem Verhalten nicht einverstanden ist, dann übt er Kritik und hat damit im weitesten Sinne eine Reklamation. So wie die Beziehung zwischen Kunde und Unternehmen einen Knacks bekommen kann, wenn z. B. Zugesagtes nicht stimmt, so kann auch eine Beziehung in Form von Freundschaft, Liebe, Partnerschaft und vieles mehr buchstäblich einen Knacks bekommen, wenn es einen Anlass zur „Reklamation" gibt.

Somit ist die Reklamation ein Feedback, das uns häufig nicht schmeckt (weil wir Kritik an uns nicht mögen), doch sollten wir dafür mehr oder weniger dankbar sein. Gibt uns eine Reklamation doch die große Chance, unsere Schwächen, Fehlbarkeit oder vielleicht auch unsere Arroganz zu entdecken. Wenn wir etwas entdecken, dann werden wir uns dessen bewusst. Was uns bewusst ist, können wir so in unserem Sinne verändern, falls es erforderlich sein sollte – wie im Falle einer Reklamation. Wenn uns etwas nicht bewusst ist, laufen wir Gefahr, jeden Tag dieselben, mit Verlaub, dummen Fehler zu machen.

Sehen wir in einer Reklamation das, was sie ist: eine Chance, uns zu verbessern. Nur weil es keine Reklamation gibt, bedeutet das nicht, dass alles in Ordnung ist!

Bezogen auf die Unternehmenspraxis ist ein reklamierender Kunde somit ein sehr wertvoller Kunde. Er weist uns nicht nur auf unsere Fehler hin, sondern er gibt uns eine zweite Chance für „unsere" Beziehung. Wäre sie ihm egal, würde er einfach wegbleiben, wie so viele andere Kunden, die, aus welchen Gründen auch immer, nicht den Mut haben zu reklamieren. Genau diese Kunden sind deshalb so gefährlich, weil sie in ihrem Groll schlecht über uns als Unternehmen, als Dienstleister, als Institut oder als Person reden.

Ich wage die Behauptung, dass eine gegen null tendierende Reklamationsquote alles andere als erstrebenswert ist. Wo Menschen zusammenkommen, sind Fehler nicht auszuschließen. Gibt es keine Reklamationen, gehen wertvolle Informationen „verloren". Diese Feststellung darf nun nicht dazu führen, die Quote in die Höhe zu treiben. Ein gesundes Verhältnis zwischen Umsatz und Reklamation ist wichtig. Und so stelle ich fest:

Reklamation gleich Reanimation

Eine Reklamation haucht einer „verletzten" Beziehung oder Partnerschaft wie Unternehmer/Kunde-Beziehung neues Leben ein. Sie wird buchstäblich reanimiert. Deswegen ist das Verhalten vieler Unternehmer nicht nachvollziehbar. Sie sehen in reklamierenden Kunden häufig Querulanten, die nur ein Ventil suchen, um ihrem Ärger Luft zu machen. Reklamationen oder Probleme mit dem ausgelieferten Produkt sind unangenehm, wer wollte das bestreiten? In einem Unternehmen passieren Fehler, weil Menschen Fehler machen. Wer arbeitet, macht Fehler. Wer nicht arbeitet, macht keine Fehler. Deshalb sollten Sie Fehler als etwas „Normales" ansehen. Sie zeigen, dass gearbeitet wird. Weil es weder das perfekte Produkt noch die perfekte Dienstleistung gibt, passieren Fehler. Reklamationen sind somit Teil eines Systems und damit wichtig, weil sie die Schwächen am Produkt- oder Dienstleistungsangebot und natürlich auch am Unternehmen aufdecken.

Wenn ein Kunde sich die Mühe macht zu reklamieren, dann sollten Sie ihm mit größter Achtung entgegentreten. Nicht nur, weil Sie dadurch eine zweite Chance bekommen, sondern weil der Kunde dadurch auch signalisiert, dass ihm an einer weiteren Zusammenarbeit mit Ihnen und Ihrem Unternehmen gelegen ist. Würde er sich sonst auf den Weg machen und Arbeit und Zeit in Kauf nehmen, um Ihnen von seinem Problem zu erzählen?

Unterschiedliche Studien belegen, dass über 90 Prozent der Kunden nicht reklamieren, obwohl sie Grund dazu hätten. Sie sind mit dem Produkt oder dem Service unzufrieden, und doch lassen sie die Sache auf sich beruhen. Für das betroffene Unternehmen ist diese Haltung nicht ganz ungefährlich. Augenscheinlich bedeuten weniger Reklamationen weniger Arbeit und Ärger. Aber nur auf den ersten Blick. Tatsächlich bedeuten sie Verluste! Verärgerte Kunden wandern in solchen Fällen kommentarlos zur Konkurrenz.

> *„Die allerwenigsten Kunden beschweren sich – denn die meisten kommen bei Unzufriedenheit gar nicht erst wieder, sondern wechseln direkt zur Konkurrenz",*

weiß der Dienstleistungsmanagement-Experte Prof. Dr. Bernd Stauss.[18] Vereinfacht lässt sich feststellen, dass jede unbekannte Reklamation die Zahl der Kunden reduzieren kann. Ein Prozess, der für das Unternehmen durchaus ernsthafte Konsequenzen haben kann. Deshalb ist es so wichtig, mit seinen Kunden zu kommunizieren. Gute Verkäufer melden sich einige Tage nach Lieferung des Kaufgegenstands beim Kunden, um sich nach dem Stand der Dinge zu erkundigen. Diese Gelegenheit wird der Kunde für Lob oder Tadel nutzen. Letzteres ist zwar ärgerlich, kann aber durch Kenntnisnahme nun bearbeitet werden.

Im Folgenden skizziere ich eine typische Situation in deutschen Unternehmen, wenn es um eine Reklamation geht. Die Erkenntnisse daraus sind auf alle anderen Lebensbereiche anwendbar, nur mit einem zentralen Unterschied. Nehmen wir an, da ist jemand mit seiner Liebesbeziehung unzufrieden. Aus diesem Grund will er mit seinem Partner darüber reden. Der Unzufriedene ist der Reklamierende. An ihm liegt es, wie das Gespräch eröffnet wird. Er kann, wie ein typischer Kunde, die Faust auf den Tisch schlagen, um seinem Ärger gegenüber dem Partner Luft zu machen. Das wäre hier in der Beziehung unklug. Es hätte buchstäblich eine verheerende Wirkung. Statt also wie ein „HB-Männchen" in die Luft zu gehen, stellt er seinem Partner die Eingangsfrage: *„Bist du offen für eine Rückmeldung (Feedback)?"* Sein Gegenüber wird nun viel eher zuhören wollen. Zum einen, weil Rückmeldung besser klingt als Kritik. Zum anderen, weil eine Frage das Gespräch eröffnet und kein Vorwurf.

Noch wichtiger ist es, nicht nur den Partner zu fragen, sondern auch sich selbst, ob es der richtige Zeitpunkt und Ort für ein solches Gespräch ist. Kann frei und unbefangen geredet werden? Habe ich mich auch mal in die Situation des anderen versetzt, oder sehe ich nur meinen Standpunkt? In einer Beziehung geht es noch deutlicher als bei einer geschäftlichen Reklamation um Gefühle. Hinzu kommt, dass es nicht um ein Produkt geht, sondern vielmehr um ein Verhalten, eine Eigenschaft. Wichtig ist für den Reklamierenden die Wahl seiner Worte. Fahren die Gefühle Achterbahn, besteht die Gefahr, unbewusst in Richtung Anschuldigung zu gehen. Damit genau das nicht passiert, müssen wir die Ich-Position einnehmen. Eine Ausnahme, weil wir in der Kommunikation ansonsten die Sie-Position oder, bei Vertrauten, die Du-Position einnehmen. Hier geht es auch nicht darum zu „trommeln", wie toll wir sind, sondern sich zu öffnen und von seinen eigenen Gefühlen zu erzählen. Nur dann wird sich auch der andere öffnen. Denken Sie immer daran: „Druck erzeugt Gegendruck! "

„Du bist schuld, dass es mir so schlecht geht." *„Du räumst deine Sachen nie weg".* *„Du hast zu wenig Zeit für mich."* Diese Formulierungen sind

Frontalangriffe, und wer angegriffen wird, der zieht im übertragenen Sinne alle Schutzwälle hoch, verbarrikadiert sich dahinter und geht jedem weiteren Angriff und damit dem Dialog aus dem Weg. Achten Sie im Falle eines Falles also auf die Ich-Position: *„Ich habe das Gefühl, dass in unserer Beziehung etwas aus dem Ruder läuft." „Ich habe mich über das oder jenes geärgert." „Ich fühlte mich schlecht in dieser Situation …"* Diese Eröffnung des Gespräches wird mit einer offenen Frage abgerundet: *„Wie siehst du das, wie hast du das in dieser Situation wahrgenommen, oder wie hast du gefühlt?"* Wenn ich auf die Du-Ebene gehe, dann mit Verständnis. Hier gilt es, sich in die Situation des anderen zu versetzen und ihn zu verstehen und durch das „Öffnen" um Verständnis des Partners zu werben.

Der weitere Verlauf ist psychologisch ähnlich wie im geschäftlichen Umfeld!

Nachdem wir den Unterschied in Sachen Reklamation innerhalb einer Partnerschaft und eines Unternehmens kennen, fahre ich, wie angekündigt, mit dem Beispiel einer Reklamation in einem Unternehmen fort.

Bei einer Reklamation sind wir immer in einem körperlichen Ausnahmezustand. Es ist ja nicht so, dass wir beim ersten Fehler oder Vergehen die Faust ballen und zum Angriff blasen. Wir versuchen zunächst, die Situation allein zu meistern. Wenn uns das nicht gelingt, versuchen wir es öfter, so lange, bis wir einsehen müssen, dass hier ohne fremde Hilfe kein Weiterkommen möglich ist. Es ist schlichtweg frustrierend, wenn Zeit und Aktivität investiert wurden, das gewünschte Ergebnis aber ausbleibt. So sind wir, so sind Kunden, so sind Menschen. Deshalb dürfen wir Wutausbrüche z. B. von Kunden nicht persönlich nehmen. Es gilt, sie zu verstehen, indem wir uns in ihre Lage versetzen. Sobald Sie die Möglichkeit haben, auf die „Angriffe" Ihrer Kunden zu antworten, zeigen Sie Verständnis. Bagatellisieren Sie niemals das Problem. Schließlich hat der Kunde bis jetzt seine Zeit und sein Geld investiert und trotzdem das Problem nicht lösen können. Vielleicht hat er dann noch stundenlang in einer Warteschleife der Hotline gehangen, ohne dass am anderen Ende ein kompetenter Sachbearbeiter helfen konnte. Also bleibt ihm nur der Gang zum Unternehmen, was erneut Zeit und Geld kostet.

> *„Aufmerksamkeit auf einfache kleine Sachen zu verschwenden, die die meisten vernachlässigen, macht ein paar Menschen reich. "*

Henry Ford

Je nach Branche und Unternehmensgröße entscheidet sich, ob Reklamationen auf dem „kurzen Dienstweg" geklärt werden oder ob es hierfür eine eigene Dienststelle gibt. In jedem Fall ist es wichtig, für eine positive Gesprächsatmosphäre zu sorgen und alles Erdenkliche zu tun, um das Problem des Hilfesuchenden zu lösen. Ein Vertreter, der auf sein Auto angewiesen ist, benötigt dabei schnellere Hilfe als ein gestresster Manager, der sein Essen nicht erwärmen kann, weil die Mikrowelle streikt. Es gibt Unternehmensbereiche, in denen innerhalb von Minuten gehandelt werden muss. Als Serviceeinsatzleiter habe ich viele Jahre bei einem holländischen Konzern aus der Medizintechnikbranche gearbeitet. Hier liefen alle Telefonate hilfesuchender Anrufer auf. Ob fehlende Schraube, ausgefallener Monitor, streikende Software, fehlende Bedienungsanleitung, alle Anrufer standen vor der gleichen Situation:

Die typische Beschwerdesituation:

Reklamierende Kunden befinden sich, wie erwähnt, mental im Ausnahmezustand, weshalb sie nicht selten hysterisch auftreten. Sie fühlen sich im Recht. Sie wollen ihr Problem sofort (!) gelöst haben. Ein nicht immer leichtes Unterfangen. Zuhören ist daher unerlässlich. Den Kunden ausreden lassen, damit er Dampf ablassen kann, ist wichtig. Erfahrene Mitarbeiter zeigen Verständnis für die Situation des Kunden und kontern nicht mit Sätzen wie:

- *„Das kann nicht sein ..."*
- *„Normalerweise passiert das so nicht ..."*
- *„So schlimm ist das doch gar nicht ..."*
- *„Sie sind der erste Kunde, der damit ein Problem hat ..."*
- *„Da müssen Sie schon genauer hinschauen, um zu verstehen, dass ..."*

- *„Also, dafür kann ich doch nichts ..."*
- *„Der Chef ist nicht da, da können wir jetzt nichts machen ..."*
- *„Bevor ich etwas für Sie tun kann, brauche ich erst einmal Ihre Kundennummer ..."*
- *„Haben Sie den Garantieschein dabei? Ohne den kann ich nichts für Sie tun ..."*
- *„Ist der Stecker in der Steckdose?"*
- *„Wann haben Sie das Gerät zum letzten Mal gewartet?"*

Augenscheinlich geht es um die Sache. Tatsächlich aber sind es die Gefühle, die mit einem „Konflikt" unbewusst verbunden sind. Der nicht abgeräumte Küchentisch ist nur deshalb ein Problem, weil der Partner dies als Missachtung seiner Person auslegen könnte. Unbewusst geht er der Frage nach, ob dem anderen nicht an einer harmonischen Partnerschaft gelegen ist: *„Mein Partner räumt nie den Tisch ab. Scheinbar ist ihm egal, wie ich mich dabei fühle. Will er mich ärgern? Hat er mich nicht mehr lieb?"* So könnte der innere Dialog des Betroffenen verlaufen. Je nach Situation steigert er sich so sehr in seine Vorstellung, die am Ende zum offenen Schlagabtausch führt: *„Tausendmal und mehr habe ich dir gesagt, du sollst nach dem Essen den Tisch abräumen. Du tust es nicht ... Nie."*

In Konfliktsituationen ist es deshalb so extrem wichtig, sich dem anderen auf der Beziehungsebene und nicht auf der sachlichen Ebene zu nähern. Das schreibt sich leicht, ist aber alles andere als einfach umzusetzen. Das, was den Menschen zu dem macht, was er ist, ist unsichtbar. Das, was wir von einem Menschen wahrnehmen, ist im übertragenen Sinne nur die Spitze des Eisberges. Der Begründer der Psychoanalyse, Sigmund Freud (1856 – 1939), sprach hier vom Eisberg-Modell des Bewusstseins. Freud beobachtete bei seinen Patienten, dass das, worauf sie im täglichen Verhalten bewusst zurückgriffen, noch nicht einmal 20 Prozent dessen ausmachte, was ihr Handeln bestimmte. Diese Erkenntnis war zu dieser Zeit bahnbrechend, weil Experten bis dahin davon ausgegangen waren, dass das menschliche Verhalten allein auf bewusstes Denken und rationales Handeln zurückzuführen sei.

Eisberg-Theorie nach Sigmund Freud:

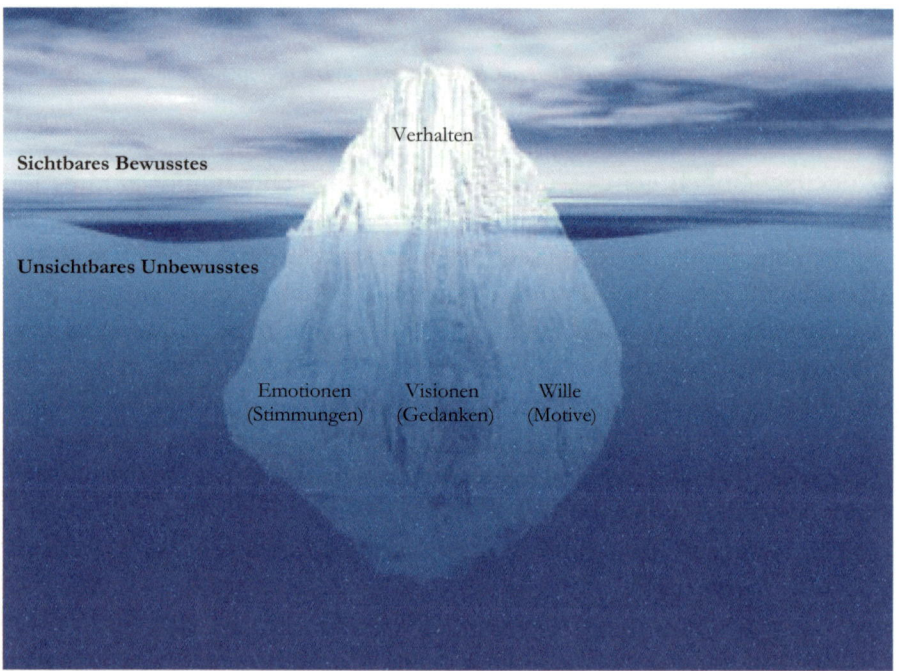

Um beim Bild des Eisberges zu bleiben, bedeutet diese Erkenntnis mittlerweile, dass maximal 20, eher 10 Prozent „Bewusstsein" aus dem Wasser ragen, während der große Rest, also fast 90 Prozent, unterhalb der Wasseroberfläche liegt. Das, was sich in diesem Unterwasserbereich abspielt, entscheidet, was über dem Wasser „gespielt" wird. Entscheidungen werden im Unterbewusstsein gefällt – ausnahmslos, und anschließend mit dem Verstand begründet und gerechtfertigt. Wenn eine Frau sich eine Handtasche für 300 oder 400 Euro kauft, wird das im Bauch entschieden und anschließend im

Kopf begründet: *„Ich habe noch Platz im Schrank. Die Farbe passt zu meinen neuen Schuhen, und außerdem hält sie auch länger!"*

Bei den Männern ist es nicht anders. Das Auto mit der 3,0 TDI-Maschine muss es sein! Das wird im Unterbewusstsein entschieden und ebenfalls für ein gutes Gewissen mit dem Verstand gerechtfertigt: „Dann bin ich schneller aus der Gefahrenzone wieder raus!"

Nicht das Äußere ist entscheidend, sondern unsere innere Einstellung dazu. So können Sie nie glücklich tun, sondern nur glücklich sein. Deshalb können Sie auch Ihre innere Traurigkeit mit keinem äußeren Lächeln kaschieren. Ihr Gegenüber wird es sofort als das erkennen, was es ist, aufgesetzt und unecht. Durch ein Experiment bewies der schweizerische Wissenschaftler John Antonakis von der Universität Lausanne diese Feststellung. Der Psychologe hatte Kindern Bilder von französischen Regionalpolitikern vorgelegt und sie raten lassen, wer die Wahlen gewonnen hatte. 70 Prozent der Kinder lagen mit ihrer Einschätzung richtig. Für die Sprösslinge, unbeeindruckt von Wahlkampfversprechen, zählte der erste Eindruck.

Die linke Gehirnhälfte steht für rationales Denken. In dieser Hälfte werden Zahlen, Daten und Fakten verarbeitet, das sogenannte ZDF-Schema. Die rechte Gehirnhälfte steuert mehr die Intuition, Kreativität, Symbole, Bilder und Gefühle. ZDFs vergessen wir, nicht aber Bilder. Wir sind schlichtweg nicht in der Lage, ohne Bilder zu denken, selbst wenn wir dazu aufgefordert werden, wie ein Beispiel beweist: *„Denken Sie jetzt nicht an einen rosa Elefanten mit einem blauen Rüssel und braunen Schuhen."* Beim Lesen dieser Aufforderung haben Sie bereits den beschriebenen Elefanten vor Augen, obwohl Sie genau das nicht hätten tun sollen. Oder: „Die Bohrmaschine gehört nicht in den Kühlschrank!" Wo liegt jetzt die Bohrmaschine? An welchen Kühlschrank haben Sie gerade gedacht? Wenn ich Sie nun aber bitte, die folgende Rechenaufgabe nicht zu lösen, gelingt es Ihnen tatsächlich:

$$456 + 567 + 345 - 23 = ?$$

Sie werden schon morgen nicht mehr wissen, wie hoch die heutige Außentemperatur war. Sind Sie heute mit Ihrem Sohn an der Hand in der untergehenden Abendsonne spazieren gegangen, dann werden Sie sich noch Wochen danach daran erinnern. Genießen Sie diese Zeit, Sie werden sich immer daran erinnern. Da bin ich mir sicher. Wenn ich mit alten Menschen spreche, dann bedauern sie häufig, diese schöne Zeit nicht wirklich genutzt zu haben. Dagegen habe ich noch nie jemanden getroffen, der sich im Alter darüber beklagt, zu wenige Stunden im Büro zugebracht zu haben.

2.6 Ende der Täuschung

*„Alle anderen Enttäuschungen sind gering im Vergleich
zu denen, die wir an uns selber erleben."*

Marie Freifrau von Ebner-Eschenbach (1830-1916)

Auch wenn es scheinbar um die Sache geht, so ist es in dieser aufgeheizten Situation zwingend erforderlich, dem Reklamierenden auf der sogenannten Beziehungsebene zu begegnen.

*„Man kann nicht nicht kommunizieren, genauso wenig wie
man sich nicht nicht verhalten kann",*

stellte der österreichische Kommunikationswissenschaftler Prof. Dr. Paul Watzlawick (1921 – 2007) fest. Menschen kommunizieren immer, auch oder gerade wenn sie nichts sagen. Zudem findet Kommunikation auf verschiedenen Ebenen statt. Auf Dr. Watzlawick geht die Unterscheidung zwischen der Sach- und Beziehungsebene zurück. Er stellte fest, dass sich Problemlösungsprozesse zwischen Menschen bis zu 80 Prozent auf der Beziehungsebene abspielen. Weil Kommunikation ein ständiges Hin und Her, ein Senden und Empfangen von Botschaften ist, kann es zu Missverständnissen oder Streitigkeiten kommen. Augenscheinlich geht es um die Sache, doch bei genauerem Hinsehen geht es genau darum nicht: Es geht immer um Gefühle. Auf der Sachebene werden Daten, Fakten, Zahlen und Sachverhalte vermittelt. Glauben Sie, dass ein Reklamierender darüber belehrt werden will, dass er der Erste ist, der ein Problem mit dem Produkt hat, das weltweit über zwei Millionen mal verkauft wurde? Das interessiert ihn in diesem Moment, mit Verlaub, nicht die Bohne.

Auf der Beziehungsebene stehen emotionale Faktoren im Mittelpunkt. Hier zeigt sich, wie sich Sprecher und Hörer zueinander verhalten. Über die Körpersprache, den Tonfall und die Art seiner Formulierung drückt der Sprecher seine Meinung über den Hörer aus, wie z. B. Wertschätzung, Respekt, Ablehnung, Verachtung oder Gleichgültigkeit. Auf dieser Ebene findet unbewusst ein Abgleich zwischen der Information aus der Sachebene und dem Verhalten der Person statt: *„Passt sein Verhalten zu dem, was er sagt?"*

In jeder Nachricht stecken Informationen über die Person des Senders. Jede seiner Äußerungen ist somit auch eine Selbstoffenbarung, die einen Hinweis darauf gibt, was in einer Person vorgeht, wofür sie steht und wie sie sich selbst sieht. So ist allein schon die Größe eines Schreibtisches eine Selbstoffenbarung des Vorgesetzten, wenn dieser Tisch größer ist als der seiner Angestellten: *„Seht her. Ich bin überlegen, ich sage hier, wo es lang geht. Ich sitze über euch."* Ein anderes Beispiel für Selbstoffenbarung ist ein Gespräch, das nicht auf Augenhöhe geführt wird. Der Vorgesetzte steht, der ihm Untergebene sitzt. Auch hier ist die nonverbale Botschaft klar: *„Ich gebe (von oben herab) den Ton an. Sie haben zu folgen."* Ein ähnliches Bild ergibt sich in einem Krankenhaus. „Die Halbgötter in Weiß" treten aufrecht an das Krankenbett, während für gewöhnlich der Patient liegt. Natürlich ist es die

Situation, die diese Rollenverteilung vorgibt, doch drückt sie unbewusst ein extremes Machtverhältnis aus. Der Arzt, häufig der Retter über das Leben, demonstriert notgedrungen durch sein Verhalten seine große Macht über den kranken Menschen, weil er von oben nach unten (Blickrichtung) kommuniziert.

Wie eingangs erwähnt, geht es nirgends so emotional zu wie in einem Reklamationsgespräch. Augenscheinlich haben wir es hier mit einer Sache zu tun, weshalb viele Menschen mit dem Reklamierenden auf der Sachebene kommunizieren wollen und damit scheitern. Der Reklamierende ist bis zum Zusammentreffen mit dem Mitarbeiter eines Unternehmens durch ein Wechselbad der Gefühle gegangen. Da haben sich Ärger, Wut und Frust angesammelt, die er nun loswerden will.

Die typische Situation bei einer Reklamation:

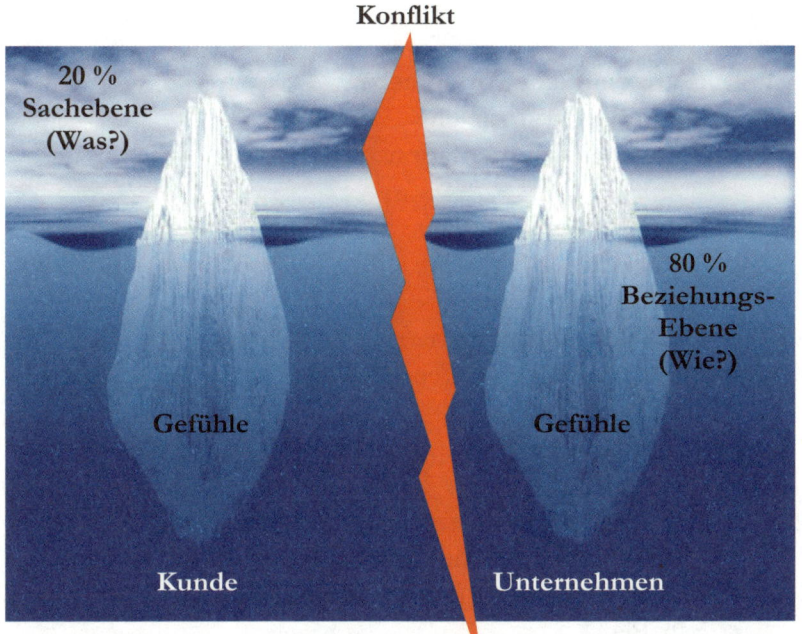

Weil er emotional unter einem starken Druck steht, greift er das Unternehmen oder sogar den Mitarbeiter persönlich an. Dieser muss als Blitzableiter herhalten, weil der Kunde in seiner Not keinen anderen Weg kennt. In dieser aufgeheizten Stimmung darf der so Angegriffene nicht die Contenance verlieren. Es besteht die Gefahr, diesen verbalen Angriff mit einem Gegenangriff abzuwehren. Menschlich verständlich, aber in dieser Situation „tödlich". Es ist wichtig, die eigenen Emotionen hintenanzustellen, sich bereit zu erklären, das Problem zu lösen und dabei nicht die Schuld auf andere zu schieben. Kurzum: im Namen der Firma sich der Reklamation bewusst stellen und Verantwortung übernehmen. Und vor allem die wahren Motive und Gefühle heraushören!

Der deutsche Psychologe und Kommunikationswissenschaftler Prof. Dr. Friedemann Schulz von Thun hat mit seinem Nachrichtenquadrat zusammengefasst, wie Kommunikation funktioniert. Er geht hier von vier Ebenen aus:

1. Sachebene:

   o Klare deutliche Aussprache
   o Definition von Zielen
   o Sachliche Argumentation

2. Beziehungsebene

   o Aktives Zuhören
   o Gefühle wahrnehmen
   o Rückkoppelung (= Feedback geben und nehmen)

3. Selbstoffenbarungsebene

   o Auf Augenhöhe überzeugend argumentieren
   o Dialog, keinen Monolog führen
   o Fragen und Antworten im Rhythmus
   o Fair Play

4. Appellebene

- o Keine Manipulationen
- o Eigene Meinung haben und offen kommunizieren
- o Ich-Botschaften senden
- o Eigene Ziele erklären

Seine empirischen Ausführungen ziehe ich nicht in Zweifel. Doch für mein Verständnis von umsetzbaren Kommunikationstipps benötigen wir in 80 Prozent unserer Alltagssituationen nur diese zwei Ebenen:

die Sach- und die Beziehungsebene.

Bei einer Reklamation oder in ähnlichen Konfliktsituationen bleibt uns wenig Zeit, über Appelle und andere Dinge nachzudenken, wenn z. B. ein reklamierender Kunde vor uns steht. Dann ist sofortiges und vor allen Dingen richtiges Handeln gefragt. Im übertragenen Sinne würden wir ja auch nicht unseren Partner, der im Begriff ist, eine Tasse nach uns zu werfen, bitten, in dieser Position zu verharren, bis wir auf der Selbstoffenbarungs- und Appelebene geklärt haben, wie wir nun mit dieser ungewöhnlichen Herausforderung umzugehen haben.

Oder noch einfacher: Bei einem gut ausgeprägten Selbstbewusstsein kommt das angemessene Verhalten auf der Selbstoffenbarungs- und Appellebene intuitiv!

Es geht immer um Gefühle. Immer! Die Sache ist zweitrangig. Ein Kunde, der einen zu hohen Preis für eine Ware moniert, meint nie den Preis. Er meint sein Gefühl, das ihm suggeriert, nicht den Preis zahlen zu wollen, der für diese Ware verlangt wird. Ein anderer Kunde wird es bei demselben Produkt völlig anders sehen. Ein vermögender Mensch, dem das Produktlabel über alles geht, gibt für eine Handtasche 2.000 Euro und mehr aus, ohne mit der Wimper zu zucken, geschweige denn über den Preis zu verhandeln. Ein normaler Arbeiter mit einem normalen Gehalt würde für diese Tasche niemals 2.000 Euro ausgeben. Nicht, weil er sie sich vielleicht nicht leisten könnte, sondern einfach deshalb, weil sein Gefühl ihm sagt, dass diese Tasche niemals diesen Preis wert ist. Es geht also nicht um den Preis, sondern um das Gefühl, das dieser Preis bei uns auslöst!

Mit der Qualität verhält es sich genauso. Es gibt für fast alle Markenprodukte auf der Welt vergleichbare Produkte, die in der Qualität dem Marktführer in nichts nachstehen. Kein Markenhersteller könnte überleben, gäbe es nur Kunden, für die nur Qualität eine Rolle spielt. Der eine wählt das Markenprodukt und zahlt damit vielleicht dreimal mehr als für ein vergleichbares Angebot eines unbekannten Herstellers. Der andere legt weniger Wert auf Namen, weshalb er nur das günstigste Angebot wählt. Es geht also nicht immer um die Qualität, sondern um das Gefühl, das diese Qualität beim Käufer und damit bei uns auslöst!

In den meisten Bereichen können wir die Qualität überhaupt nicht beurteilen geschweige denn bewerten. Nehmen wir unseren Zahnarztbesuch. Hier handelt es sich ebenfalls um eine reine Gefühlsentscheidung. Wir können nicht beurteilen, was dort mit uns – dem Geschehen in der Rückenposition ausgeliefert – im Einzelnen passiert, aber wir haben ein Gefühl des Vertrauens, sonst würden wir diesen Zahnarzt nicht wieder besuchen.

Sie sehen, es geht immer um Gefühle, und gerade deshalb ist es so wichtig, in Konfliktsituationen die Gefühle und nie die Sache an sich in den Vordergrund zu stellen. Wenn man das einmal verinnerlicht hat und vor allem auch auf sich selbst reflektiert, ist eine harmonische Beziehung ebenso leicht zu führen, wie einen sehr kritischen, reklamierenden Kunden wieder zufriedenzustellen und sogar zu begeistern.

Wichtig: Es gibt keine Routine in Konfliktsituationen. Was in der einen Situation hilft, sie zu entschärfen, kann in der nächsten genau das Falsche sein. Deshalb müssen Sie immer wieder die Gefühle des anderen „abklopfen", bevor Sie in die Diskussion einsteigen. Einen aufgebrachten Anrufer erkennen Sie schon an seiner Stimme, die seine Stimmung widerspiegelt. Seine Empörung hören Sie, ohne diesen Menschen zu sehen. Hier bestätigt sich wieder einmal: „Der Ton macht die Musik."

Vor meiner Tätigkeit als selbstständiger Coach und Trainer arbeitete ich einige Jahre als Serviceeinsatzleiter eines Konzerns. In meiner Abteilung landeten die Telefonate ratsuchender Kunden, die ein technisches Problem nicht in den Griff bekamen, was häufig ja auch nicht ihre Aufgabe war. Fiel ein Monitor aus, musste unser Servicetechniker ran und nicht der Kunde, der sich vielleicht mit einem Schraubenzieher daran versucht hätte und einen Stromschlag riskiert hätte.

Häufig waren die Kunden aufgebracht. Ich erinnere mich noch sehr gut an ein Telefonat mit einem Chefarzt und Klinikdirektor. In diesem Telefonat brüllte er mich an, mich persönlich verantwortlich zu machen, wenn nicht sofort das Problem gelöst werden würde. Schließlich sei er mitten in einer Herzoperation. Der Katheter steckte kurz vor dem Herzen, als beide Monitore, also Haupt- und Kontrollschirm, ausfielen. Die jetzt typische Reaktion des Servicetechnikers war sein Versuch, über die Sachebene das Problem zu lösen: *„Herr Professor, haben Sie nachgeschaut, ob vielleicht die Netzkabel gezogen wurden oder der Not-Ausschalter gedrückt wurde?"* Diese Belehrung führte in die Katastrophe. *„Ich kenne meine Anlage gut genug, um das zu wissen!"*, kam als Antwort zurück. Ich hätte mir meine Arbeitspapiere beim Vorstand des Konzerns abholen können, hätte ich z. B. auf der Sachebene geantwortet: *„Herr Professor, gute Operateure bekommen den Katheter raus auch ohne Monitore."* Die Folgen einer solch laxen Antwort, obwohl sachlich richtig, wären nicht nur für mich, sondern auch für unser Unternehmen katastrophal gewesen. Damals entschied noch der Klinikchef, welche medizinischen Geräte angeschafft wurden. Die Geräte unserer Firma wären nach meiner Einlassung wohl nicht mehr berücksichtigt worden.

Drei Möglichkeiten oder Schritte haben Sie, um dem aufgebrachten Kunden auf der Beziehungsebene zu begegnen. Drei Varianten bzw. Steigerungen, je nach Härtefall der Reklamation oder Einlassung. Zeigen Sie als Erstes Verständnis für seine Situation. Weiter vorne habe ich beschrieben, warum Menschen in Ausnahmesituationen Achterbahn fahren. Verständnis zeigen Sie allein schon durch verbale Bestätigungen: *„Das, Herr Kunde, kann ich gut verstehen." „Ich verstehe Sie sehr gut, Herr Kunde."* Oder: *„Das kann ich sehr gut nachvollziehen, Herr Kunde."* Die Formulierung muss zu Ihrem Sprachgebrauch und Wortschatz passen. Ich halte nichts von allgemeinen Gesprächsleitfäden. Die Wortwahl muss individuell von jedem persönlich erarbeitet werden, nur dann funktioniert die Strategie.

Der Professor indes war nicht zu beruhigen. *„Gar nichts verstehen Sie, das ist schon das dritte Mal in diesem Monat, dass die Monitore ausgefallen sind. Überhaupt ist alles Schrott, was aus Ihrem Hause kommt. Meine Frau hat eine Kaffeemaschine Ihres Konzerns vor ein paar Jahren gekauft. Heute Morgen hat dieses Gerät seinen Geist aufgegeben. Können Sie eigentlich noch Qualität liefern oder profitieren Sie nur noch von Ihrem Ruf, den Sie sich vor hundert Jahren einmal erarbeitet haben, zu einer Zeit, als Sie noch gute Arbeit lieferten …?"*

Ist es jetzt sinnvoll, auf die Sachebene zu wechseln und zu versuchen, dem Kunden mit Ratschlägen zu kommen? Sicherlich nicht! Wir haben damals mit Augenzwinkern gesagt, dass wir erst die Kunden reparieren müssten, bevor wir uns an die medizintechnischen Anlagen machen. Doch wenn wir genau hingehört haben, haben wir soeben die Information erhalten, dass die Anlage zum wiederholten Male ausgefallen war. Das machte die Situation und somit die Gemütslage des Kunden nicht einfacher. Für die gesteigerte oder wiederholte Reklamation benötigten wir die zweite Variante. Hierfür ist es sinnvoll, einmal auf die Vielfalt und Stärke unserer Gefühle zu achten, die aufkommen, wenn wir reklamieren, uns beschweren oder streiten. Was auch immer im Einzelfall gesagt wird, am Ende lassen sich fast alle Aussagen auf ein Gefühl reduzieren oder herunterbrechen. Können Sie sich vorstellen, welches? Sicher fallen Ihnen hierzu Begriffe wie Wut, Ärger, Groll, Hass oder Angst ein. Oft sind sie gesteigerte Formen dieser einen Emotion. Hinter allem steht in neun von zehn Fällen ein einziges Gefühl: Enttäuschung!

Denken Sie bitte einmal über dieses Gefühl nach. Wenn Sie sauer auf Ihren Partner sind, dann hat das Gründe. Verschiedene Gründe. Natürlich. Doch am Ende werden Sie feststellen, dass Sie sich in diesem Partner oder in einzelnen seiner Verhaltensweisen getäuscht haben. Sie haben ein anderes Bild von ihm gehabt, als es sich nun in der Realität zeigt. Vielleicht lässt er seine Wäsche liegen, schraubt die Zahnpastatube nicht zu, ist unpünktlich oder hilft wenig im Haushalt mit. Das sind im übertragenen Sinn nur „Produktmerkmale". Wenn Ihr Partner die Wäsche liegen lässt, geht es nicht um die Wäsche, sondern um das Gefühl, das dieses Verhalten bei Ihnen auslöst. Es hat mit Ihnen zu tun. Sie haben bestimmte Erwartungen an ein Produkt, an eine Dienstleistung oder an einen Menschen, die nicht erfüllt werden. Oft ist es fehlende Anerkennung oder Wertschätzung, die zu dem Gefühl der Enttäuschung führt.

Dieses vorausgeschickt, begeht man den größten Fehler, wenn man einem enttäuschten Menschen sofort auf der Sachebene begegnen und ihn belehren will. Wenn Gefühle im Spiel sind, setzt im übertragenen Sinne der Verstand aus. Nicht umsonst sagt man von Verliebten, sie hätten eine rosarote Brille auf. In diesem Zustand überwiegt das Gefühl, das wie ein Bollwerk die Verliebten vor allerlei Angriffen, positiver wie negativer Natur, schützt.

Wenn Sie in eine Konfliktsituation geraten, wie im Falle von Beziehungsstress, einer Reklamation, einer Anfeindung oder anderes, dann gehen Sie unbedingt mit Gefühl vor, also immer auf der Beziehungsebene. Bezogen auf den Reklamationsfall des Professors würden Sie sagen: *„Herr Professor, ich kann sehr gut nachvollziehen, dass Sie nun enttäuscht sind. An Ihrer Stelle wäre ich es auch."* Eine solche Einlassung ist so menschlich, dass darüber schnell der Groll vergessen wird. Einfach deshalb, weil Sie nun im übertragenen Sinne auf die Seite des Reklamierenden wechseln. Aus Ihnen, dem anonymen Servicemitarbeiter, wird nun ein Genosse, der sich dem Reklamierenden zur Seite stellt. Dieser hat nun das Gefühl, mit seinen Gefühlen nicht allein zurückgelassen zu werden. Das schafft Vertrauen.

Der Angesprochene wechselt auf die Seite des Reklamierenden

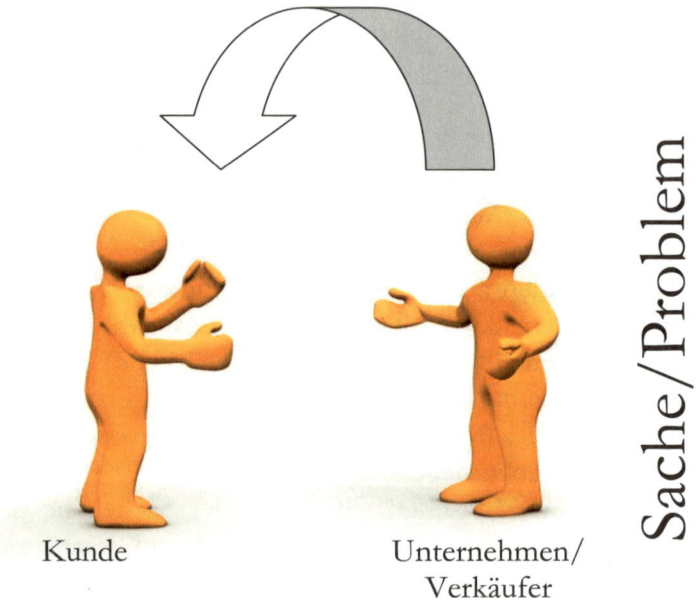

Kunde   Unternehmen/
Verkäufer

Sache/Problem

In der zweiten, gesteigerten Variante spiegeln Sie also die Gefühle des Gesprächspartners wider und gelangen somit in sein Unterbewusstsein. Im Falle des Professors ist natürlich eine Lösung erforderlich. Die gibt es meiner Meinung nach immer. Die Frage ist nicht ob, sondern nur, wie schnell sie umzusetzen ist. In jedem Fall muss sie schnell genug umgesetzt werden, weil gerade im technischen Bereich auf nichts verzichtet werden kann.

Wenn das noch nicht hilft, gibt es einen „Notanker", die dritte und letzte Möglichkeit, um die Beziehungsebene zu retten oder wiederherzustellen. Wenn die folgende Methode nicht funktioniert, können

Sie gleichzeitig sicher sein, dass es nicht um das angegebene Sachproblem geht, sondern ausschließlich um die Beziehungsebene. Und Sie stehen vor dem berühmten Satz: *„Wir müssen reden …!"*

Testen Sie jetzt einmal Ihre eigene Reaktion, wenn ich Sie mit folgendem Satz ansprechen würde:

„Lieber Leser, jetzt brauche ich mal ganz kurz Ihre Hilfe." – Pause!

Spüren Sie das? Wir haben alle ein Helfersyndrom. Wenn Sie jemanden um Hilfe bitten, ist das ein hohes Maß an Anerkennung und Wertschätzung, und im Normalfall wird Ihnen die Hilfe nicht verwehrt. Wenn doch, seien Sie sich sicher, dass mehr dahinter steckt als dieses vorgeschobene Sachproblem.

Die Reihenfolge der vorgeschlagenen Methoden sollte eingehalten werden. Auf jeden Fall zeigen Sie Verständnis, ehrliches, gefühltes Verständnis, und wenn das nicht reicht, dann erst bitten Sie Ihr Gegenüber um Hilfe. Nicht umgekehrt, sonst könnte die Antwort lauten – gerade bei einer Reklamation wie bei dem Chefarzt: *„Sie sollen mir doch helfen!"*

Dieser kleine Satz und der Schritt, Verständnis zu zeigen, könnten vieles so viel einfacher machen und dem Ruf von der Servicewüste Deutschland im Nu den Garaus machen. Aber nein, man ist von dem Unsinn getrieben, sich rechtfertigen zu müssen, doch alles richtig gemacht und damit Recht zu haben, sodass wir als Kunde nicht selten Aussagen hören wie: *„Das kann gar nicht sein, das ist ja noch nie passiert, was haben Sie denn gemacht etc. pp."*

Wie oft habe ich gehört: *„Da brauche ich erst mal Ihre Kundennummer!"* Man spürt regelrecht, wie willkommen unsere Reklamation ist, nicht wahr? Nach dem Motto: *„Lieber Ofen, gib mir Wärme, dann gebe ich dir Holz!"*

Wie viel besser würde es doch gleich klingen, wenn sich der Servicemitarbeiter auch wirklich als Dienstleister sehen würde und sich schon intuitiv auf die Seite des Kunden stellen würde: *„Lieber Herr Sander, das kann ich nachvollziehen, ist echt ärgerlich. Herr Sander, damit ich Ihnen schnell helfen kann, brauch' ich ganz kurz Ihre Hilfe* – Pause – *Bitte geben Sie mir Ihre Kundennummer und ich habe alles auf einen Blick. Vielen Dank für Ihre Mühe …"*

Diese „Einwandbehandlung" benötigen wir tagtäglich, beruflich wie privat. Bei unserem Partner, der unsere mangelnde Mithilfe im Haushalt moniert, unseren Kindern, die ihre Schularbeiten nicht machen wollen, oder bei unseren Mitarbeitern, die ganz spontan einen Tag Urlaub benötigen. Sie nehmen in diesem Moment alle die Rolle unseres Kunden ein. Versetzen Sie sich in ihre Lage und Sie erreichen ein besseres Ergebnis.

In diesem Stadium des Gespräches sind Sie auf der Seite des Kunden, auch wenn Sie noch gar keine Lösung haben. Darum geht es im weiteren Verlauf. Denn merke: Kinder werden erwachsen, d. h. sie werden größer. Diese neue körperliche Statur täuscht häufig darüber hinweg, dass der menschliche Geist noch nicht mitgewachsen ist. Vielfach sind einige in ihrem Verhalten Kind geblieben. Die Sandkastenspiele mit ihren allseits bekannten Folgen von *„Der hat meinen Sandkuchen zerstört, jetzt spiel ich nicht mehr mit ihm"* sind somit auf fast allen Ebenen unseres täglichen Lebens wiederzufinden. Und so sucht der Verkäufer eines Unternehmens die Schuld beim Innendienst, wenn eine Sache aus dem Ruder gelaufen ist. Der Innendienst beim Techniker, der Techniker beim Lieferanten, der Lieferant beim Hersteller und so weiter. Die Suche nach dem Schuldigen ist eine Schutzbehauptung, um vom eigenen Versagen abzulenken. Ausgetragen wird der Konflikt im schlechtesten Fall auf dem Rücken des Kunden. Die Wirkung ist verheerend. Die Frage nach dem Schuldigen ist für ihn uninteressant. Dennoch verläuft das Gespräch eines ratsuchenden Kunden häufig nach folgendem Muster:

Anrufer (A): *„Meier hier. Ich rufe heute schon zum dritten Mal an. Mein Computer ist defekt. Ich kann nicht weiterarbeiten, dabei müssen dringend fünf Lieferscheine ausgedruckt werden. Ich brauche sofort einen Techniker."* Servicemitarbeiter (SM): *„Das mit Ihrem Computer tut mir Leid. Ich höre davon das erste Mal. Mit welchem Kollegen aus unserem Haus haben Sie darüber gesprochen?"* (A): *„Das weiß ich doch nicht mehr. Eine Frau Meier oder Müller oder so."* (SM): *„Komisch, die hat mir mal wieder nichts gesagt. Ich war heute Morgen nicht im Hause. Da hat mich Frau Meier vertreten. Sie hat mir aber keine Notiz hinterlassen, dass ich Sie anrufen soll."* (A): *„Das ist mir egal, ob Sie einen Zettel haben oder nicht. Ich brauche einen Techniker".* (SM): *„Mir ist das aber nicht so egal. Schließlich müssen wir klären, ob bereits Maßnahmen in die Wege geleitet wurden."* (A): *„Wohl kaum, denn sonst wäre der Techniker schon längst hier. Schließlich habe ich mit Ihrem Unternehmen einen Wartungsvertrag mit Premium-Service abgeschlossen. Also, wann kommt der Techniker? Ich muss dringend Lieferscheine ausdrucken, ohne die kann hier niemand weiterarbeiten."* (SM): *„Tut mir Leid, da kann ich Ihnen im Augenblick auch nicht weiterhelfen. Ich kenne den Terminplan unserer Techniker nicht, und Frau Meier ist heute nicht mehr im Hause. Wie gesagt, wir müssen erst einmal klären, warum die Sache hier noch nicht weitergeleitet wurde ... "*

Dieses unsägliche Telefonat ließe sich noch weiterführen. Aber auch so wird deutlich, worum es im Kern geht: Hier wurde in Problemen gedacht, statt sofort nach Lösungen zu suchen. Es geht meistens gar nicht mehr um die Sache, sondern nur darum:

1. Wie konnte es dazu kommen?

2. Wer ist schuld?

3. Wer hat recht?

Ungeheure Energie wird aufgewendet, um auf einem Problem herumzutanzen, statt sie für die Lösung zu verwenden. In neun von zehn Fällen spielt es keine Rolle, wie es zu einem Problem überhaupt gekommen ist. Wichtig ist, Verantwortung zu übernehmen, um das Problem zu lösen. Im vorliegenden Fall ist der Computer ausgefallen. Die Gründe hierfür spielen in dem gegenwärtigen Stadium keine große Rolle. Der Rechner ist defekt. Erster Fakt. Der Kunde braucht Daten aus diesem Rechner. Zweiter Fakt! Fakt drei: Die Zufriedenheit des Kunden wird nur durch Verständnis und schnelles Handeln zur Problembeseitigung erreicht. Alles andere ist aus Kundensicht nebensächlich. Also muss ein Techniker her, der als Erstes die Daten rettet, gleichgültig ob durch eine Reparatur des Rechners oder durch das Überlassen eines Leihgerätes. Wichtig ist einzig, den Kunden mit seinem Problem ernst zu nehmen und es nicht zu bagatellisieren.

Nicht wie Sie ein Problem einstufen ist wichtig, sondern wie es der Betroffene bewertet. Der US-amerikanische Philosoph und Schriftsteller Ralph Waldo Emerson formulierte es treffend:

> *„Der Unterschied zwischen Landschaft und Landschaft ist klein, doch groß ist der Unterschied zwischen den Betrachtern."*

Aus Sicht des Servicemitarbeiters erscheinen fünf nicht ausgedruckte Lieferscheine geradezu lächerlich angesichts vieler anderer, größerer Serviceaufgaben, die tagtäglich bei ihm auflaufen. Doch für den Kunden hängt an diesen Papieren unter Umständen seine geschäftliche und wirtschaftliche Existenz. Deshalb ist es so wichtig, die Sorgen und Ängste eines Kunden, der sich in einer solchen Situation auch in einem emotionalen Ausnahmezustand befindet, ernst zu nehmen. Vom ersten Augenblick der Kontaktaufnahme an ist es wichtig, ihm das Gefühl zu geben, dass er sich bei Ihnen in guten Händen weiß.

> *Unternehmen und Menschen wirken nicht durch das „Was", sondern in erster Linie durch das „Wie".*

Achten Sie einmal darauf, wie oft und wie lange in Ihrem Umfeld über Probleme und Lösungen gesprochen wird. Über Negatives und Positives. Stoppen Sie mal die Zeit bei der nächsten einstündigen

Besprechung, wie lange über Gründe gesprochen wird, warum etwas nicht funktioniert, wie es zu den Problemen gekommen ist und wer schuld daran ist. Und meist ist ja auch noch wichtig, wer Recht hat. Das Gleiche gilt für Gespräche im privaten Umfeld. Meistens wird über das schlechte Wetter gesprochen. Und wenn es mal gut ist, folgt prompt die Aussage: *„Ja, aber morgen soll es schon wieder schlechter werden!"* Was geht uns da an schönen Momenten und positiver Energie verloren? Meiner Erfahrung nach dominieren Probleme und Negatives. Man denkt viel zu häufig über Probleme nach statt über Lösungen. Dabei gilt:

Entweder bist du Teil des Problems oder aber Teil der Lösung!

Sprechen Sie generell über Lösungen und werden Sie zu einem Meinungsführer.

Es gibt einen Schlüsselsatz, mit dessen Hilfe sich überprüfen lässt, ob der Kunde bereit ist, einen Lösungsvorschlag zu hören und so die Beziehungsebene wieder hergestellt werden kann. Probieren Sie es aus. Es macht einen immens großen Unterschied, ob Sie gleich mit der „sachlichen Lösung" kommen oder ob Sie folgenden Satz nutzen:

„Herr Professor Kaufmann, ich habe einen Vorschlag (für Sie)" – Sprechpause! Die Antworten *„Mmh"*, *„Ja"* oder *„Na, dann lassen Sie mal hören!"* sind Bestätigung für den Wechsel vom Problem in Richtung Lösung! Das ist, als nähmen Sie den Kopf des Reklamierenden in die Hand und drehten ihn in Richtung Lösung: *„Ich habe einen Vorschlag!"* Wichtig ist die Pause! *„Unser Mitarbeiter, Herr Müller, befindet sich im Krankenhaus nebenan. Ich werde ihn erreichen und Rücksprache halten. Unter welcher Nummer kann ich Sie in den nächsten fünf bis zehn Minuten am besten anrufen? Nennen Sie mir bitte die Durchwahl."* Strategisch bewusst stellen Sie ihm die Frage und die Aufgabe! Er wird kurz überlegen und Ihnen, auch durch den Antwortreflex gesteuert, die Durchwahl nennen. Und somit hat er Ihren Vorschlag akzeptiert.

Das Gleiche können Sie einmal ausprobieren, wenn im privaten Umfeld wieder über das schlechte Wetter, das schlechte Essen, die schlechten Leistungen der Kollegen oder Bekannten oder auch über die schlechten Politiker gesprochen wird. Sagen Sie: *„Leute, ich habe einen Vorschlag..."* – Pause – *„Erzählt doch mal, was war denn schön heute?"* *„Was gefällt euch an eurem Job?"* *„Wann fahrt ihr in den Urlaub und wohin?"*

Es gibt Situationen, in denen keine Annäherung möglich ist, häufig bei Partnerschaften. Da hagelt es, vielleicht sogar berechtigt, Kritik, doch nimmt der Angesprochene diese nicht an. Es geht ihm auch hier nicht mehr um die Sache an sich, sondern nur noch um ihn als Person. Er will Recht haben! Er will nicht der Schuldige sein. Deshalb kontert er Vorwürfe für gewöhnlich mit einem *„Ja, aber ..."* *„Ja, ich habe vielleicht mal ein paar Sachen herumliegen lassen. Aber du hast in der letzten Woche auch vieles einfach so liegen lassen. Ich erinnere mich, dass ich sogar ..."* Keiner der beiden erkennt, dass es eigentlich um die Gefühle des anderen geht. Dass es sich oft um einen Hilfeschrei handelt. „Bitte hilf mir ..., ich kann nicht mehr!" Selbstverständlich könnte auch hier diese offen gestellte Bitte Abhilfe schaffen. Stattdessen kommt ein Vorwurf, der dann noch sehr oft mit Wörtern wie „nie", „immer" oder „jedes Mal" verstärkt wird. Und daraus folgt:

„Druck erzeugt Gegendruck!"

Ich werde so niemals das Verhalten des Gegenübers, zumindest nicht nachhaltig, ändern können. Ich kann nur mein Verhalten ändern oder meinen Blickwinkel auf die Dinge. Ich habe oft überlegt, wie ich das gut veranschaulichen kann. Bei einem schönen Waldlauf im Süden Deutschlands kam mir der Vergleich in den Sinn. Meine Seminarteilnehmer kennen das Beispiel bereits. Stellen Sie sich vor, Sie gehen oder laufen durch ein Waldstück und Ihnen kommt ein unbekanntes Pärchen entgegen. Sie springen vor die beiden und sagen vorwurfsvoll: *„Warum haben Sie mir nicht ,Guten Tag' gesagt?"* Was glauben Sie, wie die beiden reagieren werden? Sie werden mindestens den gleichen Gegendruck erfahren wie Sie, wenn Sie zu Hause eine vorwurfsvolle Frage stellen. Oder wie hoch ist die Wahrscheinlichkeit, dass Sie hören: *„Oh, das tut uns leid, da haben Sie natürlich recht, wir bitten um Entschuldigung und wünschen Ihnen einen guten Tag!"* Ich kann mir das Schmunzeln beim Schreiben kaum verkneifen. Jetzt gehen Sie weiter durch den Wald, und nach einem Weilchen kommt Ihnen wieder ein Paar entgegen. Jetzt sagen Sie ganz freundlich: *„Guten Tag."* Was passiert in diesem Fall? Die Antwort sowie der Unterschied in der Wirkung liegen klar auf der Hand. Ich kann es nicht oft genug betonen! Wir haben es in der Hand! Immer! Es ist so einfach, dem anderen einen Vorwurf zu machen, ihm die Schuld zu geben. Wie sagt mein geschätzter Kollege Bodo Schäfer in seinen Ausführungen zu „Erfolgreich denken"? *„Gibst du jemandem die Schuld, so gibst du ihm die Macht! Wenn du die Verantwortung für eine Situation, für dein Handeln und Tun übernimmst, hast du alle Macht der Welt! So ist es!"*

Sollten alle Bemühungen, auf Augenhöhe zu kommunizieren, fehlschlagen, ist in der Tat das Verhältnis – die Beziehungsebene – so zerrüttet, dass ein Scheitern einzugestehen ist. In einem solchen Fall kann ggf. noch ein Mediator helfen. Dabei ist es so einfach, mal seinen Blickwinkel zu ändern, in Bezug auf die Sache und auf die Situation des anderen. Die Voraussetzungen für einen offenen und weiteren Blick sind ein gesundes Selbstbewusstsein und ein klares Ziel!

Erfolgreiche und vorausdenkende Unternehmer statten ihre verantwortlichen Mitarbeiter mit einer entsprechenden Kompetenz aus. Damit können sie im Sinne einer partnerschaftlichen Zusammenarbeit zwischen Unternehmen und Kunde oder Führungskraft und Mitarbeiter viel schneller Entscheidungen treffen, um z. B. eine unangenehme Sache schnell aus der Welt zu schaffen. Das ist allemal wichtiger, als wegen jeder Lappalie die Geschäftsleitung zu befragen.

Wichtig ist, die Zahl der Reklamationen im unteren Bereich zu halten. Es gilt, aus den bearbeiteten Fällen zu lernen. Deshalb führen erfolgreiche Unternehmen ein sogenanntes Reklamationsbuch. In ihm werden alle wichtigen Ereignisse, Probleme, Schwierigkeiten, Anregungen, Vorstellungen, aber auch Empfehlungen festgehalten und kurz beschrieben. Zum einen, damit die Kollegen über den aktuellen Stand informiert sind, zum anderen, um den verantwortlichen Führungskräften zu zeigen, was an den Produkten oder im Unternehmen geändert bzw. verbessert werden muss.

Wer einem unzufriedenen Kunden signalisiert: „Ich habe Sie verstanden. Ich kenne Ihr Anliegen. Sie sind bei mir genau richtig. Ich helfe Ihnen, das Problem aus der Welt zu schaffen", nimmt nicht nur die Kuh vom Eis, sondern wandelt den Ärger des Kunden. Dieser fühlt sich nicht alleingelassen und weiß sich in guten Händen.

Durch das richtige Verhalten ist es möglich, Reklamationen ihren Schrecken zu nehmen. Meine Ausführungen unterstellen, dass Sie, Ihr Unternehmen und Ihre Mitarbeiter grundsätzlich bestrebt sind, stets alles und nur das Beste zu geben. Kommt es trotz tadelloser Arbeit zu einer Reklamation, ist es wichtig, mit allen Betroffenen richtig zu kommunizieren. Das ist immer möglich, solange der Kunde das bekommt, wonach er verlangt.

Diese Feststellung führt mich zu einem anderen Typus Reklamation, den es unter allen Umständen zu verhindern gilt. Es ist die „Versprochen-gebrochen-Reklamation". In diesem Fall halten Unternehmen, Dienstleistung oder Produkt nicht das, was sie vor der Kaufentscheidung dem Kunden versprachen. Unter, mit Verlaub, Vorspiegelung falscher Tatsachen kam es zum Vertragsabschluss. Deshalb sind Reklamationen vorprogrammiert, die alles andere als leicht zu beheben sind. Wenn ein Produkt, der Service oder die Dienstleistung deutlich schlechter als zugesichert ist, hilft die beste Kommunikation unter Einbeziehung alles Erlernten nicht, um das Problem zu lösen. Somit sind Ärger, Stress und Frust auf beiden Seiten vorprogrammiert.

Wirkung muss trainiert werden, genauso das Wissen über das Produkt. Wirkung ist im übertragenen Sinne die Verpackung, die die Aufmerksamkeit des anderen auf sich zieht. Dazu muss der Inhalt „passen". Ohne Inhalt keine Wirkung. Verkäufer, die gut wirken, aber „null Ahnung" haben, scheitern, genauso wie Vortragende, die eine perfekte Präsentation liefern, aber vom Inhalt so gut wie keine Ahnung haben.

Das lässt sich nur verhindern, wenn man von Anfang an die Weichen richtig stellt. Wer so handelt, wie George Washington es empfahl, ist auf der sicheren Seite:

„Nimm nichts in Angriff, was du nicht umsetzen kannst, aber achte genau darauf, deine Versprechen zu halten."

Es ist gefährlich, Zusagen aus dem Handgelenk heraus zu tätigen. Mag die Situation noch so verlockend sein, es gilt, Haltung zu bewahren und sich nie unter Druck setzen zu lassen. Das ist alles andere als leicht und muss ausgehalten werden, um ein zufriedenstellendes Ergebnis zu erzielen. Eine andere Haltung kann verheerende Folgen haben, wie ich leider noch viel zu oft bei meinen Coachings in den Unternehmen sehe.

In der heißen Phase eines Verkaufsgespräches, das mit einer überraschenden neuen Forderung konfrontiert wird, bittet der kluge Verkäufer um Bedenkzeit. Um Aufschub bittet er, wenn er sich mit seinen Kollegen abstimmen muss. Diese Haltung ist eine wichtige Geste, die Wirkung zeigt. Der Kunde erkennt, dass seine Bitte ernst genommen wurde. Diese Ernsthaftigkeit schafft Vertrauen. *„Herr Kunde, ich werde das für Sie prüfen, da für die Umsetzung mehrere Abteilungen unseres Hauses einbezogen werden. Ich möchte Ihnen nur Zusagen geben, die ich am Ende auch einhalten kann. Deshalb werde ich mich umgehend mit meinen Kollegen vor Ort abstimmen. Wir wollen ja beide, dass am Ende alles nach Ihren Wünschen funktioniert in der gewünschten Zeit und Qualität. Das ist doch auch in Ihrem Sinne, oder?"* Mit dieser geschlossenen Frage holt sich der Verkäufer ein klares „Ja" vom Kunden. Der Kunde hat gar keine andere Wahl, als so zu antworten. Darauf antwortet der Verkäufer: *„Ich bin morgen im Unternehmen und setze mich sofort mit den Verantwortlichen an einen Tisch. Wann passt es Ihnen besser? Am Donnerstagvormittag oder lieber am Nachmittag?"* Im besten Fall holt er sich den Vorababschluss: *„Herr Kunde, wenn wir Ihren zusätzlichen Wunsch umsetzen, sind wir dann im Geschäft?"*

Ob Sie verkaufen, ein Problem lösen müssen oder sich einfach nur mit anderen unterhalten wollen, die bestmögliche Wirkung erzielen Sie nur, wenn Sie auf der Beziehungsebene (Du-Ebene) kommunizieren. Selbst in heiklen Fällen muss daran festgehalten werden. Sie werden Momente erleben, in denen es, wie obiges Verkaufsbeispiel zeigt, schlichtweg nicht möglich ist, sofort richtig zu handeln, insbesondere dann nicht, wenn Sie z. B. Techniker eines Unternehmens sind und ein Kunde Sie wegen eines technischen Gerätedefekts anruft. In solchen Momenten empfiehlt es sich, die Lösung in die Zukunft zu verlegen: *„Herr Kunde, ich habe Ihren Wunsch/Ihr Anliegen* (vermeiden Sie unbedingt das Wort Problem) *verstanden. Ich mache Ihnen folgenden Vorschlag ..."* Dann folgt die nächste Frage: *„Wann kann ich Sie morgen besser erreichen? Vormittags so um 10 Uhr oder eher am Nachmittag um 15.00 Uhr?"*

Es wirkt sehr positiv, sich die Zustimmung des anderen einzuholen, wenn es um die Lösung einer Aufgabe geht, und vor allem, wenn Sie sich gerade in Ihrem Fachgebiet sicher sind, einen guten und vernünftigen Vorschlag unterbreitet zu haben. Hier gibt es ein wirkungssteigerndes Zauberwort! Überprüfen Sie es einmal selbst. Sie werden staunen, wie grandios einfach es funktioniert! Das Wort lautet: Einverstanden? Wollen wir das so machen? Einverstanden? Erkennen Sie es? Wir wollen einverstanden sein. Wir lieben es, einverstanden zu sein. Das liegt einfach in der menschlichen Natur. Damit geben wir jedem das Gefühl, dass er mit entscheidet, und wir unterstreichen das Wir-Gefühl. Wenn Sie zusätzlich noch mit dem Kopf nicken, geht der Wirkungsgrad deutlich nach oben!

Erfolgreiche Verkäufer nennen nie den Preis, bevor Sie nicht zu 100 Prozent sicher sind, dass sie alle Einwände abgearbeitet und Bedenken des Kunden ausgeräumt haben. Je besser die Recherche im Vorwege oder die Bedarfsanalyse zu Beginn des Gespräches, desto weniger Einwände werden überhaupt kommen. Liefern Sie dem Kunden jetzt eine maßgeschneiderte Lösung für sein Problem und sogar für seine potenziellen Probleme, an die der Kunde gar nicht gedacht hat, und Sie werden in vielen Fällen nicht einmal über den Preis sprechen müssen. Wenn der Nutzen gefühlt größer ist, wird der Kunde kaufen. Lediglich bei vergleichbaren Produkten und Standarddienstleistungen wird über den Preis verkauft! Um hier kein Risiko einzugehen, holen sich Verkäufer den sogenannten Vorabschluss, indem sie fragen, ob der Kunde noch Wünsche oder sonstiges hat, über die noch zu sprechen sind – wie erwähnt: vor Nennung des Preises! Danach formulieren sie wie folgt: *„Angenommen, Herr Kunde, wir bieten Ihnen mit unserem Produkt die Lösung, die wir innerhalb von wenigen Tagen liefern werden, sind wir dann im Geschäft?"* Hier ist die Formulierung nicht in die Zukunft zu legen, sondern in das Hier und Jetzt! Konjunktive sind zu vermeiden, also nicht: „Wir könnten, würden, wollten, sollten ..."

Es versteht sich von selbst, dass nach erfolgreichem Vertragsabschluss alle Versprechen einzuhalten sind. Deshalb ist es so wichtig, sich über den Fortgang der Dinge laufend zu informieren. Sind Komplikationen erkennbar, die zu einer möglichen Terminverschiebung führen könnten, kann der Kunde zeitnah informiert werden. Je früher er über diese Verschiebung Bescheid weiß, desto schneller ist es ihm möglich, diese neue Entwicklung in seinem Unternehmen einzusteuern. Kunden kaufen nie zum Spaß. Sie kaufen Lösungen. Deshalb ist für sie der Liefertermin so wichtig. Weil mit der Lieferung ein Problem dauerhaft gelöst wird. Verzögert sich dieser Termin, dann muss der Kunde sofort informiert werden.
Diese Erkenntnisse sind weder statisch noch auf eine Berufsgruppe beschränkt. Sie gelten für alles im Leben. Denken Sie beim Umgang mit Kollegen, Freunden, Bekannten, Familienmitgliedern oder Sportkameraden an George Washingtons Forderung: *„... aber achte*

genau darauf, deine Versprechen zu halten." Versprechen Sie nie etwas, von dem Sie wissen, dass Sie es, aus welchen Gründen auch immer, brechen müssen. Das ginge zu Lasten Ihrer angestrebten Wirkung.

2.7 Weniger reden, mehr wirken

„Der Mensch lebt durch den Kopf. Der Kopf reicht ihm nicht aus. Versuch es nur. Von deinem Kopf lebt höchstens eine Laus."

Bertolt Brecht (1898-1956)

„Eine Kette ist so stark wie ihr schwächstes Glied", lehrt eine Redensart. In wenigen Worten wird hier eine einfache, auf alle Lebensbereiche anwendbare Erkenntnis formuliert, ohne dass es dafür eines wissenschaftlichen Beweises bedarf. Wenn 20 Glieder einer Kette jeweils eine Tonne heben können, das letzte, 21. Glied, aber nur 300 Kilo, dann kann die gesamte Kette nur diese 300 Kilo heben. Wer sich

darüber hinwegsetzt, riskiert einiges, insbesondere dann, wenn er unter der angehobenen Last steht.

Im übertragenen Sinne funktioniert nach dieser Gesetzmäßigkeit auch unsere Wirkung auf andere. Vor gut 40 Jahren (1968 und 1971) führte der Sozialpsychologe Dr. Albert Mehrabian, Professor an der University of California, ein interessantes Experiment durch. Er untersuchte die Ausdrucksbereiche Wort, Tonfall und Gesichtsausdruck in ihrer relativen Wirkung. Zur klaren Trennung wurde der Gesichtsausdruck des Probanden über stumme Videos übertragen. Durch einen Bandfilter konnte der Tonfall untersucht werden. So war der Inhalt der gesprochenen Worte unverständlich, der Klang und die Sprachmelodie blieben erhalten. Das Ergebnis: Beide nonverbalen Signale hatten eine viel stärkere Wirkung als der verbale Inhalt. Dr. Mehrabian fasste seine Forschungen wie folgt zusammen:

> *„55 Prozent der Wirkung werden durch die Körpersprache bestimmt, also durch Körperhaltung, Gestik und Mimik. 38 Prozent erzielen wir durch unsere Stimmlage und Betonung und nur 7 Prozent durch den Inhalt."*

Hier haben wir somit den wissenschaftlichen Beweis, dass es nicht so sehr darauf ankommt, was Sie sagen, sondern wie Sie etwas äußern. Dennoch dürfen Sie diese sieben Prozent „Inhalt" nicht vernachlässigen. Ähnlich wie die oben zitierte Redensart reicht mitunter ein falsches Wort, um sogar den Verlauf der Welt zu beeinflussen. So geschehen am 9. November 1989.

Ein sichtlich demotivierter Günter Schabowski, Sekretär des Zentralkomitees (ZK) der SED für Informationswesen im damaligen Arbeiter- und Bauernstaat (DDR), langweilte auf einer Pressekonferenz die Weltpresse mit dem üblichen sozialistischen Geschwätz. Als sich die Konferenz kurz vor 19 Uhr ihrem Ende neigte, fiel dem Pressesprecher ein, dass er noch einen Zettel zu verlesen hatte, der ihm zuvor vom SED-Generalsekretär Egon Krenz ausgehändigt wurde. Als er den geschichtsträchtigen Satz *„Die ständige Ausreise kann über* *alle Grenzübergangsstellen der DDR zur BRD erfolgen"* vorlas, glaubten die anwesenden Journalisten zunächst an einen Scherz. Selbst Schabowski wirkte sichtlich irritiert, verlegen kratzte er sich mehrfach am Kopf und blätterte hilflos in den Unterlagen. Es schien, als hätte er selbst nicht glauben können, was er dort soeben vorgelesen hatte. Auf die Frage, wann diese Regelung greifen würde, antwortete Schabowski zögerlich, stark irritiert und nicht in perfekter Grammatik: *„Das tritt nach meiner Kenntnis, ist das sofort, unverzüglich."* Was dann in der Nacht vom 9. auf den 10. November 1989 passierte, ist uns noch in guter Erinnerung: Die Mauer fiel.

Diese wenigen Worte, auf die die Bürger mehr als 40 Jahre warten mussten, reichten aus, um eine Reisewelle ungeahnten Ausmaßes auszulösen. Nun stand das Volk den hilflos wirkenden Beamten an den Grenzübergängen gegenüber und forderte, was es zuvor gehört hatte: *„Lasst uns raus."* Später wurde klar, dass keiner der Beamten von der zuvor von Schabowski vorgelesenen Reisefreiheit Kenntnis hatte. Eigenmächtig entschieden sie, die Grenzen zu öffnen, weil sie der Menschenmasse anders nicht mehr Herr wurden. Eine kluge Entscheidung. Somit war der Fall der Mauer und die damit einhergehende Wiedervereinigung Deutschlands eine der wenigen Revolutionen, in der kein einziger Schuss fiel. Selbst der später folgende Abzug der sowjetischen Armee aus der DDR verlief unblutig.

Sie sehen, wie Worte wirken und was sie auslösen können. Manchmal reicht auch nur ein einziges, um eine völlig andere Wirkung zu erzielen. Der Nachrichtensprecher liest: *„Das Wirtschaftswachstum stieg um zwei Prozent."* Eine Information, die für die meisten ohne Bedeutung ist, auch deshalb, weil sie diese Zahl in keinem Zusammenhang sehen. Sie wissen nicht, ob zwei Prozent viel oder wenig sind. Und weil sie es nicht wissen, werden sie dieser Information für gewöhnlich keine Bedeutung beimessen. Dagegen werden sie ins Grübeln kommen, wenn der Nachrichtensprecher nur ein einziges Wort hinzufügt: *„Das Wirtschaftswachstum stieg <u>nur</u> um zwei Prozent."* Allein durch das Wörtchen „nur" beginnen wir zu urteilen. Plötzlich wird aus einer neutralen Information eine negative. Auch wenn wir von Wirtschaft keine Ahnung haben, reflektieren wir unbewusst, dass zwei Prozent zu wenig sein müssen. Je nach psychischer Stabilität sorgen sich die Bürger nun um die Zukunft der Wirtschaft und damit um ihren Arbeitsplatz. Also halten sie sich mit Anschaffungen und Einkäufen zurück. Sie sparen buchstäblich für schlechtere Zeiten. Die Verkäufer bleiben auf ihren Waren sitzen, die Unternehmen müssen Mitarbeiter entlassen. Dadurch steigt die Arbeitslosigkeit und damit die Ausgaben des Staates, der über Steuererhöhungen die Mehrkosten auszugleichen versucht. Sie sehen, oft ist es nur die Stimmung und weniger die Realität, die zu einer solchen Entwicklung führt.

„Ob wir wollen oder nicht, in unseren Tagen liegt die Macht beim Wort – die Macht gehört denen, die reden können",

sagte der britische Premierminister Lord Robert Arthur Salisbury (1830 – 1903). Ich ergänze: Die Macht gehört denen, die reden und wirken können! Wer das beherrscht, herrscht. Es gibt nur wenige Menschen, die ihre Macht durch die Wahl der Worte in Verbindung mit einem außergewöhnlichen Charisma erhielten. Damit waren sie sogar in der Lage, die Macht der Masse zu brechen. Mit seinem „Yes, we can" zog der oft schon als der neue Messias titulierte US-Präsident Barack Obama die Massen an wie Honig die Fliegen. „Wir" ist eines seiner wichtigsten Wörter. In seiner Amtsantrittsrede kam 80-mal das Wort „wir" vor. Das löste ein Gruppengefühl aus, das selbst einige seiner Widersacher in den Bann zog. Für dieses Verhalten gibt es eine biochemische Erklärung. Der Neurowissenschaftler Dr. Vasily Klucharev von der Radboud Universität im niederländischen Nijmegen fand durch Studien[19] heraus, dass unser Gehirn das Hormon Dopamin produziert, wenn wir uns als Teil einer Gruppe fühlen. Dieses auch körpereigenes Rauschgift genannte Hormon löst Glücksgefühle aus. Dadurch verbindet der Zuhörer automatisch positive Gefühle mit dem Redner.

„Wo viel Licht, da ist auch viel Schatten." Somit können Wörter auch negative Gefühle auslösen. Das Team des Psychologen Dr. Thomas Weiß von der Universität Jena wies nach, dass nicht nur physischer Schmerz die Schmerzzentren im Gehirn alarmiert, sondern auch Wörter.[20] Den Untersuchungen zufolge verarbeitet das menschliche Gehirn Wörter genauso wie den Stich mit einer Nadel. Damit gelang der Nachweis, dass Sprache weit mehr transportiert als reinen Inhalt. Niemand kann sich dieser emotionalen Macht gänzlich entziehen, weshalb negativ besetzte Wörter und Ausdrücke kontraproduktiv sind, z. B.:

- ja, aber
- aber
- na gut
- trotzdem
- dennoch
- müssen
- könnte
- sollte

Die Macht des Redners wird dadurch kaschiert. Die Wirkung leidet.

Der Unterschied zwischen dem richtigen Wort zur richtigen Zeit und dem beinahe richtigen Wort ist in vielen Situationen entscheidend, insbesondere wenn von Menschen Handlungen verlangt werden. Am besten wird das im Verkauf sichtbar. Hier lassen sich die Kunden in drei Gruppen einteilen:

1. die Ja-Sager
2. die Nein-Sager
3. die Beinflussbaren

Einem Ja-Sager etwas zu verkaufen ist keine Kunst. Der kauft nicht wegen des Verkäufers, sondern vielfach trotz des Verkäufers. Letztere können sich noch so ungeschickt anstellen, der Kunde kauft, weil er das Produkt will. So stehen Menschen tagelang in der Schlange, um als Erste in den Besitz eines neuen Apple iPhone zu kommen. Rund um den Globus warten Hunderte geduldig, bis sich endlich die Ladentüren öffnen. Sie harren in dunklen und kalten Nächten aus, campieren vor den Geschäften. Öffnet sich endlich die Tür, kennt die Gruppe kein Halten mehr. Sie rennt, als ginge es um ihr Leben. Zu Hunderten strömen sie durch die enge Tür. Blessuren werden billigend in Kauf genommen. Hier schaut keiner der Käufer auf einen Verkäufer. Er ist ihnen schlichtweg egal.

Wer solche Bilder sieht, glaubt, hier verschenkt ein Mäzen viel Geld an Hilfsbedürftige. Weit gefehlt. Da wird ein Handy verkauft, das auch noch um ein Vielfaches teurer ist als vergleichbare Modelle. Kein Verkäufer wird diese Gruppe der Ja-Sager überzeugen, das Konkurrenzprodukt zu erwerben. In jedem Fall ist es ein weiteres gutes Beispiel dafür, dass es mehr um Wirkung und Gefühle geht als um den Inhalt.

Ähnlich verhält es sich in der Gruppe der Nein-Sager. Einem eingefleischten BMW-Fahrer einen Mercedes verkaufen zu wollen, ist eine echte Herausforderung, leider auch oft chancenlos. Genauso aussichts- und wirkungslos, wie ein SPD-Mitglied von einer CDU-Mitgliedschaft zu überzeugen, auch wenn die folgende Anekdote es durchaus anders sehen lässt: „Ein bayerischer Landwirt liegt im Sterben. Der Pfarrer tritt ans Sterbebett und wechselt einige Worte mit dem CSU-Mitglied. Der aber korrigiert: *„Ich"*, so erklärt der Landwirt, *„bin gestern aus der CSU aus- und in die SPD eingetreten."* Das überrascht den Pfarrer: *„Du warst 90 Jahre in der CSU, und jetzt, wo es mit dir zu Ende geht, Bauer, tauschst du das Parteibuch?"* „Hochwürden", antwortet der Landwirt verlegen, *„ich habe mir gesagt, wenn schon einer sterben muss, dann soll er von der SPD sein."*

In der Gruppe der Ja- und Nein-Sager ist die Wahl Ihrer Worte weniger bedeutend, wie obige Beispiele gezeigt haben. Selbst die geschliffenste Rhetorik wird diese Gruppen in ihrer Entscheidung nicht beeinflussen können.

Lediglich die Gruppe der Beeinflussbaren lässt sich durch Argumente und gute Rhetorik leiten. Deshalb ist die richtige Wortwahl entscheidend. Hier ist der Unterschied zwischen der Wahl eines beinahe richtigen Wortes und eines richtigen Wortes wie der Unterschied zwischen einem Teelicht und einem Blitzlichtgewitter.

Weiter vorne haben Sie über die Bedeutung von Reklamationen gelesen. Es gilt hier nicht nur, aus seinen Fehlern bzw. den Fehlern der Unternehmen zu lernen, dieser Prozess ermöglicht es auch, aus unzufriedenen Kunden zufriedene Stammkunden zu generieren. Somit gehören reklamierende Kunden in die Gruppe der Beeinflussbaren.

Reklamierende Kunden sind somit gute Kunden. Der Nein-Sager bleibt beim nächsten Einkauf einfach fern und wandert still zum Marktbegleiter. Wenn wir selbst als Kunde oder Gast irgendwo unterwegs sind, handeln wir vergleichbar. Viele reklamieren gar nicht erst und sagen gleich: „Hier brauchen wir nicht wieder hinzugehen." Auffällig ist zudem, dass eine Reklamation häufig mit dem Gefühl verbunden ist, sich für Fehler von anderen entschuldigen zu müssen. Keine gute Voraussetzung also für eine Kundenbindung. Jeder reklamierende Kunde fragt sich, ob er ernstgenommen und zufriedengestellt wird. Im anderen Fall fühlt er sich abgelehnt. Letzteres ist schlecht fürs Gefühl, also bleibt er weg. Somit verliert das Unternehmen auf Dauer einen Kunden. In einer kriselnden Beziehung verhält es sich ähnlich. Irgendwann, wenn das Gefühl einem klaren NEIN gleichzusetzen ist, können Mann oder Frau anstellen, was sie wollen – es bleibt ein Nein.

Häufig benutzen wir ganz selbstverständlich Begriffe unbekannter Herkunft, ohne ihre tatsächliche Bedeutung zu kennen. So ist z. B. ein Sündenbock umgangssprachlich jemand, dem die Schuld für etwas zugeschoben wird. Der Begriff ist biblischer Herkunft und somit etliche Tausend Jahre alt. An dem Tag der Sündenvergebung im Judentum machte der Hohepriester die Sünden des Volkes Israel bekannt und übertrug sie durch Handauflegen symbolisch auf einen Ziegenbock. Dieser wurde in die Wüste getrieben, um so die Sünden zu verjagen. Mir scheint, dass dieser Sündenbock bis heute überlebt hat. Wie sonst ist es zu erklären, dass wir selten die Verantwortung übernehmen, sie aber von anderen einfordern. Wir suchen nach Schuldigen, nach einem Sündenbock, wenn etwas aus dem Ruder gelaufen ist, damit wir uns selbst nicht der Verantwortung stellen müssen.

Dieses menschliche Verhalten ist in allen sozialen Schichten zu beobachten. Selbst Würdenträger äußern sich erfinderisch, wenn es um ihre eigene Haut geht, wie einst z. B. der Augsburger Bischof Walter Mixa. Angesprochen auf die Missbrauchsfälle in der katholischen Kirche sagte er[21]: *„Die sogenannte sexuelle Revolution, in deren Verlauf von besonders progressiven Moralkritikern auch die Legalisierung von sexuellen Kontakten zwischen Erwachsenen und Minderjährigen gefordert wurde, ist daran sicher nicht unschuldig."* Mit anderen Worten: Für ihre sexuellen Übergriffe an wehrlosen Kindern tragen die Priester keine Schuld. Sie sind nur Opfer der sexuellen Revolution. Eine solche infame Entgleisung ist einzigartig und wirkt nachhaltig. Wenige Wochen nach diesem Interview trat Mixa als Bischof zurück, nicht zuletzt auch deshalb, weil er an anderer Stelle mehrfach gelogen haben soll.

Sein Verhalten ist typisch für Menschen. Zu seinen Erfolgen zu stehen, sich feiern zu lassen, ist leicht. Schwieriger wird es, Verantwortung für eine Niederlage zu übernehmen. Da wird schnell nach einem Schuldigen gesucht, damit der eigene Glanz keine Kratzer abbekommt. Schon Kinder stehen nicht zu ihren Untaten. Schnell nennen sie einen Schuldigen, wenn sie beim unerlaubten Griff in die Keksdose erwischt wurden: *„Der Michael hat mich angestiftet …".*

Ein Verkaufsleiter, der seinen Verkäufer Max Mustermann anweist, am heutigen Tag ein besonders gutes Ergebnis einzufahren, provoziert nahezu den Eklat. Max Mustermann verkauft im Tagesdurchschnitt zwölf Kaffeemaschinen. An diesem besonderen Tag legt er sich mächtig ins Zeug. Stolz meldet er seinem Verkaufsleiter nach Geschäftsschluss den Verkauf von 15 Kaffeemaschinen. Immerhin drei mehr als sonst. Die Reaktion des Verkaufsleiters überrascht ihn:

„Das, Herr Mustermann, nennen Sie ein gutes Ergebnis? Sie verkaufen jeden Tag 12 Maschinen. Sie haben heute den Absatz um nur 25 Prozent erhöht. Ich hätte erwartet, dass Sie mindestens 50 Prozent Umsatzsteigerung erwirtschaften." Wenn ein Verkaufsleiter eine Umsatzsteigerung von 50 Prozent erwartet, dann muss er das auch eindeutig kommunizieren. Eine Wischiwaschi-Erklärung wie *„heute ein besonders gutes Ergebnis einzufahren"* führt zu völlig falschen Interpretationen. Während das für den einen 50 Prozent und mehr sind, versteht der andere darunter 25 Prozent, was zweifelsohne ebenfalls ein gutes Ergebnis ist. Aber für den Verkaufsleiter nicht gut genug. Weil die Ziele und Absichten schwammig formuliert wurden, kommt es zu Irritationen. Sender und Empfänger haben unterschiedliche Vorstellungen von einem „guten Ergebnis".

Wann immer Sie klare Ergebnisse einfordern, formulieren Sie zuvor deutlich, was genau Sie darunter verstehen. Ein klares Ziel ist Voraussetzung für den Erfolg – auch in der Kommunikation!

Der griechische Philosoph Heraklit von Ephesus (um 540 – 480 v. Chr.) war sich sicher: *„Nichts ist so beständig wie der Wandel."* Was heute noch gut war, könnte schon morgen zu einem Problem werden. Deshalb stellen sich erfolgreiche Unternehmer laufend die Wie-Fragen:

1. Wie sieht der Kunde unser Unternehmen?
2. Wie bewertet der Kunde unser Produktangebot?
3. Wie sieht der Kunde unser Serviceangebot?
4. Wie verhalten sich die Mitarbeiter, wenn der Kunde das erste Mal mit dem Unternehmen in Kontakt tritt?
5. Wie reagieren die Mitarbeiter auf Anfragen?
6. Wie melden sich die Mitarbeiter am Telefon?
7. Wie sind unsere Mitarbeiter gekleidet?
8. Wie helfen wir, wenn unser Kunde ein Problem hat?
9. Wie können wir dem Kunden sofort unbürokratisch helfen?

Dieselben Fragen können Sie auf jeden einzelnen Mitarbeiter und auf sich selbst herunterbrechen. Nutzen Sie diese Fragen selbst für Ihre persönliche Wirkung, indem Sie Kunde durch „Freund", „Partner", „Kollege" oder „Chef" und das Unternehmen oder Produkt durch „mich" oder „meine Leistung" ersetzen:

- Wie bewertet mein Chef mich und meine Leistung?
- Wie verhalte ich mich beim ersten Kundenkontakt?
- Wie verhalte ich mich am Telefon?
- Wie habe ich mich gekleidet und wie wirke ich?
- Wie steht es um meine Hilfsbereitschaft?

Ergänzend helfen folgende Fragen, das Ziel herauszuarbeiten:

- Was haben das Unternehmen, der Chef, die Kollegen oder mein Kunde davon, dass es mich gibt, dass ich für sie arbeite oder sie besuche?

- Was haben meine Familie, meine Freunde, Mitmenschen davon, dass es mich gibt, dass ich Zeit mit ihnen verbringe? Was erleben sie?

- Wie geht es ihnen mit mir? Während ich da bin oder auch danach? Geht es meinen Freunden, Bekannten oder Kunden etwas schlechter oder besser als vorher?

Erfolgreiche Persönlichkeiten, die sich und ihre Leistung verkaufen, indem sie sich z. B. auf ein Stellenangebot bewerben oder die nächste Karrierestufe erklimmen wollen, bilden sich nicht nur weiter – sie arbeiten ständig an ihrer Persönlichkeit:

- Wer bin ich?
- Was sind meine Lebensziele?

- Welche Pläne habe ich für dieses Jahr?
- Wie kann ich mich von meinen Mitbewerbern abheben?
- Welche Qualifikationen benötige ich, um die nächste Stufe meiner Karriere erklimmen zu können?
- Wie sehen mich mein Chef, meine Kollegen, Freunde und Bekannten?
- Wo habe ich noch Defizite bzw. Potenziale?
- Wie bewertet der Unternehmer meine Fähigkeiten und Leistungen?
- Wie bin ich und wie sind die Mitarbeiter gekleidet? Passt das zu mir?
- Wie lösen die Kollegen untereinander ihre zwischenmenschlichen Probleme?

Gehen Sie in die detaillierte Selbstreflexion und erhalten Sie ein realistisches Selbstbild! Das ist die Grundvoraussetzung für den persönlichen Erfolg!

„Das Ganze ist mehr als die Summe seiner Teile", sagte ebenfalls ein griechischer Philosoph, Aristoteles (384 – 322 v. Chr.). Deshalb legen erfolgreiche Unternehmer und Personen nicht nur Wert auf ihre fachliche Kompetenz. Die ist wichtig, aber nicht so wichtig wie die soziale Kompetenz. In einer Zeit austauschbarer Produkte und Dienstleistungen kommt es immer stärker auf die Persönlichkeit an. *„Autos kaufen keine Autos"*, sagte der US-amerikanische Autobauer Henry Ford. Menschen kaufen Autos, Häuser, Produkte und Dienstleistungen. Am liebsten von Menschen, die andere verstehen. Deshalb sind Einfühlungsvermögen und kommunikative Fähigkeiten so entscheidend im täglichen Umgang mit Menschen. Wissen lässt sich erlernen, soziale, kommunikative und methodische Kompetenzen auch, aber nicht vollständig oder nur schwer alleine. Nach der Selbstwahrnehmung oder Selbstanalyse gibt die Analyse durch Dritte noch mehr Aufschluss über das eigene Verhalten. Holen Sie sich eine Rückmeldung von Ihren Freunden oder von vertrauenswürdigen Kollegen. Lassen Sie Ihre Freunde eine Analyse Ihrer Person durch-

führen und vergleichen Sie das Ergebnis mit Ihrem eigenen Resultat. Vertrauen Sie auf die Tendenzen der Fremdeinschätzung, denn das ist der Eindruck, den Sie hinterlassen.

Rhetorik können wir trainieren, Empathie weniger. Aber wir können es zumindest versuchen. Erfolgreiche Menschen lernen ein Leben lang. *„Lernen"*, so schrieb der britische Komponist Benjamin Britten (1913 – 1976), *„ist wie Rudern gegen den Strom. Sobald man aufhört, treibt man zurück."* Es ist deshalb gut und wichtig, sich jeden Tag aufs Neue eine Frage zu stellen:

> *„Spiegeln mein Verhalten, meine Kommunikation, meine Fragen, meine Antworten, meine Emotionen, meine Urteile und meine Aktionen Sicherheit und Wertschätzung wider?"*

Die Stärke oder Größe meiner Empathie hängt zum einen von meiner Einstellung ab und zum anderen von meinem Selbst-Bewusst-Sein. Je selbstbewusster und selbstbestimmter ich lebe, desto mehr Verständnis und Einfühlungsvermögen kann ich für andere aufbringen, desto mehr sehe ich das Positive an anderen Menschen. Ich schaue, wo und was ich von anderen lernen kann, und suche bei ihnen weder den sprichwörtlichen Haken noch das Haar in der Suppe. Diejenigen, die immer nur etwas zu mäkeln haben oder den Fehler beim anderen suchen, betreiben „Außenpolitik", um von ihren innenpolitischen Problemen abzulenken. Insofern ist auch die Empathie lern- oder trainierbar, denn die Steigerung der persönlichen Wirkung ist nur messbar oder spürbar im Umgang und Zusammensein mit anderen Menschen. Wenn Sie Ihre kommunikativen Fähigkeiten trainieren, werden Sie erfahren und erleben, wie wirkungsvoll es ist, sich auf der Beziehungsebene zu bewegen und Ihr eigenes Verhalten öfter und ehrlicher zu reflektieren. Sehr schnell werden Sie positives Feedback erfahren. Das gilt auch im Umgang mit Ihren Kunden.

Wer in ihnen nur Umsatzbringer sieht, die die selbstgesteckten Unternehmensumsatz- und Gewinnziele erfüllen sollen, wird auf lange

Sicht scheitern. Hinter jedem Geschäft steht ein Mensch. Das meinte Henry Ford mit seinen Worten. Menschen haben Gefühle, Visionen, Hoffnungen, Pläne, Ängste, Sorgen und natürlich Träume. Sie alle beeinflussen die menschliche Wahrnehmung und damit auch ihre Entscheidungsfähigkeit.

3.
Auf zu höheren Zielen!

3.1 Im Wagen vor mir

*„Was wäre aus mir geworden, wenn ich nicht gelernt hätte, die
Meinung anderer zu respektieren?"*

Goethe (1749-1832)

Ende der 1970er-Jahre dudelte tagein, tagaus ein Schlager von Henry
Valentino durch den Äther. Ein echter Ohrwurm, dem sich fast
niemand entziehen konnte, zumal der Text auch sehr ansprechend
ist. Hier singt Valentino von einer Begegnung mit einem Mädchen
auf der Autobahn. Im Song heißt es dazu u. a.: *„Im Wagen vor mir
fährt ein junges Mädchen. Sie fährt allein und sie scheint hübsch zu sein … Ich
möchte gern wissen, was sie gerade denkt."* Dann folgt die Stimme des
„hübschen jungen Mädchens": *„Was will der blöde Kerl da hinter mir nur
… Ich frage mich, warum überholt er nicht …"*

Tatsächlich verhält es sich auf den Straßen häufig so. Unbewusst
steuern wir unser Auto über die Autobahn und geben uns unseren
Gedanken hin und fragen uns manchmal, was andere gerade so den-

ken mögen *(„Was will der blöde Kerl da hinter mir nur ...").* Dabei fällt uns häufig gar nicht mehr auf, dass wir ähnlich denken: *„Warum fährt der blöde Kerl vor mir so langsam?"* Dennoch halten sich einer Studie[22] zufolge 84 Prozent der Deutschen für gute bis sehr gute Autofahrer. Wer will sich dann an Kleinigkeiten stören, wenn alles so rundläuft? In besagter Studie sehen 86 Prozent der Befragten im Unterschreiten des Sicherheitsabstandes eine extreme Gefahr. Doch das Wissen darum schreckt sie nicht ab, selbiges zu tun. Zwei von drei Autofahrern gaben an, manchmal, oft oder sogar sehr oft zu dicht aufzufahren. Mehr als 40 Prozent gaben zu, oft oder manchmal schneller als 65 Stundenkilometer innerhalb geschlossener Ortschaften zu fahren, obwohl 83 Prozent der Befragten dies als gefährliches Fahrverhalten einstufen.

Angesichts dieser Fakten muss man sich über die Zustände auf Deutschlands Straßen nicht wundern, auch nicht über das Verhalten mancher Autofahrer. Nehmen wir an, Sie fahren auf der linken Spur der Autobahn, halten die Geschwindigkeit mit konstant 160 Kilometern pro Stunde, als plötzlich ein Fahrzeug von der rechten auf die linke Spur wechselt. Zu allem Überfluss hat der Fahrer noch nicht einmal geblinkt. Ihre Reaktion fällt entsprechend aus. Sie müssen bremsen, um nicht aufzufahren. Obwohl Sie genau wissen, dass der vorausfahrende Fahrer sie weder hören noch das Geschehene ungeschehen machen kann, fluchen Sie. Sie sind so wütend, dass Sie am liebsten ins Lenkrad beißen würden. Es folgen boshafte Wörter wie Idiot, Depp, Heckenpenner usw. Erstaunlich, wie kreativ der Geist in solchen Momenten sein kann. Obwohl Sie genau wissen, dass diese Haltung Ihnen nur schadet, weil extrem viele negative Emotionen produziert werden, die zu höherem Blutdruck und Pulsschlag führen und den Körper stressen, können Sie nicht anders. Also schimpfen Sie wie ein Rohrspatz. Nach etlichen Kilometern haben Sie sich gefangen. Der vorausfahrende „Depp" hat inzwischen wieder nach rechts eingeschert, sodass Sie sein Auto überholen können. Natürlich verzichten Sie auf eine obszöne Geste Ihres Fingers, ballen aber noch immer die sprichwörtliche Faust in der Tasche.

Wieder fahren Sie auf der linken Spur konstant mit 160 Stundenkilometern, überholen einen Lastwagen nach dem anderen. Die Abstände zwischen diesen Fahrzeugen sind so gering, dass Sie keine Veranlassung sehen, einzuscheren. Doch dazu werden Sie gezwungen, weil wie aus dem Nichts ein Sportwagen hinter Ihnen so dicht auffährt, dass sie seine Lichthupe fast schon nicht mehr erkennen können. Wie gern hätten Sie jetzt einen Aufkleber an der Heckklappe Ihres Fahrzeuges kleben mit den Worten: *„Entschuldigen Sie bitte, dass ich so dicht vor Ihnen herfahre."* Doch auch hier nehmen Sie die Dinge nicht mit Humor, sondern ärgern sich erneut. Diesmal sind Sie der Langsamere und Ihr Verfolger der Depp, der wie von Sinnen sein Überholmanöver durchdrücken möchte.

Zwei unterschiedliche Situationen, doch dieselbe Reaktion, einfach deshalb, weil Sie sich für den besseren Autofahrer halten. Sie sind der Meinung, dass nur Ihr Verhalten das einzig richtige ist, und zwar mit 160 Stundenkilometern auf der linken Spur zu fahren. Der zuvor ausgescherte Fahrer habe gefälligst so lange zu warten, bis Sie mit Ihrem Wagen an ihm vorbeigezogen sein wären. Im anderen Fall habe Ihr Verfolger so lange hinter Ihnen zu bleiben, bis Sie in aller Seelenruhe die rechts fahrende Autokolonne überholt hätten und einscheren würden, wann Sie es für richtig hielten. Wer sich hier unter Druck setzt und seine Meinung auf der Autobahn durchsetzen will, ist aus Ihrer Sicht ein Idiot, ein Depp oder sonst was.

Dieses Verhalten ist leider auch sehr häufig in anderen Situationen außerhalb des Straßenverkehrs zu beobachten. Auch hier sitzen wir im übertragenen Sinne auf dem Fahrersitz, klammern uns am „Steuer des Lebens" fest und halten uns für das Maß aller Dinge. Familie, Beruf, Freunde, Bekannte und Verwandte, sie alle sollen, bitte schön, nach unserer Pfeife tanzen. Wir sind nicht bereit, eine andere Sicht auf die Dinge zuzulassen. Unser Blick bestimmt die Welt um uns herum, in die sich andere einzufügen haben. Basta!

Mit dieser Haltung wird es immer schwieriger, sich auf der „Straße des Lebens" zu positionieren. Zudem machen wir uns mit diesem

Verhalten eher Feinde als Freunde. Es zeugt von Stärke und Charakter, wenn wir bereit sind, die Positionen anderer einzunehmen, um sie besser zu verstehen. In diesem Moment stehen unsere Befindlichkeiten hinten an. Ob ein vorausfahrendes Auto oder ein hinter uns fahrendes, in beiden sitzen Menschen hinter dem Steuer. Im realen Leben außerhalb der Straßen gilt dasselbe. Hier kreuzen Menschen unseren Weg, zu Fuß, im Rollstuhl, auf dem Fahrrad oder mit dem Mofa. Menschen haben Emotionen, Meinungen und eigene Ansichten. Deshalb ist es sinnvoll, sich in sie hineindenken zu können, um ihre Motive wahrzunehmen. Denn ihre Motive sind andere als meine. So können wir feststellen, um im Beispiel zu bleiben, dass unser Gegenüber eine andere Vorstellung von einer Reisegeschwindigkeit hat als wir. Unsere 160 Stundenkilometer auf der Autobahn sind unsere 160, nicht seine. Wie wollen wir Menschen besser verstehen, wenn wir unsere 160 für das Maß aller Dinge halten? Erst wenn wir uns bewusst vorstellen können, dass für den einen 120 Stundenkilometer den Reiz des Lebens ausmachen, während ein anderer das Doppelte verlangt, zeigen wir Größe. Dann werden wir als Persönlichkeit wachsen und so Anerkennung erzielen. Dann sind wir stark. Wer stark ist, kann andere stark machen, weil es durch die erhöhte Aufmerksamkeit leichter fällt, an anderen zu entdecken, wo sie der sprichwörtliche Schuh drückt. Selbst wenn Sie noch nicht der der Starke sind, werden Sie es automatisch, wenn Sie anderen dabei helfen, stark zu werden.

„Gegenseitige Hilfe macht selbst arme
Leute reich." (aus China)

Mit dieser Einstellung werden Sie z. B. als Führungskraft Ihre Mitarbeiter viel besser verstehen können. Wer andere versteht, wird ebenfalls besser verstanden. Und genau das erwarten die Menschen heute von uns. Sie wollen verstanden und gelobt werden für ihre Leistungen. Das aber passiert in deutschen Unternehmen selten bis gar nicht. Eine Studie[23] des Wissenschaftlichen Instituts der AOK stellte fest, dass Mitarbeiter, die gut informiert wurden und Anerkennung erfuhren, seltener aus gesundheitlichen Gründen fehlten. Zudem identifizierten sie sich häufiger mit ihrem Unternehmen. Die Beschäftigen wünschten sich von einer Führungskraft mehr Einsatz für die Mitarbeiter, mehr Feedback und öfter mal ein Lob für gute Arbeit. Doch viele Führungskräfte verhalten sich nicht entsprechend. Mehr als die Hälfte der befragten Mitarbeiter gaben an, von ihrem Chef selbst bei guter Leistung nicht gelobt zu werden. Ein Ergebnis, das aufschreckt, immerhin wurden 147 Unternehmen mit insgesamt 28.223 Teilnehmern befragt.

> *„Es ist ein Zeichen von Mittelmäßigkeit, nur mäßig zu loben."* (Luc de Clapiers Vauvenargues)

Wenn Sie als Führungskraft mehr loben und Ihre Mitarbeiter mehr fördern, können Sie auch fordern, und man wird Ihnen diesen Wunsch nicht abschlagen. Gelassenheit ist in diesem Zusammenhang das A und O. Wenn andere schneller als Sie unterwegs sind oder langsamer, schwächer oder stärker sind als Sie, kommt es darauf an, gelassen zu bleiben, so wie auf der Autobahn. Statt sich über das Verhalten anderer aufzuregen, nimmt man die Dinge, wie sie kommen. Durch ein starkes Selbstbewusstsein wird Ihnen genau das gelingen. Wenn Sie wissen, was Sie tun, wenn Sie genau wissen, was Sie können, wenn Sie wissen, wo Ihre Stärken, aber auch, wo Ihre Schwächen liegen, steigert das Ihr Selbstbewusstsein. Sie reagieren somit in allen Lebenslagen souverän.

Sie können, in der Analogie zur Autobahn, durchaus mit 250, 300 oder noch mehr Stundenkilometern unterwegs sein. Das ist nicht entscheidend. Die hohe Kunst der Persönlichkeit ist die Fähigkeit, jederzeit die Geschwindigkeit regulieren zu können, für andere bremsen zu können oder andere beschleunigen zu lassen, sodass Sie und die anderen entspannt ans Ziel kommen. Es zeugt von großem

Charakter, sich jederzeit der Geschwindigkeit der Umwelt anzupassen. Dann wächst man im Ansehen seiner Mitmenschen.

> *„Der Charakter offenbart sich nicht an großen Taten.*
> *An Kleinigkeiten zeigt sich die Natur des*
> *Menschen."* (Jean-Jacques Rousseau)

Bei uns an der Küste sagt man: *„Der Fisch stinkt vom Kopf her."* Was die Führungskräfte, der Vorstand, der Unternehmer oder der Chef vorleben, wird von den Mitarbeitern kopiert. Sehen Sie mir einen Vergleich nach. Dass der Fisch vom Kopf her stinkt, ist nicht nur eine Redensart, sondern eine Erkenntnis. Im Kopf sitzt das leicht verderbliche Hirn, weshalb es als Erstes unangenehm riecht. Das Hirn im Unternehmen sind nicht zuletzt die Entscheidungsträger, die an der Spitze stehen. Wenn sie die falschen Entscheidungen treffen, dann zieht sich das wie ein „stinkendes Etwas" bis an die unterste Stufe im Unternehmen durch.

„Führen durch Vormachen", nach dieser Devise arbeiten erfolgreiche Führungskräfte und Unternehmer. Vormachen heißt:

- Seien Sie positiver als andere!
- Seien Sie begeisterter als andere!
- Seien Sie fleißiger als andere!
- Seien Sie pünktlicher als andere!
- Seien Sie strebsamer als andere!
- Seien Sie willensstärker als andere!
- Seien Sie zielorientierter als andere!
- Denken Sie größer als andere!
- Seien Sie gepflegter als andere!
- Loben Sie mehr als andere!
- Seien Sie bodenständiger als andere!
- Vertrauen Sie mehr als andere!
- Seien Sie Partner oder Coach und kein „Vorgesetzter"!

Seien Sie einfach so, wie andere gern sein möchten! Dann werden Sie andere
Menschen magisch anziehen wie ein Magnet. Menschen suchen die
Nähe von anderen Menschen, die obige Eigenschaften besitzen!
Menschen lieben erfolgreiche Menschen.

In Kapitel 2.6 – Ende der Täuschung – haben wir es mit einem
Kunden zu tun, der einen defekten Computer reklamiert. Das dort
von mir dokumentierte Gespräch zwischen dem Kunden und dem
Servicemitarbeiter des Unternehmens ist keineswegs gestellt. Es ist
Alltag. Diese Mitarbeiter übersehen, dass nicht ihr Chef ihr Gehalt
zahlt, sondern der Kunde. Zum anderen kann fast immer mit an Sicherheit grenzender Wahrscheinlichkeit angenommen werden, dass
die Mitarbeiter unbewusst die Kultur des Unternehmens vertreten.
Patzige Mitarbeiter haben patzige Chefs. Querulanten haben Querulanten als Vorgesetzte. Lebensbejahende, positiv gestimmte Mitarbeiter haben eine Führungskraft zur Seite, die jeden Tag aufs Neue
das Leben herzlich willkommen heißt. So deute ich das Ergebnis der
„Employee Engagement Survey 2011"-Studie der International
Association of Business Communicators (IABC). Hier zeigt sich,
dass die Qualität von Führung und Kommunikation in einem Unternehmen wesentlichen Einfluss auf das Engagement der Mitarbeiter hat. Der Erfolg eines Unternehmens ist nicht nur von der fachli-
chen Kompetenz einer Führungskraft abhängig, sondern im Besonderen von ihrer emotionalen Intelligenz. Je besser sie ihre Mitarbeiter motivieren kann, desto größer sind deren Engagement und Bin-
dung ans Unternehmen. Das ist in Zeiten von Fachkräftemangel ein
nicht zu unterschätzender Faktor.

„Der Mensch, der wir für andere sind, der Mensch, den die anderen in uns se-
hen, dieses Bild, das sich unsere Mitmenschen von uns machen, entspricht nicht
unserem wahren Ich. Und dieses Bild, das andere sich von uns machen, bewegt
und interessiert uns ständig", schrieb sinngemäß der Mediziner und Psychiater Ronald D. Laing.

3.2 Stärken stärken!

*„Gegner glauben uns zu widerlegen, wenn sie ihre Meinung
wiederholen und auf unsere nicht achten."*

Goethe (1749-1832)

Um das eigene Selbstbewusstsein souveräner nach außen zu tragen, gibt es eine Gesprächsführungstechnik, die alle anderen Techniken um Längen schlägt. Profis wenden sie an, um ihre Außenwirkung spürbar zu steigern. Wer diese Technik beherrscht, meistert jede noch so schwierige Situation. Egal, ob jemand zu einem Thema gefragt wird, zu dem er nicht antworten will oder schlichtweg nicht antworten kann, weil ihm das Wissen fehlt. Mit dieser Technik lässt sich jede noch so große Hürde nehmen. Insbesondere Politiker wenden diesen rhetorischen Kniff an, den wir als Zuhörer häufig als störend empfinden. Doch kann die Technik nichts dafür. Sie ist nur das Werkzeug und damit nicht für die Umstände verantwortlich. Genauso wenig wie ein Messer nichts dafür kann, wenn es missbräuchlich eingesetzt wird. Mit ihm lässt sich ein Butterbrot genauso beschmieren wie anderen in böser Absicht eine Wunde zufügen. Es ist ein Werkzeug, über dessen Einsatz der Mensch entscheidet.

Die Herausforderung ist doch, dass wir in bestimmten Situationen auf den Punkt kommen sollten, aber gleichzeitig weniger fremdbestimmt in jede rhetorische Falle tapsen. Dadurch vermeiden wir, reflexartig in die Rechtfertigung zu gehen. Irgendwann muss der Politiker sagen, mit wem er eine Koalition eingehen will, wenn er denn gewählt werden sollte. Vor der Wahl wird der Politiker versuchen, genau das zu vermeiden. Das stört uns zwar, liegt aber schon fast in der Natur der Sache. In der Analogie dazu muss ein Verkäufer irgendwann den Preis nennen, wenn er den Vertrag zum Abschluss bringen will. Selbst wir müssen irgendwann Farbe bekennen. So kommt z. B. bei einer Partnersuche der Tag, an dem wir unseren gesamten Mut zusammennehmen, um unsere Liebe zu gestehen.

Vor diesem „point of no return" haben wir häufig Angst, weil man uns dann auf das festnageln kann, was wir in diesem Moment gesagt haben. Ein abgeschossener Pfeil kann genauso wenig zurückgenommen werden wie ein ausgesprochenes Wort. Genau das schürt Unsicherheit. Wenn Politiker sich zu früh auf etwas festlegen, wird es fast unmöglich, später von dieser Position abzurücken. Tun sie es doch, bekommen sie in der Presse sprichwörtlich ihr Fett weg. Das mag einer der Gründe sein, warum auch Otto Normalverbraucher so lange damit wartet, etwas verbindlich festzulegen, einfach aus Angst davor, an diesen Aussagen gemessen und an ihre Einlösung erinnert zu werden. Doch mit der richtigen Technik lässt sich diese Angst und vieles mehr nehmen.

Wichtig in diesem Zusammenhang ist, dass Sie Ihre Stärken kennen, um nach außen souveräner zu wirken. Dadurch können Sie die Technik wirkungsvoller einsetzen. Daher die Frage an Sie: *Was sind Ihre 25 stärksten Charaktereigenschaften und welche davon die fünf allerstärksten?*

Darüber hinaus ist das Wissen um Ihre Stärken ein Garant, Gespräche in die von Ihnen gewünschte Richtung zu lenken. Wenn Sie Ihre Stärken nicht kennen, dann fragen Sie Freunde und Bekannte danach. Personen, die Ihnen nahe stehen, auf deren Meinung Sie hören. Außenstehende erkennen viel häufiger als wir selbst, welche Charaktereigenschaften uns auszeichnen. Lassen Sie sich überraschen. Nicht selten erfahren wir, dass das, was wir als Kleinigkeit an uns sehen, manche Außenstehende für eine starke Eigenschaft halten. Also machen Sie sich Ihre Stärken bewusst und handeln Sie nach der Devise:

Stärken stärken!

Einer der wenigen Staatsmänner heutiger Zeit, die Stärke zeigen bzw. zeigten, ist Gerhard Schröder, der siebte Bundeskanzler der Bundesrepublik Deutschland. Als Sozialdemokrat setzte er während seiner Amtszeit Reformen durch, die das Volk eher einem Kanzler einer konservativen Partei zugeschrieben hätte. Schröder zog mit seiner Entscheidung den Unmut vieler Parteimitglieder auf sich, die in der Folge die Partei für immer verließen und eine neue gründeten. Heute verdankt Deutschland seine wirtschaftliche Stabilität nicht zuletzt der Agenda 2010 von Gerhard Schröder. Genauso stark blieb er, als einige Regierungschefs anderer Länder mit Engelszungen auf ihn einredeten, Deutschland gegen den Irak in den Krieg ziehen zu lassen. Doch Gerhard Schröder wollte keinen deutschen Soldaten dort fallen sehen. Er verweigerte seine Zustimmung. Auch hier verdanken ihm viele Berufssoldaten quasi ihr Leben. Fehlerlos war er damit zweifelsohne nicht. Seine Regierung stimmte dem Beitritt Griechenlands zur Eurozone zu, obwohl Experten davor warnten, und so fließt heute deutsches Geld nach Griechenland. Und

Deutschland kann es, so die Ironie der Geschichte, dank seiner wirtschaftlichen Stabilität auch zahlen.

Gerhard Schröder ist ein Meister der Rhetorik. Standfest, unverrückbar in seinen Ansichten, charmant und unnachgiebig in der Sache. Selten ließ er sich aus der Fassung bringen. Das passierte meines Wissens nur ein einziges Mal, am Tag der verlorenen Kanzlerschaft 2005. Er wurde abgewählt, ihm folgte Frau Dr. Angela Merkel. Sein Verhalten in der anschließenden TV-Diskussionsrunde ist legendär und genießt inzwischen Kultstatus. Davor aber ließ er sich nicht aus der Ruhe bringen und meisterte souverän jede Fragerunde. Als er z. B. kurz vor der Wahl zum Bundestag in einer Talkshow gefragt wurde, wie er als Kanzler zur Großen Koalition stünde, antwortete er sinngemäß: *„Schauen Sie, es ist mir wichtig, dass die Wähler und Wählerinnen selbst entscheiden, warum sie am Sonntag die SPD wählen sollen.“* Mit dieser Antwort gab sich die Moderatorin nicht zufrieden: *„Herr Schröder, Sie weichen mir aus. Wie stehen Sie zur Großen Koalition?“* Darauf antwortete Gerhard Schröder (wieder sinngemäß): *„Schauen Sie, entscheidend ist, dass wir hier keine vorgefertigten Wahlergebnisse präsentieren. Die Wähler und Wählerinnen sollen selbst entscheiden, warum sie am Sonntag meine Partei wählen.“*

Diese kurze Einlassung lässt die Systematik dieser Technik erkennen. Da verlangt jemand, dass seine Frage die Priorität Nummer eins hat und der Befragte darauf direkt antworten soll. Doch statt diesem Ansinnen zu folgen, weicht der Befragte aus und schickt die Frage zurück an den Absender – im übertragenen Sinne natürlich. In Bildern ausgedrückt, schickt der Moderator ein Paket mit der Priorität eins an den Befragten. Der nimmt es nicht an, klebt Priorität fünf aufs Paket. Dieses schickt er zurück und sendet sein eigenes Paket mit der eigenen Nummer eins hinterher! Damit behält er die „Macht“. Diese Eins ist sein stärkstes Argument bzw. sein eigentliches Ziel, dass er durch diese Technik gekonnt in Szene setzt. Diese Technik hat einen Namen: Es ist die Technik des höheren Ziels.
Es gibt immer ein höheres Ziel als von anderen vorgegeben wird. Das klingt egoistisch, ist es aber nicht. Ein Politiker, der sich zur

Wahl stellt, muss sich so verhalten und nicht anders, auch wenn es auf den ersten Blick egoistisch oder überheblich wirkt. Es geht um seine Ziele und nicht um die der Moderatoren oder des Publikums.

Durch die Technik des höheren Ziels sagen Sie, was für Sie wichtig ist, für Ihre Firma, Ihr Team oder Ihre Mitarbeiter, und nicht für die anderen! Deshalb kommt es entscheidend darauf an, dass Sie gut vorbereitet sind und sich klar machen, mit welchen Zielen und Absichten Sie in ein Gespräch gehen. Spätestens an dieser Stelle wird die sogenannte Schlagfertigkeit entzaubert. Die Fähigkeit, schlagfertig zu reagieren, ist nämlich nicht angeboren. Sie ist häufig das Ergebnis einer guten Vorbereitung, wobei es ohne Zweifel hilfreich ist, wenn eine gewisse rhetorische Fähigkeit mit in die Wiege gelegt wurde.

> *„Zeichnen ist die Sprache für die Augen, Sprechen ist Malerei fürs Ohr."* (Joseph Joubert)

In jedem Fall brauchen Sie für diese Technik ein gesundes Selbstbewusstsein. Das entwickeln Sie, wie bereits erwähnt, indem Sie sich Ihrer Stärken bewusst sind und sie laufend (ver)stärken. Leben ist Entwicklung. Stillstand ist Rückschritt. So wie ein Muskel verkümmert, wenn er nicht gefordert wird, so verkümmern Ihre Stärken, wenn Sie sich ihrer nicht bewusst sind und nicht daran arbeiten, sie buchstäblich ein Leben lang zu verstärken.

Kennen Sie Ihre Stärken, dann kennen Sie automatisch Ihre Prioritäten. Das schützt Sie natürlich nie vor kritischen Fragen, doch werden Sie mit ihnen anders umgehen. Wenn Sie Ihre Stärken kennen, sind Sie in der Lage, kritische Fragen besser einzuordnen, und zwar nach Ihren Vorstellungen. Darüber hinaus nehmen Sie diesen unangenehmen Fragen so ihre negative Energie. Damit behalten Sie die Gesprächshoheit und geraten nicht ins Straucheln. Mit Ihrem höheren Ziel vor Augen wissen Sie zu jeder Zeit, dass es etwas Wichtigeres für Sie gibt als z. B. den Inhalt, auf den die Frage abzielt, wie folgendes Beispiel zeigt.

Ein Journalist beklagt sich bei Bundeskanzler Gerhard Schröder, dass die EU-Osterweiterung weitere Milliarden Euro kosten wird. Eine finanzielle Belastung, die nur schwer zu stemmen sei. Darauf antwortete der Kanzler: *„Schauen Sie, wir dürfen hier nicht den Blick für das Wesentliche verlieren. Wir sind an einem Punkt angekommen, an dem Länder, die jahrhundertelang Krieg gegeneinander geführt haben, bereit sind, Macht an eine zentrale Stelle abzugeben. Wir stehen kurz vor einem vereinten Europa."* Der Bundeskanzler hat mit dieser Antwort zu verstehen gegeben, wie die Situation richtig einzuordnen war. Für den Journalisten war die Frage nach den vielen Milliarden Euro, die ausgegeben werden sollten, vorrangig. Dieser Frage gegenüber stand die EU-Osterweiterung, ein deutlich höheres Ziel als die Kosten, die mit der Umsetzung verbunden waren.

> *„Wenige sind imstande, von den Vorurteilen der Umgebung abweichende Meinungen gelassen auszusprechen. Die meisten sind sogar unfähig, überhaupt zu solchen Meinungen zu gelangen."* (Albert Einstein)

Ein Meinungsführer muss erkennen, wer Adler und wer Wühlmaus ist. Man muss in der Lage sein, wie in diesem Beispiel, eine für Steuerzahler nicht ganz unwichtige Frage so zu entschärfen, dass das damit skizzierte Problem keine Chance hat, als solches wahrgenommen zu werden, es also an Bedeutung verliert. So gelingt es, den weitaus größeren Nutzen, der mit dem Problem verbunden ist, in den Fokus der Öffentlichkeit zu rücken. Als Sieger ging in diesem Fall nicht der Journalist, der die Sorgen der Bevölkerung teilte, vom Platz, sondern der Bundeskanzler.

Ob zusätzliche Milliardenausgaben oder die Frage nach der Großen Koalition, es geht immer darum, als Meinungsführer manipulative Fragen als solche zu erkennen und sich nicht zu früh auf eine Antwort festzulegen, die die eigenen Ziele gefährden könnte. Das wird erreicht, indem nicht direkt auf die Frage geantwortet wird, wie die Beispiele gezeigt haben. Es geht zunächst darum, Zeit zu gewinnen, um seine Gedanken zu sortieren, um das höhere Ziel buchstäblich zielsicher anzusteuern. Das gelingt Profis, indem sie den Fragesteller mit Namen ansprechen (hier wirkt der Name als Verstärker) und weiter ausholen: *„Herr Müller, wichtig ist, dass … und …"* In der Frage nach der Möglichkeit einer Großen Koalition hätte Gerhard Schröder auch so antworten können: *„Wir schließen nichts aus."* Mit dieser Antwort hätte er Spekulationen neue Nahrung gegeben und sich selbst geschwächt. Als Meinungsführer dürfen Sie nie auch nur den Hauch eines Zweifels aufkommen lassen. Schon ein falscher Wimpernschlag signalisiert in diesem Moment Schwäche, die vom Gegner gnadenlos ausgenutzt wird. Ein falsches Wort, eine falsche Geste des Bundeskanzlers, und man hätte am nächsten Tag in der Presse lesen können: *„Gerhard Schröder schließt eine Große Koalition nicht aus."* Wie schnell es zu falschen Unterstellungen in den Medien kommen kann, zeigt ebenfalls eine Situation vor einer Bundestagswahl, diesmal von der gegnerischen Partei.

Ein gesundheitlich sichtlich angeschlagener Altkanzler Dr. Helmut Kohl, CDU, traf sich vor der Bundestagswahl 2013 mit den FDP-Spitzen Rainer Brüderle und Philipp Rösler.[24] Besorgt fragten sich die CDU-Mitglieder, ob Kohl für eine Zweitstimmenkampagne zugunsten der FDP werben würde. Ihre Sorge war unbegründet. In einem Werbefilm der Hamburger CDU stellte Helmut Kohl klar, dass die Wähler ihre Erst- und Zweitstimme seiner Partei geben sollten. Zitat: *„Machen auch Sie am 22. September beide Kreuze auf dem Stimmzettel bei der CDU."* Es war beeindruckend, wie die Presse darauf reagierte: *„Kanzler Kohl stellt sich gegen die FDP."* Diese Feststellung war grotesk, denn mit keiner Silbe hatte er die FDP erwähnt. Allein die Fantasie der Journalisten war es, die zu der obigen Einlassung führte und so den Lesern Sand in die Augen streute.
Es ist wichtig, dass Sie die Systematik hinter der Technik des höheren Ziels erkennen. Wenn insbesondere Politiker diese Technik einsetzen, sind wir häufig verärgert, weil wir in ihrem Verhalten eine

mangelnde Offenheit oder Ideenlosigkeit sehen, eine Art Um-den heißen-Brei-Reden. Doch zeigen die zitierten Beispiele, was passieren kann, wenn man allzu sorglos und unvorbereitet in ein Gespräch geht, insbesondere in Gespräche, die von einer breiten Öffentlichkeit verfolgt werden.

Apropos breite Öffentlichkeit. Inzwischen haben auch wir in Deutschland eine Art Kanzlerduell vor jeder Bundestagswahl so wie in Amerika. Hier duellieren sich Kanzler/in und Herausforderer/in. Beide stehen hinter einem Rednerpult, davor sitzen die Moderatoren mit ihrem vorbereiteten Fragenkatalog. Nichts wird dem Zufall überlassen. Alles ist minutiös geplant. Doch gerät der Zeitplan schnell aus den Fugen, weil die Duellanten alles andere im Sinn haben, nur nicht, sich einem engen Zeit- und Fragenkorsett zu unterwerfen. Etwas übertrieben ausgedrückt behaupte ich, dass Persönlichkeiten aus Wirtschaft und Politik keine Moderatoren brauchen, um auf Fragen zu antworten. Diese Macher sind sich ihrer Stärken und ihrer Persönlichkeit bewusst. Keine Sekunde vergessen sie ihre höheren Ziele. Und genau die wollen sie der breiten Masse vermitteln, deshalb sind nicht die Fragen der Moderatoren wichtig, sondern die Redezeit, die ihnen zur Beantwortung einer Frage eingeräumt wird, denn Redezeit ist Werbezeit. Also nutzen sie die Zeit, um in eigener Sache zu werben.

Sobald der Moderator eine Frage an die Person richtet, legt diese los, um ja keine Sekunde kostbarer „Werbezeit" zu verschenken. Deshalb antworten sie selten bis gar nicht auf die gestellte Frage. Die Frage wird einfach umgedreht oder neu formuliert, und zwar so, dass der zuvor befragte Duellant darauf in seinem Sinne antworten kann. Das ist möglich, weil die Damen und Herren die Technik des höheren Ziels anwenden. Sie stellen die eigentliche Frage zurück und antworten z. B.: *„Herr Moderator, die Frage muss lauten, ob …"* oder *„Die Frage, die die Wähler und Wählerinnen heute interessiert, ist …"* oder *„Für die Wähler und Wählerinnen ist wichtig, dass …"* oder *„Unsere Wähler wollen wissen, wen und warum …"* Natürlich ziehen sie damit auch den Unmut der Moderatoren auf sich, die ihnen häufig vorwerfen, nicht auf die Frage geantwortet zu haben. Mit Verlaub, das ist den „Beschuldigten" in diesem Moment egal, weil sie das gesagt haben, was sie in eigener Sache sagen wollten. Das ist kostenlose Werbung in Reinkultur. Schließlich schauen ein solches Duell Millionen von Wählern an, von denen sich immer häufiger die Hälfte noch nicht auf eine Partei respektive einen Kanzler festgelegt hat. Sie als Wähler für die eigene Partei zu gewinnen, hat für die Duellanten höchste Priorität. Insofern sind die Hauptfiguren bemüht, sich zur besten Sendezeit im deutschen Fernsehen bestmöglich zu „verkaufen".

Durch die Technik des höheren Ziels gelingt ihnen genau das. Beim letzten und einzigen Duell vor der Bundestagswahl 2013 zwischen der Kanzlerin Merkel und ihrem Herausforderer Peer Steinbrück war das auch wieder deutlich zu erkennen. War es dieses Mal eine Wahl, bei der es um Inhalte oder Wahlprogramme ging? Mit Sicherheit nicht! Es war eine reine „Personenwahl" und seitens der regierenden CDU noch stärker auf Angela Merkel und ihre Person zugeschnitten als bei der SPD. Hier hatte sich der Kandidat Steinbrück in den Wochen vorher selbst einige Male ins Aus geschossen. Übrigens, war auch hier wieder sehr deutlich die Technik des höheren Ziels zu erkennen. Auf die Frage, wie er denn die Kanzlerin aus der Reserve locken wolle, antwortete Peer Steinbrück: *„Die Menschen interessiert Politik und nicht Nebensächlichkeiten."* Frau Merkel sagte später: *„Die Frage ist doch, wie kommen die Leute zu mehr Geld?"* Auf die Frage nach der von Horst Seehofer, CSU (Koalitionspartner der CDU), geforderten Maut entgegnete sie*: „Es geht doch darum, dass wir unser Land nicht immer so schlechtreden."* Der Moderator, Stefan Raab, unterbricht die Kanzlerin. Die hält unbeirrt an ihren Ausführungen fest, geht nicht auf Raab ein und sagt: *„Lassen Sie mich das bitte zu Ende führen."* Im weiteren Verlauf: *„Die Frage lautet, wie wir den Ländern helfen."* Dazwischen immer wieder die gleichen Worthülsen: *Wichtig für die Wähler ist ...";* *„Die Wähler wollen wissen..."*

Politiker achten darauf, nicht automatisch in den Antwortreflex zu fallen und selbstbestimmt zu (re)agieren. Sie sind vorbereitet. – Seien Sie es auch!

„Wer das Ziel kennt, kann entscheiden. Wer entscheidet, findet Ruhe.
Wer Ruhe findet, ist sicher. Wer sicher ist, kann überlegen.
Wer überlegt, kann verbessern.“ (Konfuzius)

Politik wie Politiker sind für viele sehr weit weg, und so mag sich der
eine oder andere fragen, warum ich an dieser Stelle häufig diese Beispiele wähle. Nun, zum einen sind uns diese Menschen aus den Medien bekannt, weshalb es uns leichter fällt, die Inhalte, die ich damit
verknüpfe, zu verstehen. Zum anderen sind meine Ausführungen
allgemein gültig. Was Sie in diesem Buch lesen, ist übertragbar auf
jede Alltagssituation. Stellen Sie sich vor, Sie sitzen mit einigen Kollegen am Konferenztisch. Ein Kollege aus der anderen Abteilung
schaut Sie an und fragt: *„Herr Müller, warum sind Sie so zurückhaltend?“*
Auf so eine Frage sind weder Sie noch andere wirklich vorbereitet.
Nun passieren für gewöhnlich zwei Dinge: Als Erstes fragen Sie
sich, warum der Kollege Sie und nicht die anderen, die mindestens
genauso dasitzen wie Sie, angesprochen hat. Zudem können Sie sich
nicht erklären, warum ausgerechnet Sie zurückhaltender sein sollen
als andere. Als Zweites rutschen Sie nun ab in die Rechtfertigungsfalle, indem Sie erwidern: *„Finden Sie?“* oder *„Wie kommen Sie darauf?“*
oder *„Warum sollte ausgerechnet ich so sein?“* Diese Reaktion ist kontraproduktiv. Wir spüren, ob oder wann wir an Wirkung verlieren. Und
genau das ist das Schwierige in einer solchen Situation. Wer verbal
oder körperlich angegriffen wird, nimmt natürlich eine Haltung ein,
um Vorwürfe oder körperliche Angriffe abzuwehren. Eine durchaus
normale menschliche Reaktion. Die, wie erwähnt, in der Rhetorik
aber mehr schadet als nützt.

Sind Sie sich Ihrer drei bis fünf stärksten Charaktereigenschaften
bewusst oder kennen Sie Ihre drei bis fünf wichtigsten Ziele mit der
höchsten Priorität, dann werden Sie ganz anders reagieren. Statt einer Rechtfertigung geben Sie eine souveräne Erklärung ab: *„Sehen*
Sie, Herr Schmidt, wichtig ist für mich, dass ich heute so viel wie möglich an In-
formationen mitnehme und die Zusammenhänge genau verstehe. Wenn es darauf

ankommt, dann werde ich meine Meinung hierzu äußern. Darauf können Sie sich verlassen."

So kommen Sie raus aus der Rechtfertigungsfalle. Zurückhaltung ist kein Thema mehr für Sie. Sie gehen offensiv nach vorne, indem Sie den Schwerpunkt auf Ihre Stärken und positiven Charaktereigenschaften lenken. In diesem Falle sind es eine sehr hohe Aufmerksamkeit, eine gute Auffassungsgabe, die Fähigkeit, Gehörtes zusammenzufassen, und „last but not least" ist auf Sie Verlass. Man kann auf Sie zählen, wenn es darauf ankommt. Und so ganz nebenbei haben Sie mit Ihrer Antwort quasi Werbung für sich selbst gemacht.

Hier zeigt sich, wie genial einfach diese Technik ist. Eine Technik, die die größtmögliche Wirkung überhaupt erzielt. Natürlich nur, wenn Sie gut vorbereitet sind und so zu jeder Zeit Ihre Stärken ziehen können. So gehen Sie heraus aus der Rechtfertigung, visieren ein höheres Ziel, eine noch stärkere Charaktereigenschaft an und wirken souverän.

In kritischen Situationen empfiehlt es sich, den Namen des vermeintlichen Angreifers bzw. Gesprächspartners zu nutzen. Das bringt Souveränität rein und nimmt die Aggression heraus. Wenn Sie antworten, dann beginnen Sie die Sätze z. B. so:

- *„Herr Müller, im Entscheidenden geht es (doch) darum …"*
- *„Herr Müller, wichtig ist für mich …"*

Doch Vorsicht: Bringen Sie in diese Sätze keine Wertung hinein. Sagen Sie nicht *„Wichtiger ist doch …"*. „Wichtig" ist okay, „wichtiger" nicht, denn es wertet. Das ist ein kleiner, aber feiner Unterschied.

Alternativ oder ergänzend zu der oben erwähnten Einwandbehandlung (Kapitel 2.6, S. 201 ff.) kann es sehr hilfreich sein, das höhere Ziel des Kunden oder das gemeinsame höhere Ziel zu kennen und zu nutzen.

Wenn es um ein gemeinsames höheres Ziel geht, sagen Sie: „*Wichtig ist, dass wir …*" Dadurch können Sie als Meinungsführer Ihren Gesprächspartner zu einem gemeinsamen Ziel führen. Was besonders bei Reklamationen oder generell bei Gesprächen mit Kunden wirkt. Kunde wie Lieferant müssen sich einem Problem stellen und es gemeinsam lösen. Wer hier den verärgerten, ratsuchenden Kunden mit ins Boot nimmt, indem er ihn auf ein höheres Ziel konditioniert, schafft eine ideale Basis zur Problembewältigung, vor allem, wenn der Kunde nach dem Lösungsvorschlag doch noch mal zurück zu dem Problem oder seiner Entstehung wechselt. Das möchte ich an einem Beispiel verdeutlichen.

Ein aufgebrachter Kunde beschwert sich, dass eine zuvor gekaufte Maschine ihren Dienst versagt hat. Oder ein Patient beklagt sich beim Zahnarzt, dass ihm das Gebiss Schmerzen bereitet. Patient wie Kunde befinden sich im Ausnahmezustand. Aufgebracht erwarten sie Hilfe, für die sie nicht bereit sind zu zahlen. Zudem hagelt es nur Vorwürfe. Für die Beschuldigten ist es jetzt wichtig, nicht mit Schuldzuweisungen zu kommen oder zu belehren. Zahnarzt wie Servicemitarbeiter reagieren souverän, indem sie die oben gezeigte perfekte Einwandbehandlung und Technik des höheren Ziels anwenden: „*Sehen Sie, Herr Kunde, ich kann gut verstehen, dass Sie verärgert sind. Sie brauchen dringend die Ausdrucke.*" Kunde: „*Den Einsatz zahlen wir aber nicht!*" Servicemitarbeiter: „*Okay, das kann ich nachvollziehen, auch hier werden wir eine Lösung finden. Wichtig ist zunächst, dass wir die Maschine zum Laufen bekommen. Nun müssen wir schnell handeln …*" Im anderen Fall: „*Schauen Sie, Herr Patient, ich kann Sie sehr gut verstehen. Wir werden eine Lösung finden. Wichtig ist, dass wir so schnell als möglich helfen, damit Sie schmerzfrei sind und Freude an Ihren neuen, wirklich schönen Zähnen haben.*"

Bleiben Sie in Ihren Gedanken stark. Dann sind Sie es auch. Oder glauben Sie, eine Gazelle hätte eine Chance, dem Löwen zu entkommen, wenn sie auf ihrer Flucht permanent darüber nachdenken würde, ob sie stark genug sein wird, den Vorsprung auszubauen? Sie rennt, weil sie davon überzeugt ist, stark zu sein und schneller als der

Löwe zu laufen. Der britische Earl of Beaconsfield, Benjamin Disraeli (1804 – 1881), sagte es sehr treffend: *„Der Mensch ist nicht ein Werk der Umstände, sondern die Umstände sind ein Werk des Menschen."*

3.3 Es zu lieben ...

*„Willst du etwas wissen, so frage einen
Erfahrenen und keinen Gelehrten."*

Chinesische Weisheit

„Warum haben Sie den Kunden nicht angerufen, so wie ich es Ihnen gesagt habe?", wird ein Mitarbeiter von seinem Vorgesetzten gefragt. Wie würde hier die durchschnittliche Antwort lauten?

In den meisten Fällen antworten weniger selbstbewusste Mitarbeiter reflexartig mit: *„Ja, weil ..."* Wichtig für Sie: Vermeiden Sie ab sofort – NEIN, noch besser, streichen Sie WEIL aus Ihrem Wortschatz, zumindest bei Ihren Antworten! Wenn Ihre Handlungen bewusst durchgeführt werden und Sie somit „selbst-bewusst" Dinge tun, nutzen und trainieren Sie folgende Formulierung: *Ich ziehe es vor …*

„*Ich ziehe es vor, Herr Vorgesetzter, meinen Kunden persönlich aufzusuchen, um die Angelegenheit direkt zu klären.*" Hier zeigt sich die Souveränität eines Mitarbeiters, die auch von einem starken Selbstbewusstsein herrührt und keinesfalls im Verdacht steht, überheblich zu wirken. Es kommt darauf an, das richtig zu tun, was zielführend ist. Und wenn dieser Mitarbeiter der Meinung ist, dass es produktiver sei, mit dem Kunden von Angesicht zu Angesicht zu sprechen statt durchs Telefon, dann muss ihm diese Meinung zugestanden werden. An ihm ist es dann, auch ein messbares Ergebnis abzuliefern.

Menschen mit einem gesunden Selbstbewusstsein, egal ob als Führungskraft oder Mitarbeiter, können genau das. Sie sind zudem in der Lage, auch für sich etwas Gutes zu tun und das auch zu vertreten. In meinen Coachings erlebe ich häufig, dass sich Mitarbeiter für ihr Unternehmen buchstäblich aufreiben und sich dabei selbst so weit zurücknehmen, dass ihnen die Lebensfreude abhandengekommen ist. Sie scheinen das Zitat aus der Luther-Bibel falsch verstanden zu haben. Dort heißt es: „*Liebe deinen Nächsten wie dich selbst.*" Da steht nicht, dass man andere mehr lieben soll als sich selbst. Das ist wider die Natur und macht am Ende krank. Wer über ein gesundes Selbstwertgefühl verfügt, steht zu dem, wonach er verlangt, weil es ihm gut tut. Liebevolle Menschen sind mit dieser Haltung weniger angreifbar. Sollte es dennoch passieren, fallen sie nicht in die Rechtfertigung, sie sagen einfach nur: „*Ich ziehe es vor …*" Oder was im persönlichen Bereich noch stärker wirkt: „*Ich liebe es …*"

Diese Menschen stehen offen zu ihrer Vorliebe, wie z. B.:

- „*Ich liebe es, nach dem Mittagessen zwei Kugeln Eis zu essen.*"
- „*Ich liebe es, am Nachmittag ein Stück Sahnekuchen aus der hiesigen Bäckerei zu essen.*"
- „*Ich liebe den Start in den Tag in aller Gelassenheit.*"
- „*Ich liebe es, eine Stunde am Tag fernzusehen.*"

- *„Ich liebe es, mein Auto zu benutzen."*
- *„Ich liebe es, meine Zeit selbst einzuteilen."*

So wie ich Sie an anderer Stelle gebeten hatte, Ihre 25 stärksten Charaktereigenschaften aufzuschreiben, so bitte ich Sie nun, jeweils 25 liebevolle Sätze aufzuschreiben. Beginnen Sie dabei jeden Satz mit: *„Ich ziehe es vor …"* und *„Ich liebe es …"*

Diese Übung ist wichtig, denn nur, wer sich selbst liebt und das liebt, was er tut und denkt, ist in der Lage, andere Menschen zu lieben. Durch ein realistisches Selbstbild kann er zu jeder Zeit sich und seine Interessen selbstbewusster vertreten. Dann ist er auch in der Lage, Menschen zu mögen, getreu einer alten Verkäuferweisheit: *„Man muss Menschen mögen."* So simpel die Botschaft, so schwierig das Verständnis. *„Menschen mögen"* steht in diesem Zusammenhang nicht für *„Ich habe dich lieb, du hast mich lieb"*, sondern für emotionale Intelligenz. Wenn ein Kunde reklamiert, weil er mit dem Produkt ein Problem hat, dann reicht es eben nicht, darauf mit einem *„Ich kann Sie gut verstehen, Herr Kunde, …"* zu reagieren. Versetzen Sie sich wirklich in die Situation des Kunden oder, um nochmals das Bild der Autobahn zu nutzen, setzen Sie sich auf den Fahrer- oder zumindest Beifahrersitz des anderen. Ändern Sie wirklich den Blickwinkel. Wenn Sie das nicht tun, sind das auswendig gelernte Phrasen ohne Emotionen. Da ist kein Herzblut zu spüren. Nur was von Herzen kommt, erreicht andere Herzen. Wer wüsste das nicht besser als zwei verliebte Menschen? Sie wissen es intuitiv. Warum also sollte uns diese Fähigkeit im Umgang mit anderen, die wir mögen, aber nicht zwingend lieben, verlassen? Das sind natürlich zwei Paar Schuhe, und doch ist eines von beiden zwingend erforderlich im Umgang mit anderen.

> *„Vor allem anderen hüte dein Herz, denn aus ihm*
> *quillt das Leben."* (Bibelspruch)

Der amerikanische Stressforscher Doc Childre hat in über 30 Jahren Forschung nachgewiesen, dass das menschliche Herz weit mehr ist als nur der Muskel, der das Blut durch die Adern pumpt. Das Herz sendet emotionale und intuitive Signale, die unser Leben entscheidend lenken, an das Gehirn. Doc Childre geht sogar noch weiter und behauptet, dass Herzen untereinander kommunizieren können. Die über 40.000 Nervenzellen des Herzens bilden zusammen mit unserem Gehirn ein hochsensibles Organ zur Beurteilung der Stimmung anderer Menschen.

In kritischen Situationen mit Kunden oder Mitarbeitern, die mit einem Problem kommen, brauchen sie Verständnis für ihre Situation, schnelle Hilfe und Zuwendung. Hinter einem augenscheinlich kleinen Problem können sich viele größere auftürmen, die u. U. existenzgefährdend sein können, denn:

> *Bei allen Problemen geht es immer darum, die*
> *Botschaft hinter der Botschaft zu erkennen.*

„Der Kunde ist König", sagen Verkäufer, vielfach aber nur so lange, bis die Tinte unter dem Kaufvertrag trocken ist. Danach wird König Kunde degradiert. Es geht nicht darum, den Kunden als übermächtige Instanz anzusehen und ehrfürchtig vor ihm zu Kreuze zu kriechen. Es geht um echte Partnerschaft. Die lässt sich erreichen, indem beide Seiten zum einen auf Augenhöhe kommunizieren. Zum anderen geht es darum, sich mit dem Kunden zu verbünden. Wer es versteht, sich mit „leidenden" Ratsuchenden zu verbünden, hält den Schlüssel für eine schnelle Konfliktlösung in der Hand: *„Herr Kunde, zur Lösung Ihres Problems brauche ich Ihre Hilfe. Wollen Sie mir helfen?"*

„Not kennt kein Gebot", lehrt eine Redensart. Feind wie Freund verbünden sich in Krisenzeiten genauso, wie aufgebrachte Kunden freiwillig ihren Beitrag zur Problemlösung leisten, wenn man sie darum bittet. In uns Menschen steckt ein Helfersyndrom. Der zuvor Angegriffene (Techniker, Servicemitarbeiter etc. pp) gibt dem Hilfesuchenden zu verstehen, dass er das Problem viel schneller lösen

kann, wenn der Kunde mitwirkt. Im Grunde genommen verhält es sich hier wie bei dieser Anekdote:

„Ein Pferd und ein Esel traben nebeneinander her. Der Esel trägt schwerste Körbe und Säcke, während das Pferd ohne Last trottet. Lediglich ein Sattel liegt auf seinem Rücken. Der Esel bittet das Pferd mehrfach um Hilfe. Es möge ihm ein wenig von der Last abnehmen. Das Pferd wehrt ab. Dabei hätte die geteilte Last keinem von ihnen große Schwierigkeiten bereitet. So aber ist die Last so schwer, dass der Esel erschöpft zusammenbricht und keinen Zentimeter mehr laufen kann. Deshalb wird die gesamte Last dem Pferd auferlegt, das dazu noch das Gewicht seines Sattels zu tragen hat."

Es gibt im Leben häufiger Situationen, in denen wir auf Hilfe durch andere angewiesen sind. Dann muss man den Mut haben, andere um Unterstützung zu bitten. Beruflich wie privat.

Den anderen um Hilfe zu bitten heißt, ihm größte Anerkennung zu schenken. Wenn Sie Mitarbeiter haben, motivieren und coachen Sie sie, zeigen Sie ihnen Ihre Anerkennung!

Doch jeder ist zunächst seine eigene Führungskraft, machen Sie sich selbst stark, machen Sie andere stark und Sie werden automatisch noch stärker!

Egal was Sie tun, es geht immer um Ursache und Wirkung! Wenn Sie Weizen säen, werden Sie Weizen ernten, wenn Sie Roggen säen, werden Sie Roggen ernten. Genauso ist es in Ihrem Leben, im Umgang mit Ihrem Partner, Ihren Kunden, Mitarbeitern und Freunden. Säen Sie Motivation, positive Energie, Begeisterung, und Ihr Lächeln und Sie werden Erfolg ernten!

Womit wieder einmal bewiesen ist, was sich wie ein roter Faden durch dieses Buch zieht: Sie können nicht nicht wirken!

4.
Die Weichen sind gestellt

4.1 Zu guter Letzt

„Die beiden größten menschlichen Fehler: versäumen und übereilen.“

Goethe (1749-1832)

Nun ist das Ende meiner Ausführungen erreicht. Schön, dass Sie sich die Zeit genommen haben, dieses Buch zu lesen. Sie haben einiges Bekannte vertieft und einiges Neue gelernt und erfahren. Nun ist es an der Zeit, dieses Wissen in die Praxis umzusetzen. Nicht kennen ist entscheidend, sondern können und tun!

Ein Tipp: Die „Wirkung" aus diesem Buch erzielen Sie, wenn Sie die Anregungen annehmen und anwenden. So wie ein gutes Essen auch nur dann entsteht, wenn das gelesene Rezept auch gekocht wird. Deshalb gilt: Starten Sie mit der weiteren Steigerung Ihrer persönlichen Wirkung. Denn:

> „Erst wenn du weißt, was du tust,
> kannst du tun, was du willst!"

Wie sagte Goethe einst so treffend? *„Es ist nicht genug zu wissen, man muss es auch anwenden. Es ist nicht genug zu wollen, man muss es auch tun."* Wie an anderer Stelle erwähnt, machen wir Fehler. Nur wer etwas tut, macht auch Fehler. Jeder von uns hat schon einmal die Erfahrung gemacht, gesteckte Ziele nicht gleich zu erreichen oder Rückschläge zu erfahren. Das ist nie tragisch und Teil unseres Lebens. Wichtig ist nur, wie Sie auf diese Fehler reagieren und dass Sie einmal mehr aufstehen, als Sie hinfallen.

Ziele haben, mit diesen zu arbeiten und diese zu visualisieren, sollte Ihr „Ziel" sein und genau zu schauen, wie Ihre Persönlichkeit, Ihre Wirkung Sie dabei unterstützt. Wenn kleine Schwierigkeiten auftauchen, ärgern Sie sich nicht darüber, sondern freuen Sie sich. Sie sind ein Zeichen dafür, dass Ihnen eine große Entwicklung bevorsteht. Es verhält sich damit wie bei Mutter Natur: Am dunkelsten ist es vor der Dämmerung. Was in der Natur gilt, gilt auch für die Lebenspraxis. In vielen quälenden Gedanken findet sich ein indirekter Hinweis auf eine große bevorstehende Verwirklichung.

Überwinden Sie die Angst vor Ihrer eigenen Courage. Verhalten Sie sich so wie Enrico Caruso. Es ist überliefert, dass der weltbekannte und große Sänger vor einem wichtigen Auftritt völlig aus der Fassung geriet. Er begann übermäßig zu schwitzen, sein Körper zitterte immer mehr und er war kurz davor, den Auftritt abzusagen. Der Veranstalter und seine Kollegen fürchteten bereits eine riesengroße Blamage und einen finanziellen Verlust, als Caruso sich plötzlich steif in die Mitte stellte und rief: *„Mein ‚kleines Ich' meint, ich schaffe es nicht; aber mein ‚großes Ich' wird siegen!"* Caruso sagte sich dies immer wieder und ging schließlich auf die Bühne. Es wurde eine der erfolgreichsten Vorstellungen seines Lebens.

Gehen auch Sie auf die Bühne des Lebens. Gehen Sie heraus aus der Komfortzone. Gehen Sie ins Licht, ins Scheinwerferlicht. Stellen Sie sich selbstbewusst auf. Richten Sie sich auf. Schreien Sie es laut heraus. Schauen Sie fokussiert auf Ihr Ziel und der Erfolg wird Ihnen folgen!

Beginnen Sie jetzt mit der besten Vorstellung Ihres Lebens. Meine besten Wünsche begleiten Sie auf diesem Weg, und vergessen Sie bitte nie:

Sie wirken immer!

Beste Grüße von der Elbmündung
Ihr
Sven Sander

4.2. Kontaktdaten

Sven Sander
c/o STB Verlag
Reinekestr. 22
27472 Cuxhaven

Tel. 0049 4721 663 932
Fax. 0049 4721 664 811

E-Mail: info@stb-verlag.de
Internet: www.stb-verlag.de

4.3 Nachweise

[1] http://www.bunte.de/newsline/harald-gloeoeckler-hat-100-000-euro-fuer-operationen-gezahlt_aid_32174.html

[2] http://www.managerseminare.de/ms_Artikel/Seminarreportage-DISG-Persoenlichkeitsanalyse-Rot-blau-gruen,92690

[3] Focus, Nr.9, 24.02.1997; Kommunikation Ziemlich unehrlich

[4] www.apotheken.de/club/38820/spiegel-apotheke/leistungen/news-detail/zurueck_zu/190742/article/rote-kleidung-einladung-zum-sex/

[5] http://www.bild.de/BILD/ratgeber/geld-karriere/2010/12/16/dresscode-in-schweizer-bank-ubs/hautfarbene-waesche-socken-ohne-muster-gedeckte-farben.html

[6] Welt der Wunder; 4/2010; S. 21

[7] Focus-Magazin 34/2004; Ein Traum in Weiß.

[8] Münchener Abendzeitung; 19.09.2008; Was finden wir schön?

[9] Welt der Wunder; 4/2010; S. 21

[10] Welt der Wunder; 1/2008; S. 81

[11] www.wido.de/fzr_2011.html

[12] www.wido.de/fzr_2011.html

[13] Focus 34/2011; Seite 75

[14] http://www.menshealth.de/health/stress-gehirn-psyche/depressive-schauen-weg.193863.htm

[15] http://upload.wikimedia.org/wikipedia/commons/1/1d/Unclesamwantyou.jpg?uselang=de

[16] https://www.uni-rostock.de/detailseite/news-artikel/professor-warnt-vor-power-point-praesentation/

[17] Focus 34/2011; Seite 80

[18] http://wirtschaftslexikon.gabler.de/Definition/beschwerdemanagement.html

[19] Welt der Wunder; 6/12; S. 64 „Wie breche ich die Macht der Anderen"

[20] Welt der Wunder; 6/12; S. 64 „Wie breche ich die Macht der Anderen"

[21] Spiegel-Online; 18.02.2010

[22] http://www.dvr.de/aktuelles/sonst/3324.htm

[23] http://www.zeit.de/karriere/beruf/2011-08/fehlzeiten-report-gesundheit

[24] http://www.t-online.de/nachrichten/deutschland/bundestagswahl/id_65542628/fdp-zweitstimmenkampagne-kohl-verwirrt-alle.html

Bildnachweis:

Bilder in Lizenz von Shutterdock.de wie folgt:

Buchcover unter Verwendung eines Fotos von Shutterstock.de: Cranach; S. 39: Igar Kovaenko; S. 55: Eduard Kyslynskyy; S. 63: Suravid; S.147: AvtoliStyf; S. 157: Kamira; S. 159: Liviu Lonut Pantelimon; S. 163: Ollyy; S. 169: Helder Almeida; S. 189: Maryna Pleshlun; S. 237: Lightspring; S. 239: Boris Stroujko; S. 274: Julia Ivantsova

Bilder in Lizenz von fotolia.de wie folgt:

S. 5: Creativeapril; S. 7: Ssilver; S. 13: Kurt Kleemann; S. 21: Iosif Szasz-Fabian; S. 23: Elnur; S. 34: Visty (4 Bilder); S. 47: Demian; S. 67: Marco J.; S. 69: Detailblick; S. 75: Jürgen Fälchle; S. 85: Blieppartz; S. 107: Cynoclub; S. 147: Anatoli Styf; S. 181: Edler von Rahenstein; S. 196: Style Media und Design; S. 198: Ioana Davies (Druto); S. 203: Ioana Davies (Druto); S. 210: Style Media und Design; S. 223: Vaclav Hroch
S. 247: Teamwork; S. 261: S. Kobold; S. 267: Bernd Kröger; S. 269: Trueffelfix

Zeichnungen von Standpositionen und Händen (Seite 55 ff) von Ceyhun Güney; www.ceyhungueney.de

Weitere Bilder wie folgt:

Seite 25:   Foto von Karl Lagerfeld
        http://commons.wikimedia.org/wiki/File:Karl_Lagerfeld_Cannes.jpg
Seite 26:   Foto von Harald Glööckler:
        http://commons.wikimedia.org/wiki/File:0028_Harald_Gl%C3%B6%C3%B6ckler.JPG?uselang=de
Seite 29:   Foto von Dr. Angela Merkel
        http://upload.wikimedia.org/wikipedia/commons/f/f7/EPP_Summit_March_2011_%2858%29.jpg?uselang=de
Seite 30:   Foto von Joschka Fischer; erworben von der Fotografin Barbara Klemm, Frankfurt/Main
Seite 31:   Foto von Mark Zuckerberg
        http://commons.wikimedia.org/wiki/Category:Mark_Zuckerberg_in_2007?uselang=de
Seite 42:   https://upload.wikimedia.org/wikipedia/commons/a/ab/AM_Juli_2010_-_3zu4.jpg
Seite 45:   Foto in Lizenz von Fotolia.com